江恩技术研究

（美）比利·琼斯　著
　　武京丽　译

山西出版传媒集团
山西人民出版社

图书在版编目(CIP)数据

江恩技术研究／（美）琼斯著；武京丽译.
-- 太原：山西人民出版社，2015.9（2023.12重印）
ISBN 978-7-203-09071-7

Ⅰ.①江… Ⅱ.①琼… ②武… Ⅲ.①股票投资-基本知识 Ⅳ.①F830.91

中国版本图书馆CIP数据核字(2015)第141752号
著作权合同登记号：图字：04-2015-032

江恩技术研究

著　　者：	（美）比利·琼斯
译　　者：	武京丽
责任编辑：	樊　中
出 版 者：	山西出版传媒集团·山西人民出版社
地　　址：	太原市建设南路21号
邮　　编：	030012
发行营销：	0351-4922220　4955996　4956039
	0351-4922127（传真）　4956038（邮购）
E-mail：	sxskcb@163.com　发行室
	sxskcb@126.com　总编室
网　　址：	www.sxskcb.com
经 销 者：	山西出版传媒集团·山西人民出版社
承 印 者：	廊坊市祥丰印刷有限公司
开　　本：	889×1230　1/16
印　　张：	15
字　　数：	220千字
版　　次：	2015年9月　第1版
印　　次：	2023年12月　第2次印刷
书　　号：	ISBN 978-7-203-09071-7
定　　价：	98.00元

如果印装质量问题请与本社联系调换

比利·琼斯在
《江恩技术研究（W. D. Gann Technical Review)》
第一期中所写的前言

1976年，我在迈阿密从兰伯特先生手里买进了兰伯特&江恩出版公司（Lambert-Gann Publishing Company)，这家公司始创于1950年，当时江恩与兰伯特是合作伙伴。

自从江恩先生于1955年去世之后，兰伯特先生继续经营这个公司，一直到我买下了它为止。

除了这个出版公司和江恩作品的版权，我还买下了江恩所有的私人研究资料，这包括江恩在50年的交易和研究生涯中收集的所有图表、文章和书籍等各种资料。

在每一张江恩的技术图表中，都蕴含着大量的信息，而这些图表的总数，已经达到了成千上万张之多。实际上，为了把它们从迈阿密搬回家，我还动用了当时最大的五月花集装箱货车来运它们。

在过去的六年里，作为兰伯特&江恩出版公司的拥有者，我一直在试图找到一个方法，让手头这么多江恩的资料能有机会与众人见面。

正是出于这样的想法，加上我本人对技术分析很感兴趣，我决定要办一份杂志，它就以江恩的方法、思想体系和技术为基础。

《江恩技术研究》将是这个杂志的正式名称。

它并不是通常那种推荐你买入或卖出什么期货品种或股票的杂志，这里将会给你提供很多如何进行交易的建议。

江恩技术研究（精华本）

《江恩技术研究》这本杂志的着眼点是要运用很多江恩的方法和法则，来帮助你做出自己的市场分析，并进行交易。

我们在杂志中会解释和分析江恩在50年交易历程中开发出来的这些方法，杂志中所用的都是江恩的原始图表、他本人的各种预测资料和笔记。有了这些方法，我们能够让你运用江恩理论，对当今市场做出最好的分析。

在每个月的《江恩技术研究》杂志上，你所看到的江恩理论分析和江恩原图，是你在任何其他地方都看不到的。

好好读一读我们的第一期杂志，如果你认为，这就是你一直梦寐以求要看的东西，那就赶紧填写订阅单，今天就来订阅它吧。

订阅的费用为每年200美元，半年110美元，试订两个月为35美元（海外订户每年加收25美元）。

《江恩技术研究》每个月会以一类邮件的方式寄给你。我们的下一期将在2月21日寄出，也就是说它每个月的出版日期都是21号，以此类推。

千万不要错过任何一期杂志，因为每个月我们都会有一些江恩技术与分析的新东西。

无论是江恩的时间与价格理论、江恩角，还是江恩的正方图、循环周期和他的行星分析方法，《江恩技术研究》每个月都会为你讲解得一清二楚。

今天就下订单吧。

比利·琼斯（Billy Jones）
1982年1月

1982年1月至1985年12月《江恩技术研究》合订本的英文原版中的两篇序

1. 妮可·琼斯（Nikki Jones）夫人的序

1982年，比利·琼斯创办了《江恩技术研究》这本杂志，它就发生在比利问了我那个不经意的问题六年之后，他当时问我的问题是："妮可，如果我们买下一家出版公司，你觉得怎么样？"

那一年是1976年，我的世界还只是我们的农场和这个家。一个出版公司？！谁的公司？做什么的？什么时候买？公司在哪儿？还有怎么买呀！！！所有这些问题都闪现在我的脑海当中。

对于一个从未坐过飞机的人来说，去佛罗里达州迈阿密的旅程是足够让人兴奋的了，那里是兰伯特先生居住的城市。当时我还不知道，也无法想象，这次旅程将会如何永远改变我今后的生活轨迹。

我记得，比利花了好几年的时间，把犹如迷宫般的江恩的著作和图表一一进行了分类和整理，而江恩的书后来也很快重新开始印刷出版了。

我逐渐认识到，这些书在期货和股票交易中都是最为人所推崇的，它们可不是平常之作，江恩书中的那些法则都是经得起时间考验的，将这一知识的宝库运用到市场交易中去，它的作用是无可估量的。

通过《江恩技术研究》这本杂志，比利·琼斯让翘首以待的世人再次领略了江恩大师的风采。

谨致以最美好的祝愿！

妮可·琼斯

2. 海瑟·赫瑞斯（Heather Herres）女士和科迪·琼斯（Cody Jones）先生的序

从我们出生那天开始，我们就一直是泡在一堆堆江恩遗留下来的东西中长大的。据说，当我们的尿片用完的时候，那些江恩的图纸搞不好就会被爸爸妈妈拿来应急了。在我们的童年时代，我们在一边看着爸爸绘图，进行交易，还有打理农场的事情，而妈妈则为其他所有的家事忙碌着。很快，我们长大一些以后，就能在爸爸的办公室给他打下手，帮着他下载数据和处理订单了。随着我们年龄的增长，慢慢认识到了在储藏室里堆着的那些东西的价值，并对它们心生敬意，我们也开始学习江恩理论了。

我爸爸当时的注意力都放在了整理江恩著作和各种资料上面，他的办公室也从我们住的房子中的那个小房间拓展到了外面，并不断壮大。江恩所有的书都很快按照它们原本的样子再次印刷，而出版的有关教程也都取自江恩本人的培训教程，采用的图表也都是江恩的原图。

当父亲在1989年去世以后，江恩、兰伯特和比利·琼斯的所有工作就都传到了我母亲手上。如果不是我的父母从兰伯特先生那里买下了江恩的所有资料，那么江恩的著作即使不会全部从人们的记忆里消失，恐怕大部分也有可能遗失或受损。我母亲妮可守护了这些江恩著作20多年，现在我们与她一起来分担这份责任。

我们最主要的目的就是保护好江恩遗留下来的这些宝贵的资料，也要保存好我们的父亲的研究成果，和他留给我们的记忆。我们要为江恩公司（W. D. Gann Inc.）和兰伯特＆江恩出版公司带来新的科技与创新，将公司提升到一个新的水平。

现在是我们要面临挑战的时候了，我们决定将这本《江恩技术研究》杂志进行汇总重印，把它作为我们接手公司后推出的第一部作品。

我们确信，你会欣赏并喜欢上这个杂志合订本的。

送上我们诚挚的问候！

海瑟·赫瑞斯
科迪·琼斯
2009年

比利·琼斯先生的"十年磨一剑"

作为江恩大师的铁杆粉丝,这几年我在翻译江恩的著作和教程时,在探究江恩理论上付出了很大的精力,不过,对于那些江恩独有的技术分析手段,还是有些一知半解的地方。当我开始读这本从 1982 年 1 月到 1985 年 12 月《江恩技术研究》合订本时,之前的一些疑问,基本上都在杂志中找到了答案,经常是看着看着,就会有一种豁然开朗的感觉,我为比利·琼斯先生对江恩的研究之深入、理解之透彻而折服。而当我接下去往后看的时候,心头堆积起来的更多的是感动。在 1984 年 6 月和 7 月刊中,比利·琼斯先生在写他的个人经历时提到,他从 1982 年就患上了严重的肾病,他是在一边做肾透析,一边坚持做着江恩技术培训和编写杂志等工作。他在 1985 年 2 月刊中,向大家报告了他的病情状况,同时感谢所有关心他的读者,并建议大家每年都做一次全面的血样检查。这些都让我觉得,这本杂志仿佛变身成为了一个既有悲情又励志的故事,当我看完这本杂志合订本的时候,也就自然而然地成为比利·琼斯先生的粉丝。

正如比利·琼斯先生在这本杂志的前言中所说,在他买下兰伯特 & 江恩出版公司之后,用了六年的时间,对江恩留下的大量原图和各种资料进行了整理与分析。其实他在 1972 年就开始从兰伯特先生那里购买一些江恩的著作,并结合自己在做的期货交易来进行分析研究。而 1976 年以后,那些用最大的五月花集装箱货车才能装得下的巨量的原始研究资料,更是让他如虎添翼。在 1982 年创刊的《江恩技术研究》这本杂志,可以说是比利厚积薄发,十年磨一剑的心血结晶。在这本杂志中,他不但对江恩的各种技术手段进行了方方面面的剖析,还把他从成千上万张的江恩原图中挖掘出的一些以前鲜为人知的江恩用过的技术手段公之于众。有了这本书,后人在学习江恩理论,特别是在钻研江恩的技术分析手段时,就可以少走很多的弯路,而比利就是那个带我们走出江恩技术分析手段迷宫的人。

从 1982 年开始,比利·琼斯先生不但创办了《江恩技术研究》杂志,在美国多个城市开办了江恩技术培训,还在电视上有一个专门面向期货交易者的栏目:《期货一周综述》(《COMMODITIES WEEK》),并且与他人研发出了名为"江恩交易者(GANNTRADER)"的交易软件。1983 年,美国的市场分析师联合会(Market Technicians Association,简称"MTA")把年度大奖颁给了江恩,当

江恩技术研究（精华本）

时是江恩的儿子约翰·江恩去领的奖，比利则受邀在颁奖会上发表了关于江恩技术分析方法的演讲（引述自《江恩技术研究》1983年4月刊）。他可以说是当时最懂江恩的那个人，我相信，比利的这本杂志一定会成为每个江恩迷心中永远的经典。

为了让这个杂志合订本能够更好地呈现在中国读者面前，我也是颇费了一些心思的。起初我是按合订本的月份依次来翻译的，可是翻译了一段时间之后，我就发现，因为每一期的文章之间没有什么关联，而各期文章之间的编排也没有连续性，这样一来，译本读起来就很容易让人产生零乱的感觉。当年，比利为了配合他开办的江恩技术培训班，会针对培训中发现的问题，及时在下个月的杂志中进行分析与讲解，所以，对于当时的美国读者来说，这本内容跳跃性很强的杂志是非常贴合他们需求的，而且当年它与读者的互动性也很好，比利就曾经征集读者对江恩理论的研究与看法，并选出一些有独到见解的文章，在杂志中登出来。但是，对于今天的中国读者来说，当年的这些优点反倒成了现在的缺点。经过与出版方的反复协商，我最后采取的办法就是精选出一些文章，按照不同的主题对它们进行梳理，这就好比是把一颗颗散落的珍珠穿成了一串串项链，希望这样做会给读这本书的你带去更多的便利，不会有那种东一榔头、西一杠子的感觉，这就是为什么你现在看到的是《江恩技术研究》（精华本），而不是原来那个《江恩技术研究》合订本的原因。

在这个精华本的编译过程中，比利的儿子科迪·琼斯先生不仅给了我十分有益的指导与帮助，还发来了1986年1月至5月的《江恩技术研究》杂志和很多江恩原图，对于他的支持与信任，我深表感谢！在此，我还要特别感谢的是比利·琼斯的遗孀妮可·琼斯（Nikki Jones）夫人，没有她这么多年的守候，我们这些远在中国的江恩粉丝恐怕就会与这本研究江恩理论的力作失之交臂了！可以说，正是琼斯一家两代人的辛苦付出与不懈坚持，才让我们在今天还能有机会看到这本杂志，再次感谢琼斯一家！

我原本在新浪微博上有一个"向江恩同志学习"的微群，希望能与同道中人一起交流学习江恩理论的心得，不过，新浪微群在新浪微博已经被边缘化好久了，不太容易搜到。如果你在看了这本书之后有什么想法或者问题，欢迎直接联系新浪微博账号@紫窟，我也很乐意与你分享我在翻译这本书过程中的点点滴滴。我相信，很多江恩粉丝都会像我一样，也会成为比利粉丝的。而在我看来，比利·琼斯先生本人，应该算是最忠诚的江恩粉丝之一。只可惜他英年早逝，当年他讲授的江恩技术培训也没有视频资料留下来，实在是让人扼腕叹息。为了弥补这个遗憾，我们复制了科迪·琼斯先生特地寄过来的比利在1984年3月份的江恩技术培训中给学员发的全套图表，与这本书一同出版。要知道，当年参加这个为期两天的培训，是要支付三四百美金的。另外，当时订阅一年的《江恩技术研究》杂志，也要花两百美金，而这个精华本的文章是从四年半的杂志中挑出来的，所以说，这个精华本的"含金量"还是很高的，精明的你，千万不要错过它呀！

目　录

比利·琼斯在《江恩技术研究（W. D. Gann Technical Review）》第一期中所写的前言 … 1

1982年1月至1985年12月《江恩技术研究》合订本的英文原版中的两篇序 ……… 3

   1. 妮可·琼斯（Nikki Jones）夫人的序 ……… 3

   2. 海瑟·赫瑞斯（Heather Herres）女士和科迪·琼斯（Cody Jones）先生的序 ……… 4

比利·琼斯先生的"十年磨一剑" ……… 5

第一章　江恩平方图和正方图 ……… 1

第二章　江恩趋势线 ……… 16

第三章　江恩的时间周期理论与振荡法则 ……… 38

第四章　鲜为人知的江恩用过的技术手段 ……… 78

第五章　如何综合运用江恩技术手段来进行交易 ……… 99

第六章　江恩对战争的预测与在占星学上的研究 ……… 173

第七章　江恩生平与那些曾经影响过江恩的书 ……… 187

第八章　江恩教程赏析 ……… 202

附录： ……… 215

   1. 杂志中列出的比利对期货和股票市场变盘时间的预测记录 ……… 215

   2. 江恩私人藏书的书目（比利推荐阅读） ……… 227

   3. 比利在1984年3月举办的江恩技术培训所用图表的说明 ……… 228

第一章 江恩平方图和正方图

> **1.1** 如果你读过江恩的股票或期货教程的话，你会看到诸如四方图和九方图这样一些名称，而它们的原文中都包含 SQUARE 这个单词，它在英文里既有正方的意思，也有平方的意思，所以，你在这里就应该多问一句，这里的"方"到底是平方的方，还是正方的方，因为在接下来的章节中，你会看到还有 9×9 的正方图出现。而江恩的价格与时间主图，可以说是众多江恩技术图形的统称，它包括了江恩平方图和正方图。另外顺便说一下，这本书的编译者是个处女座，所以，你懂的。

● **江恩的价格与时间主图（MASTER PRICE AND TIME CHARTS）：奇数平方图（ODD SQUARES）和偶数平方图（EVEN SQUARES）**

（选自 1982 年 1 月刊）

这些年来，人们对于江恩理论中兴趣最大，同时也是被问及次数最多的那部分内容，肯定就要数江恩的价格与时间主图（以下简称"江恩主图"）中的奇数平方图和偶数平方图了。我把它们列在了这里，你们中有些人可能在《江恩期货教程》或者是《江恩股票教程》里见到过它们。

你们会注意到，我在图上用圆圈把一串数字给圈了起来，它们每一个数字都代表着一个完整圆周的结束，或者说是代表走完了一个 360 度的圆周。

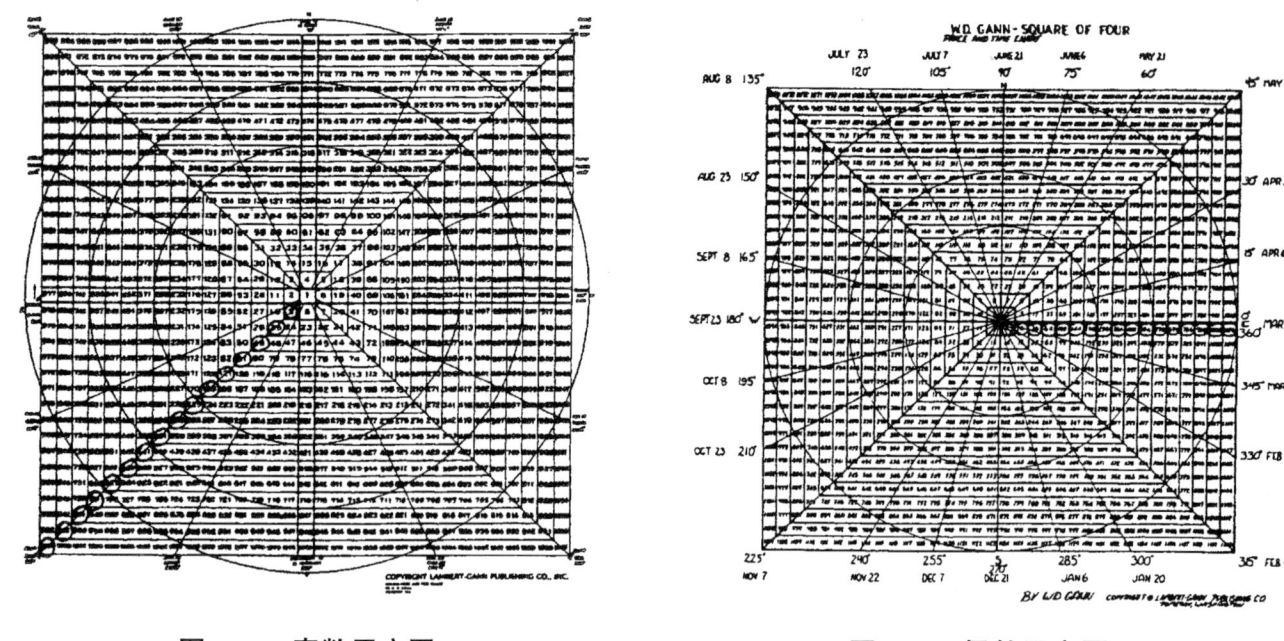

图 1-1 奇数平方图　　　　　　　图 1-2 偶数平方图

在奇数平方图（有人也称之为"9 的平方图"）上，每个被圈起来的数字都是奇数的平方，如 9 是 3 的平方，25 是 5 的平方，49 是 7 的平方，以此类推（译者注：这些数字分别是 9、25、49、81、121、169、225、289、361、441、529、625、729、841、961 和 1089）。

而在偶数平方图（有人也称之为"4 的平方图"）上，那些被圈起来的数字都是偶数的平方，如 4 是 2 的平方，16 是 4 的平方，36 是 6 的平方，以此类推（译者注：这些数字分别是 4、6、36、64、100、144、196、256、324、400、484、576、676、784、900、1024 和 1156）。

尽管这些平方图有很多的用处，但对于交易者来说，首先需要确定的问题是，对于某个给定的期货品种，究竟应该选用哪个图。

我们应考虑的第一个因素，是要算出我们关注的这个交易品种会在市场中交易多少天，或者说是它的交易合约所包含的确切的交易天数。

下面这张图就是一张江恩的偶数平方图的原图，它所涉及的交易品种是鸡蛋。

第一章 江恩平方图和正方图

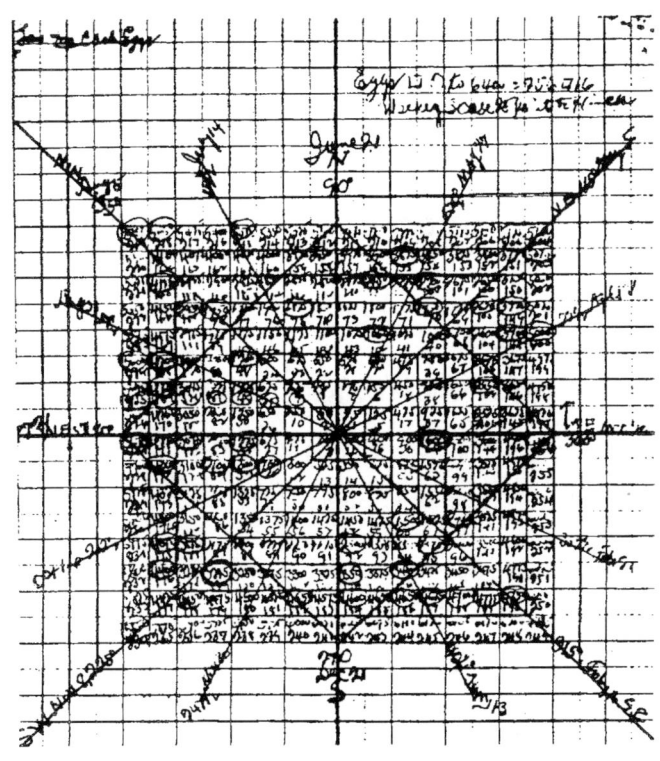

图1-3 江恩偶数平方图——鸡蛋

要注意的是,江恩在方格图上框出了一个16×16的正方形,这个正方形是以第256个格为结束的(16×16=256)。

江恩之所以这样做标记,是要表明走完一个正方形,也就是说完成一个期货合约所需的交易天数。

在江恩的那个时代,大多数期货合约的交易时间为一整年(12个月),也就是从252到256个交易日不等。

现在有的期货交易发生了一些变化,有些合约的交易期长达两年多。

对于一个期货合约,重要的是计算它从上市交易第一天到最后一个交易日之间的总交易天数。

目前,一份小麦或大豆的合约都是交易14个月,只要它们在每年的同一时间开始交易,那么每个合约在那个月的交易天数就都是一样的。

江恩技术研究（精华本）

比如，小麦 1981 年 5 月合约的交易日总共为 289 天，那么它相应地就需要使用奇数平方图，因为 289 完成了一个奇数的平方，或者说 17×17＝289。所以，小麦 5 月合约就要采用价格与时间主图当中的奇数平方图，在分析日线级别的行情时，这个图就是正确的选择。

就像我们前面说过的那样，这些图还有很多其他的用法，我们会在今后的文章中进行更深入的探讨。

江恩这些图的灵感可能来自于古老的埃及或印度。在 1934 年之前，这些图都没有在江恩的研究资料中出现过。江恩好像在 20 世纪 20 年代后期去过这些国家几次，而在 30 年代又再次到访这些地方。给人感觉他曾在当地接触过一些很重要的人物，可能从当地人那里学到了很多方法，并了解到它们对于预测有着重要的作用。

江恩说过，每当需要考虑两个变量的时候，其中一个变量就是时间，人类的一些大事件是可以预测的。在这个例子里，这两个变量就是价格和时间。

第一章 江恩平方图和正方图

1.2 这是一篇很短小的文章,讲的是江恩平方图会告诉你,为什么价格的波动区间会随着价格的升高而加大,而我选这篇文章还有一个重要原因,就是为它配的图够大够清楚。怎么样,处女座的译者,还是很贴心的吧!

● 江恩主图之 9 的平方图

(选自 1986 年 4 月刊)

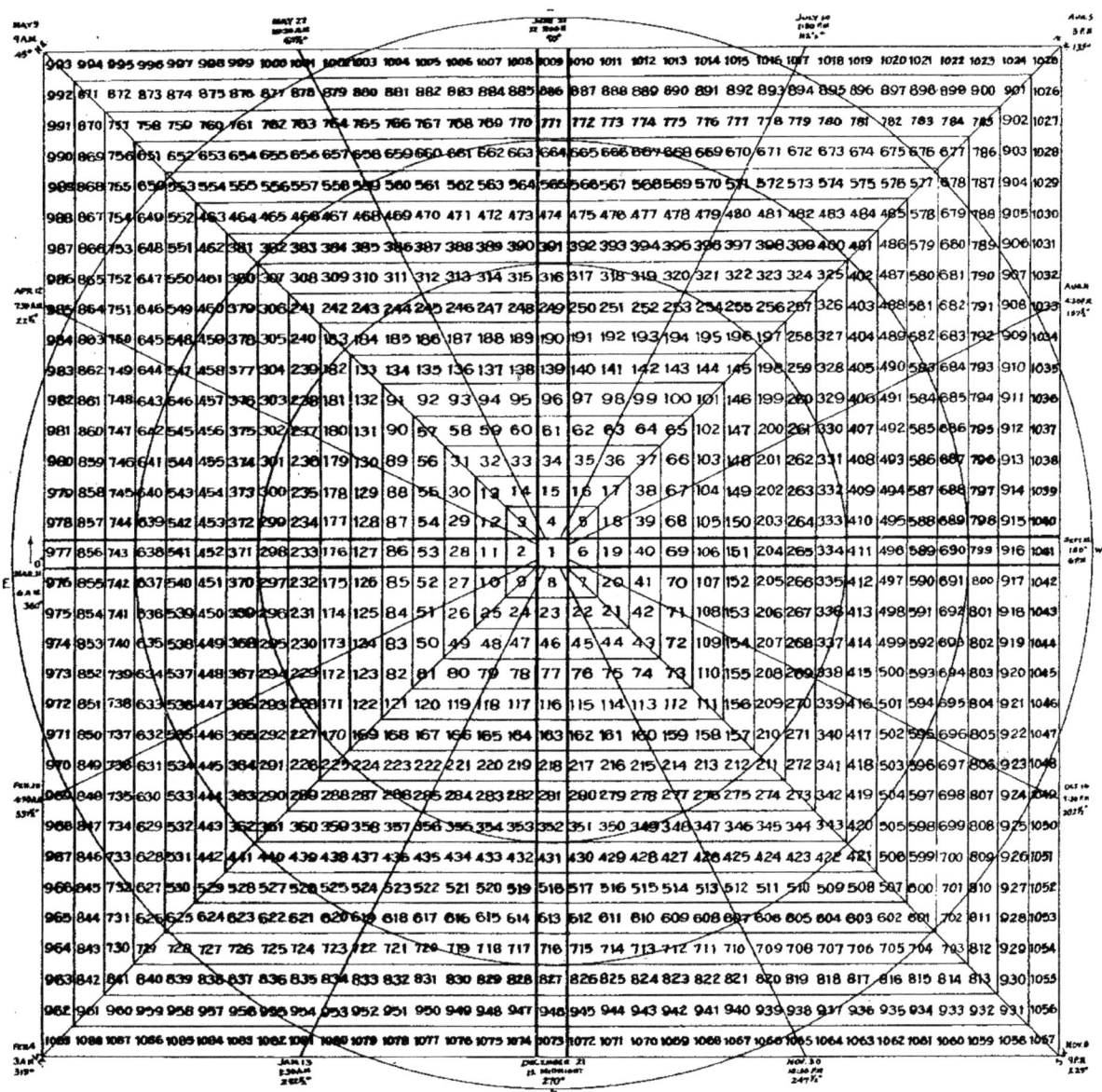

图 1-4 江恩主图之 9 的平方图

在运用江恩理论研判行情时，我们在日线图和周线图上，都在关注所谓时间与价格达成正方的日期，因为它会带来趋势上的反转。而对于为什么价格越高，它的波动区间就越大，江恩给出了他的解释，那就是在平方图上，随着价格的升高，两条与横轴呈45度角的线的间距就会加大。让我们看一下这张9的平方图，就会明白这其中的道理了。在这张时间与价格主图上，我们从起点1开始数，从内到外，数到第十个正方形，两条与横轴呈45度角的线所对应的数字分别是325和343，也就是说，这两条线的间距是18。而在平方图的同一侧，如果用同样的方法数到第四个正方形，这两条线对应的数字分别是37和43，它们的间距为8。

1.3 下面这两篇文章讲的都是江恩的 12×12 的正方图。你可以看到，它的起点是在图的左下角，而对于江恩的平方图来说，不管是奇数平方图，还是偶数平方图，它们的起点都在图的中心位置。这可以说是区别平方图和正方图的一个很重要的地方。比利在第二篇文章中，讲述了自己如何运用江恩的这个正方图，成功在地价最高的时候卖出了自己农场中的土地。至于这个 12×12 的正方图的英文名称，比利有时候会用不同的称呼，这不过是多一个或者少一个英文单词的事，你不必太在意，记住它高大上的英文全称 PERMANENT MASTER 12 CHART 就好，至于它的译法，还是拆开来翻译，才会不那么拗口！

● **江恩主图之 12×12 的正方图**（MASTER 12 CHART）
（选自 1984 年 8/9 月刊）

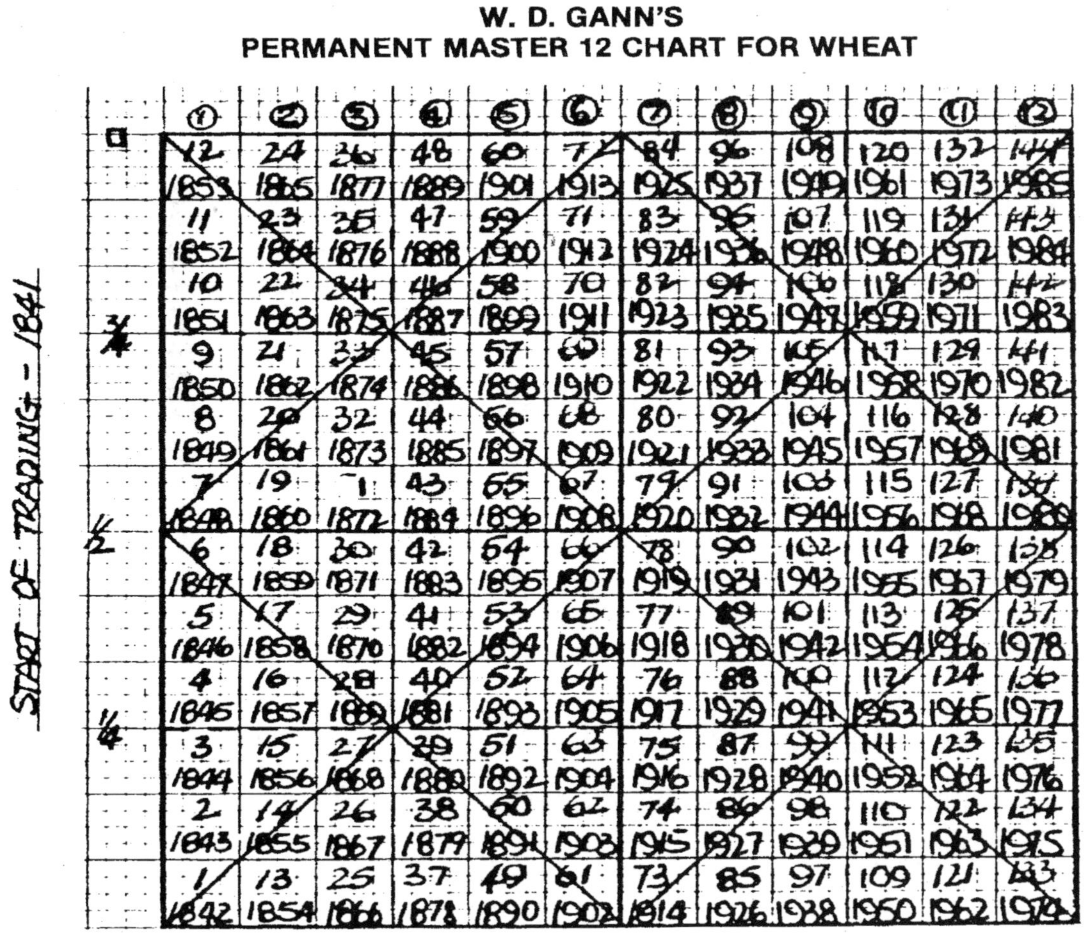

图 1-5　江恩主图之 12×12 的正方图 —— 小麦，从 1841 年开始交易

江恩技术研究（精华本）

江恩开发出了很多种主图，这些图对行情进行预测的威力都十分惊人，这其中就包括 12×12 的正方图。

在这个例子里，我们用的就是 12×12 的正方图，因为它是应用范围最广的主图之一，它可以用于一些股票和期货的分析。

而在这里，我们选用的是小麦这个期货品种，因为它已经在期货交易所上市交易了很长时间，所以，对于演示 12 的正方图的使用方法来说，它是个很好的选择。

首先我们应该注意到的是，这个正方图有 12 列，每一列都有 12 个数字。在第 1 列的底部，我们从 1 开始计数，向上一直数到 12。接下来，第 2 列的底部是从 13 开始的，向上一直到 24 结束。以后的各列都以此类推，一直数到第 12 列顶部的 144 为止，所有这些数字代表的都是时间。

在这个正方图中，顶部的一排数字是非常重要的，它们分别是 12、24、36、48、60、72、84、96、108、120 和 132，最后是 144。

其他重要的数字是那些处在中心，或者是在水平方向的中间位置上的数字。

小麦在市场上交易的时间始于 1841 年，这就是它的起始点。而在第 1 列的底部，我们填上的年份是 1842，把它与数字"1"写在同一个方格中，表示此时与小麦开始交易的时间相距 1 年。下一年是 1843 年，它与数字"2"在同一个格子里，就这样向上依次在方格中填入年份，直到这一列的顶部，我们看到与数字"12"在一起的是 1853 年。

接下来的各列都照此办理。在数字为"144"的格子里，我们看到的是 1985 年，这也就表明小麦走完了它的第一个 12×12 的正方图。

出现在这张图的顶部的年份，通常会是小麦见顶的年份，而处在中间位置的年份，往往与小麦见底的年份有关。如果你熟悉小麦市场的走势，你就会知道，这张图预测出的年线级别的顶部和底部，其准确度是很令人惊叹的。

根据小麦的走势图，我们看到它见顶和见底的年份如下：1841 年见顶，1848 年见底，1853 年到 1854 年见顶，1860 年见底，1865 年到 1866 年见顶，1871 年到 1872 年见底，1877 年见顶，1884 年见底，

1888 年到 1889 年见顶，1895 年到 1896 年见底，1899 年到 1900 年见顶，1907 年见底，1913 年到 1918 年（战争期间）见顶，1920 年见底，1925 年见顶，1932 年见底（有史以来的大底），1937 年见顶，1943 年到 1944 年见底，1950 年见顶，1956 年到 1957 年见底，1961 年见顶，1967 年到 1968 年见底，1973 年到 1974 年见顶（有史以来的大顶），1979 年见底。如此一来，我们可以预见，小麦会在 1985 年，特别是在 1986 年见顶，因为小麦在 1986 年将会开始进入到它的一个新的 12×12 的正方图。

从以上记录，我们就可以看出，小麦见顶的年份与处在正方图顶部的年份（即 1853 年、1865 年、1877 年、1889 年、1901 年、1913 年、1925 年、1937 年、1949 年、1961 年、1973 年和 1985 年）有关。

而小麦见底的年份，则是与处在中心，或者是 1/2 位置上的年份（即 1847—1848 年、1859—1860 年、1871—1872 年、1883—1884 年、1895—1896 年、1907—1908 年、1919—1920 年、1931—1932 年、1943—1944 年、1955—1956 年、1967—1968 年和 1979—1980 年）有关。

当小麦走到它的第一个正方图的一半，也就是从第 6 列转到第 7 列的时候，它的价格达到了非常高的价位，那么当小麦从它的第一个正方图转到第二个正方图的过程中，同样的情况可能会再次发生。

小麦的价格高点及其出现的年份分别为：1867 年的 3 美元，1919 年的 3.44 美元和 1974 年的 6.46 美元，这样看来，它的极高点是每隔 50 年到 52 年出现一次（有人也把这称之为是 54 年的时间周期）。

● **江恩恒定图**（PERMANENT CHARTS）
（选自 1985 年 4 月刊）

江恩开发出了一个很独特的图，它就是恒定图（即 12×12 的正方图），对于交易者来说，有了这张图，你就可以在价格和时间上对每个期货品种或是一只股票的过去、现在和将来的交易情况，有一个恒定不变的记录。如果照着江恩的想法，你应该为你交易或者正在关注的每一个期货品种或是股票，都准备一张这样的图，用来判断它们在长期趋势中的拐点，看它们何时见顶或何时见底。

让我们以小麦为例，这是我们需要密切关注的一个期货品种。为什么？让我们来看一下小麦的恒定图吧。

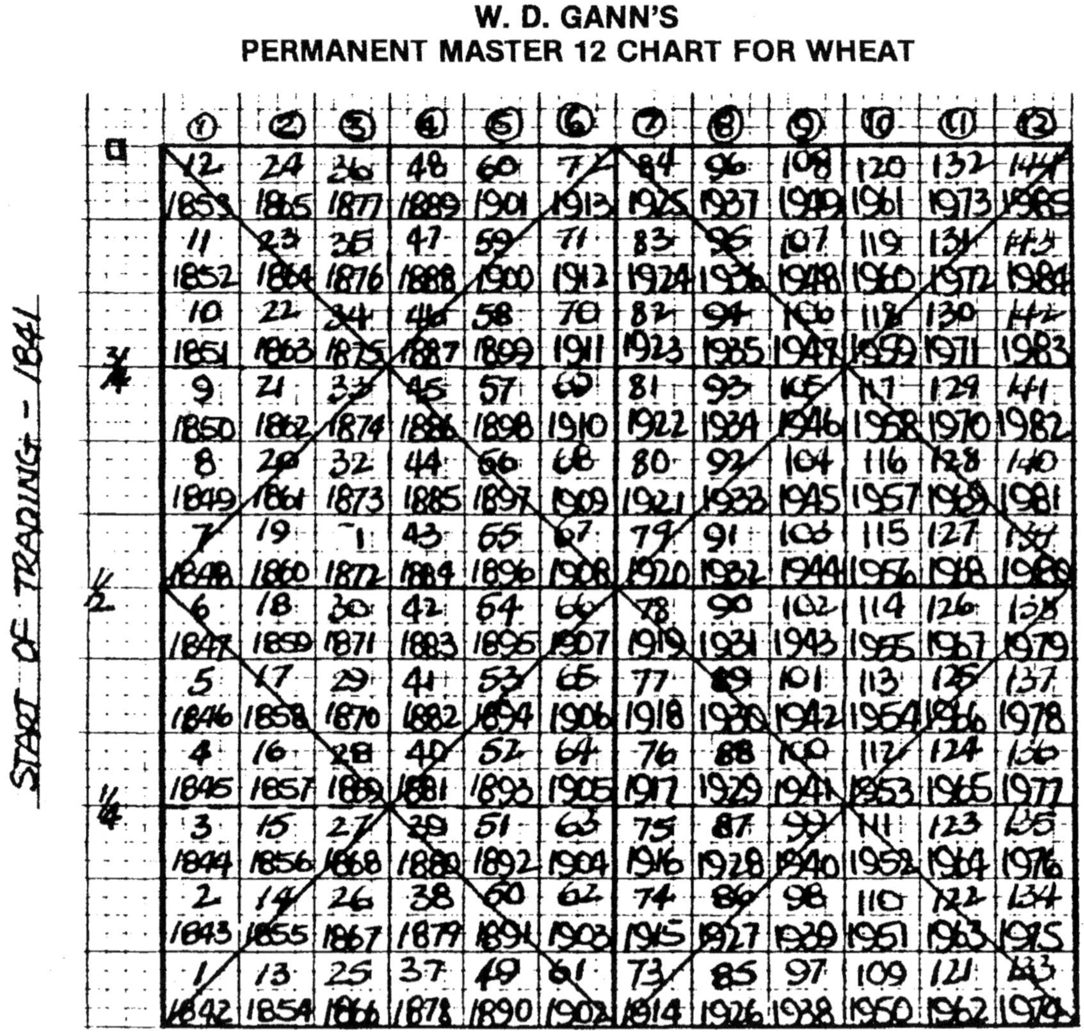
W. D. GANN'S
PERMANENT MASTER 12 CHART FOR WHEAT
START OF TRADING - 1841

图 1-6　江恩主图之 12×12 的正方图 —— 小麦，从 1841 年开始交易

你应注意到的是，小麦在市场上交易的起始年份是在 1841 年，在这里，起始年份一定要是它真正的交易起始日期，这是非常重要的。在期货市场，像小麦、玉米和豆类，它们的交易日期都能追溯到很早之前，而其他很多我们今天在期货市场中交易的期货品种，它们的交易起始日期则更容易拿到。

江恩说过，这些主图都是恒定不变的，其中不仅代表了自然角（Natural angles），也代表了价格、时间或交易量上的恒定不变的支撑位。

我们对于这个图顶部的一排数字是非常有兴趣的，它们分别是 12、24、36、48、60、72、84、

96、108、120 和 132，当然还有 144。

以上这些数字所对应的年份分别为 1853 年、1865 年、1877 年、1889 年、1901 年、1913 年、1925 年、1937 年、1949 年、1961 年、1973 年和 1985 年。

这些年份与小麦市场见顶的日期都非常接近，在这个图中，最重要的两个点，或者说两个年份，就要数 1913 年和 1985 年了。1913 年的位置在这个正方图的中间，而 1985 年是走完一个完整的正方图的终结点。

在小麦的交易历史中，1913 年标志着最大一波反弹的开始。小麦从 1912—1913 年的低点 84 美分起步，展开了一波很猛的牛市行情，它在 1919 年见顶的价格达到了 3.36 美元（小麦的这个价格几乎跟现在差不多）。

江恩说过，对于任何一个期货品种来说，当它走完了它的第一个 12×12 的正方图，进入到它的第二个 12×12 的正方图，或者说是从 144 转到 145 的时候，这里就是走势最强的时点了，你可以去看看，它后面的上升空间是否已经完全打开。

如果恒定图可以准确地预测出，小麦将在 1985 年或 1986 年展开一波牛市行情，那么它是否适用于我们知道的一些其他的周期呢？我相信，它也会做得很好。农场收入、土地价格和一些其他的东西，符合 9 年的时间周期，它们是在 1980 年见顶的，那么就应该是在 1989 年开始见到高点。对于 54 年的时间周期来说，1932 年如果是底部的话，我们应该在 1986 年见到另一个底部，我相信，它们就是在底部区域了。在 1932 年，我们知道有四分之一的农场主都破产了，而现在，我们看到同样的事情又在重演。

我从 20 世纪 60 年代末就有了自己的农场，并且到了 70 年代末还在经营。我看着我的农场收入和土地价格在同步增长，按照江恩的周期理论，我发现这样的好日子快到头了。我盘算，就农场这块来说，80 年代初应该是我离场的时候了。如果这个周期是对的，而我却没有留意到它们的话，我就会有麻烦了。我当时把一部分土地拿去贷了些钱，如果事情像我预料的那样发展的话，我最终可能会破产。所以，在 1980 年 1 月 21 日那天，我把我的地卖掉了。我卖掉那些地所得的钱，足够去付清我所有的欠款。而我卖地的价钱，其实是创了这个州有史以来农场土地的最高价。现在这里同样的土地，价格只有 1980 年我卖出价的一半左右。

当我签订土地出售合同的那一天，黄金的价格创出了历史新高，接着就是哪的一声，你知道，接下来发生的事情。当我把土地都卖掉，结束了我在农场和牧场的生意时，我所有的邻居都说我是个傻瓜。我并不是那只现在让人笑话的里士满峡谷（Richman Gulch）这只股票，事实上，当初那些笑话我的人，有些现在已经破产了。他们中有一个人，欠了 150 万美元的债，差点上了吊。在像商品期货交易这样的行当里，如果仓位是亏了的，你就不应该再去加仓了。

我的心得就是，你可以把江恩的法则用在你的行当里。恒定图（即 12×12 的正方图）可以用在你交易的期货品种或股票上，也可以用在你自己从事的行当中。如果你是一个牧场主，养着一些奶牛和小牛犊，或者是做肉牛生意的，你也可以把恒定图用在你的畜牧生意上，也做这样一张图，把它与你的生意的周期联系起来，我确信这个恒定图可以用来预测我所交易的期货或股票的周期变化。

当我在日线图上看到小麦的高点和低点都在不断抬高时，我就会去看它的周线图，如果情况也是如此，那我对它的后期走势就很看好了。最后要看的是月线图，如果它还是出现高点和低点不断抬高的走势，那么，接下来的牛市行情就是板上钉钉的事了。

关注小麦的走势，锻炼你的耐心，但是，有一件事是肯定的，它的牛市会比你想的来得更早。

● **对小麦和道琼斯指数的长期走势的预测**
（选自 1984 年 10 月/11 月刊）

我觉得，现在应该是时候对市场中的一些期货和指数做出长期走势的预测了，这样不仅可以让你思考如何去预测，也可以让你去做一些长线的计划。

首先我说的就是小麦。小麦的走势已经低迷了很长的时间，从它的长期走势图来看，它自 1974 年以来，底部总是不断走低，顶部也是越来越低，而它的历史新高是在 1974 年 2 月见到的。

如果展望它在 1985 年后期和 1986 年初的表现，我认为小麦会迎来一波非常牛市的行情，这波行情会在接下来的 6 到 9 个月中的任何时间展开。

第一章　江恩平方图和正方图

是什么让我们预测小麦会在今后这一两年的时间里走出上涨的行情呢？这是因为小麦的走势遵循着13年的时间周期（江恩曾经用这个周期预测过小麦在1950年的行情）。在1973年，也就是13年前，小麦在1.5美元到1.7美元之间见到了低点，而随后的一波牛市行情把小麦的价格带到了6.46美元的高点，它见到这个顶部的时间是在1974年2月。

这里我们要把它的12×12的正方图放在这里一起说，小麦的起始交易年份是1841年，当它完成了第一个12×12正方图，也就是走完了144年之后，就来到了1985年。那么江恩在他的教程中，对此是怎么说的呢？他说过，一旦一个期货品种或是一只股票，走完了第一个12×12正方图，进入到第二个12×12正方图的时候，都预示着它的上升空间已经打开。

小麦目前正是处在进入到第二个12×12正方之前的阻力位上，它明年会攻克这个阻力位，然后展开一波大牛市。

在1989年，我们将迎来房地产和地价的非常重要的时间周期拐点。我不太确定，小麦和地价这两个重要的标的，到那时会出现什么样的状况。

另一个需要我们去加以关注的市场就是道琼斯平均工业指数。对于道琼斯指数来说，对它的预测没有像小麦那么长远，不过，道琼斯指数在今年秋天应该会有一波上涨，起涨点应该在11月21日左右，而新高应该是在12月31日左右能够见到，最晚也会在明年的第一季度。

道指的这波行情应该让它在1990年之后的10年迈上更高的台阶（高点可能会在1989年到1992年之间的任何时候出现）。

是什么让我可以这样说？那就要看一下江恩开发出的20年周期预测图（20×20的正方图）了。道指开始交易的时间是在1792年（纽约证券交易所是从1792年开业的，道指也是那时诞生的），按照江恩这个预测图上所示，道指的底部出现的周期应该是每20年一次，也就是说，道指应该是在1802年、1822年、1842年、1862年、1882年、1902年、1922年、1942年、1962年和1982年分别见到了它的低点，事实上，所有这些都是应验了的。

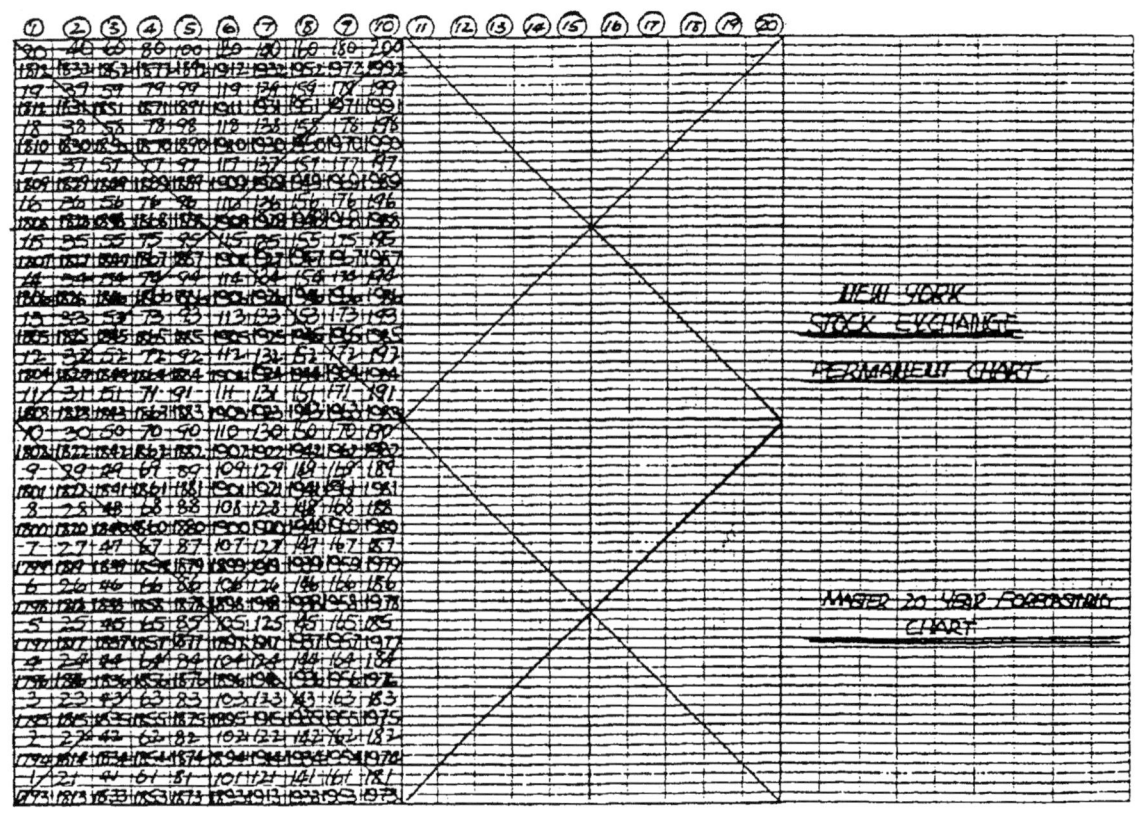

图 1-7 纽约证券交易所 20×20 的正方图

道指的顶部也应该是每隔 20 年出现一次，也就是说在 1812 年、1832 年、1852 年、1872 年、1892 年、1912 年、1932 年、1952 年、1972 年和 1992 年都可能会出现。根据实际的走势图，我们会看到，道指的顶部比底部要复杂一些，当这个 20 年周期的拐点刚好是出现战争的年份，顶部的走势就与本来的 20 年周期不那么同步了。

如果我们将 1932 年和 1953 年这两个例外和挨着它们的那几年除掉，这个周期还是很准的，而且一直延续到现在。

在这一期杂志中，我们把两张主图放在了一起，你要把道指在各个年份中实际的走势与预测图中的走势相比较，注意它在走完每个 20 年周期后的第二年就会见底，如 1842 年、1862 年、1882 年、1902 年、1922 年、1942 年、1962 年和 1982 年。同时，你也要看它见顶的年份。

根据道琼斯指数的月线图和周线图，我们也可以预测出，它将在 11 月底走出一波牛市，并在年底或明年 1 月创出新高。

第一章 江恩平方图和正方图

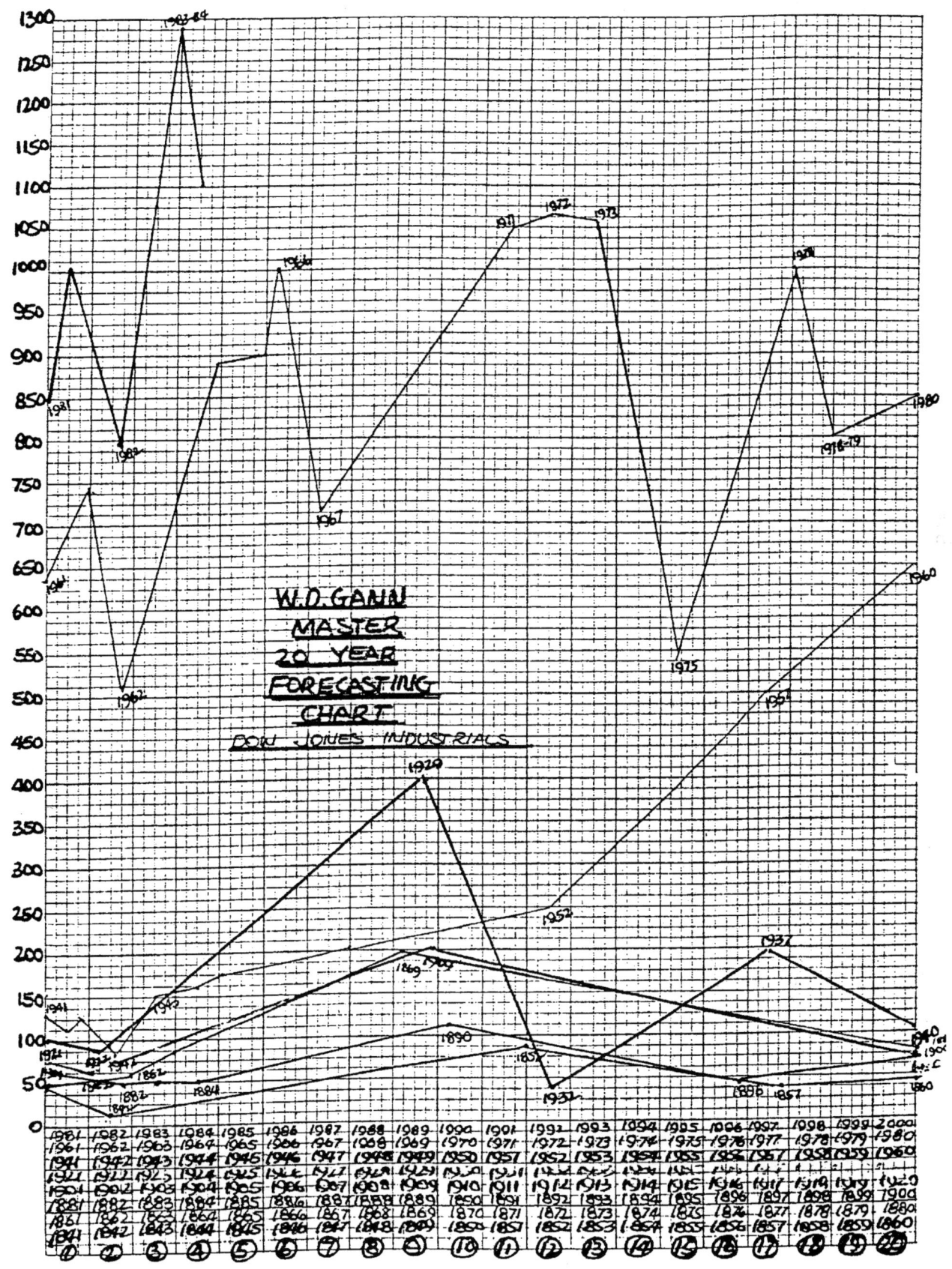

图 1-8 道琼斯指数的 20 年走势图

第二章　江恩趋势线

> **2.1** 江恩角（GANN ANGLES）是判断行情趋势是否出现拐点时的重要工具，以前在有些书里被译为角度线，对这样没有抓住要领，又让人看了不知所云的译法，我实在不敢苟同。其实江恩在他的股票和期货教程中都写得很清楚，江恩角说的就是移动平均趋势线，以下简称江恩趋势线，或者趋势线。

● **价格与时间达成正方**

（选自 1982 年 6 月刊）

最近，我在新奥尔良举办了一次江恩交易讲座。在这次讲座上，我发现一个情况，那就是有很多奉行江恩理论的交易者，对如何在实战中运用价格与时间达成正方这个方法，表现出信心不足。

他们缺乏信心的原因是对于如何运用这个方法的原理没有能够理解透。

当交易者充分理解了价格与时间达成正方这个过程的理论基础，掌握了它的使用方法，就会对这个方法建立起信心，并发现它真的很有效。

就我所知，在预测趋势是否会发生改变的所有方法中，看价格与时间是否达成正方是最好的方

第二章 江恩趋势线

法之一。

只要一只股票或期货品种在不断地进行交易，随着时间的推移，它的行情波动在走势图上就会留下很多的顶部和底部，而随着这些顶部和底部的出现，也就形成了该股票或期货品种的价格区间。当然，其中有些顶部或底部是比较大级别行情的顶部或底部，但无论如何，每个顶部或是底部，都会在未来的某个时间，走出它的时间与价格的正方。

当一只股票或期货品种的走势中出现了这样价格与时间达成正方的时候，趋势就会在此发生改变。江恩说过，"现在形成的这些顶部或底部，都是以过去某个底部或顶部为起点，价格与时间达成正方的结果。"

为了能把价格与时间达成正方的这个方法用在走势图上，如何正确绘制走势图就很重要了，它要求这个图必须是以一个价格单位与一个时间单位相对应的比例来绘制的图，才能用上这个方法。

换句话说，在日线图上，我们在时间上以1天为单位，在价格上就可以采用1美分为单位（这样的话，每个小方格在价格和时间上分别代表的是1美分和1天）。

当走势图遵循了这样每天1美分的对应关系以后，接下来就要用1×1的趋势线，或者说45度角的趋势线来测算价格与时间的拐点了（对于价格上24美分的波动，时间上需要24天，才能走出时间与价格的正方）。

在走势图中，从顶部向底部画一条45度角的趋势线，它的价格区间为24美分，在这里就需要24天才能走出这个价格区间的正方，而就在价格与时间形成正方的时点，趋势将会发生变化。

我们在确定每个方格对应的价格单位时，自然不可能总是用1美分。有些期货或是股票就要求这个价格单位是2美分或是4美分，或者是其他的价格单位，而不是1美分。

当我们在时间轴上的比例尺保持不变（实际上也总会是如此），而纵轴上使用的价格单位是2美分，这时我们判断拐点的趋势线就不是1×1的趋势线，而是2×1的趋势线了。

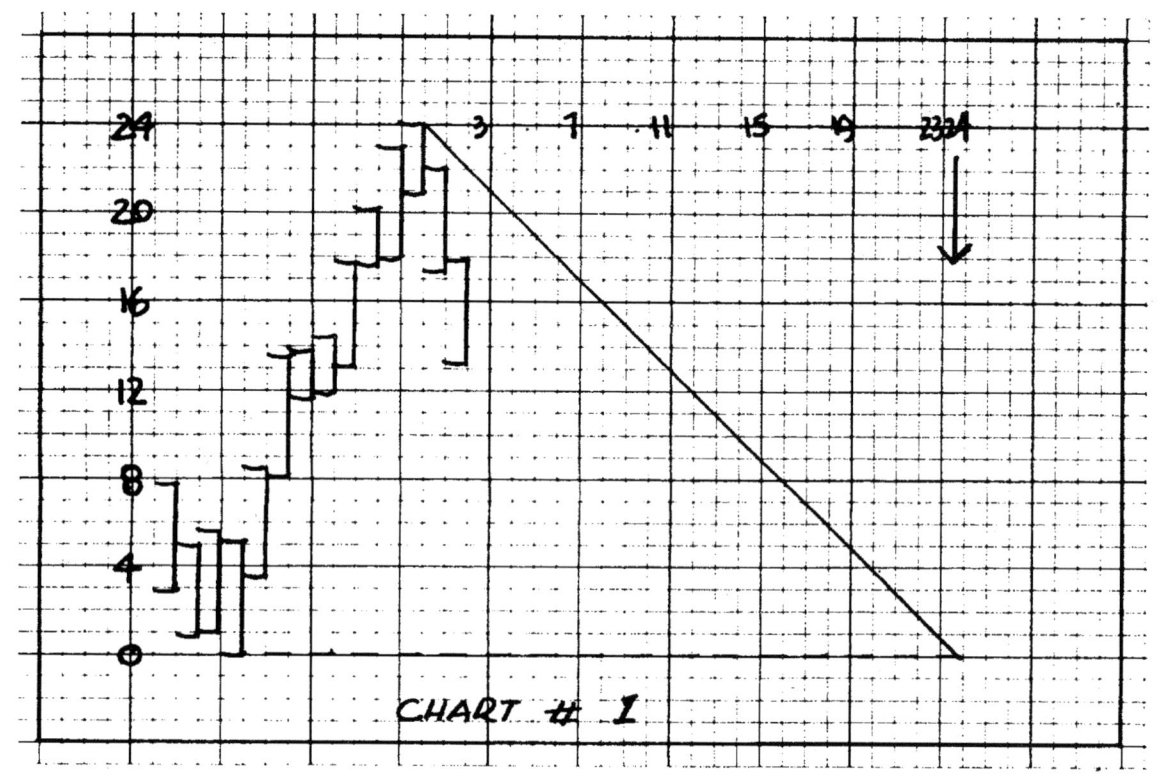

图 2-1 从顶部发出的 45 度角的趋势线

如果我们在价格上使用的单位是 4 美分时，判断拐点的趋势线就变成了 4×1 的趋势线。

因为只是价格的比例尺发生了变化，现在 4×1 的趋势线，与原来 1 天对应 1 美分时的 1×1 的趋势线，其实是一样的，它们会在同一时间达成价格与时间的正方。

还有一个问题，也让江恩理论的学习者感到很困扰，那就是从 "0" 点发出的江恩趋势线。一般来说，我们在绘制走势图时，价格不会真的回到 "0" 的位置。

这里有一个简单的办法，可以算出这条趋势线究竟会走到什么位置，也就是说，要算出让时间与我们关注的那个顶部或底部的价格达成正方的位置。

比如，当高点为 570 时，我们想在见到这个高点的时间点，从 "0" 点向上画一条 45 度角趋势线，那么我们从 570 这个顶点开始算起，横着向右数 570 个小方格，得到的就是从 "0" 点发出的 45 度角的趋势线结束的位置。

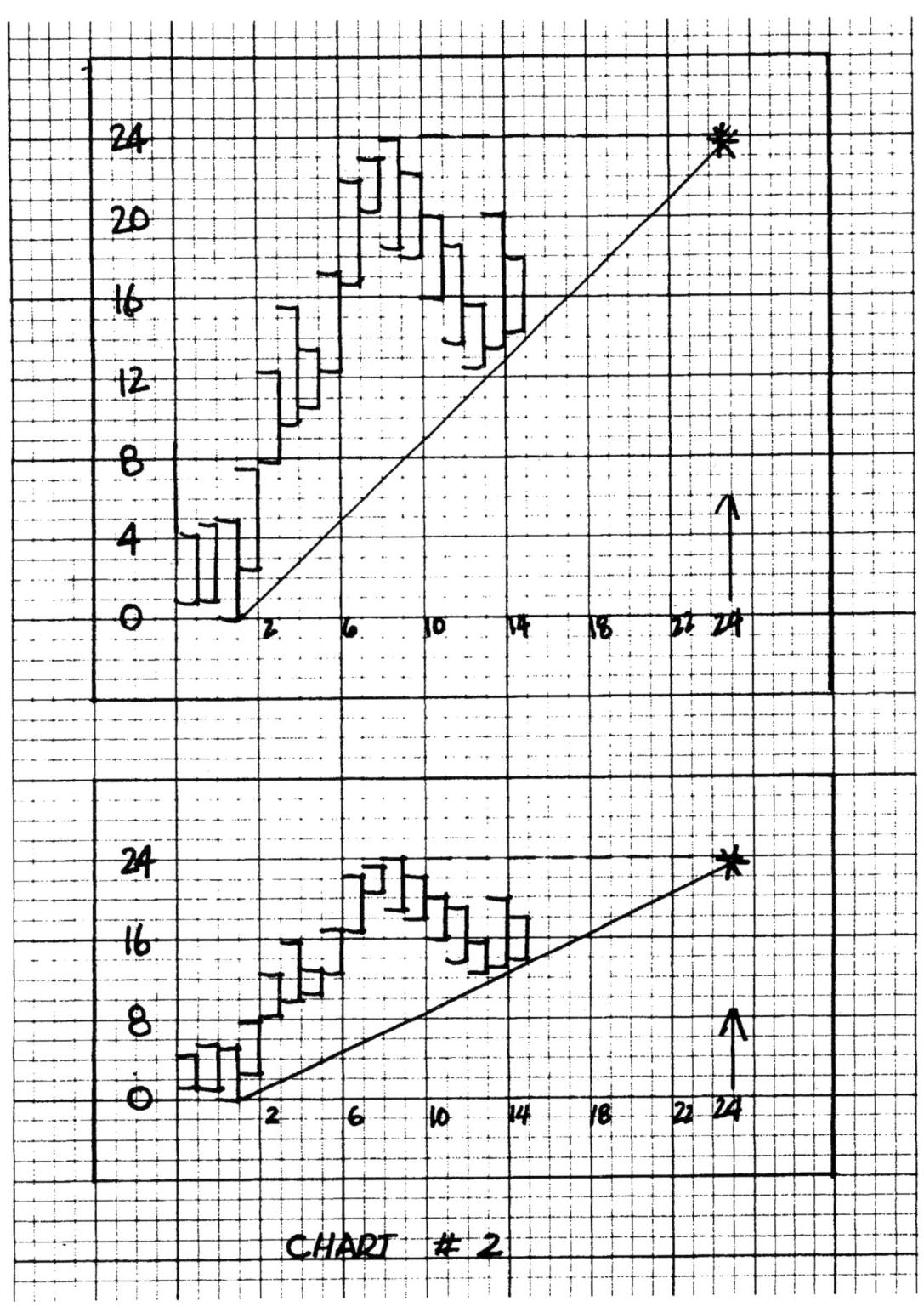

图 2-2　从底部发出的趋势线，上图为 1×1 的趋势线，下图为 2×1 的趋势线

如果从"0"点发出的是一条 1×2 的趋势线，那么它只需要 285 天就可以在价格上达到 570。

从"0"点发出的一条向上的 45 度角的趋势线，一直延伸到价格为 570 的位置，另外从真正的顶部 570 画一条向下的 45 度角的趋势线，一直延伸到价格为"0"的位置，这两条线就是一个真正的 570×570 的正方形的对角线。这里你还可以得到一些重要的阻力位，比如它的¼位是在 142½，它的½位是在 285，它的¾位是在 427½。

关于价格与时间达成正方，江恩说过这样的话："这是一直以来我最重要的，也是最有价值的发现之一，如果你可以严格遵循这个法则，一直关注时间与价格在何时达成正方，或者说在价格与时间什么时候可以走到一起，就能更准确地预测出重要的趋势变化。"

江恩还有一条很重要的方法，那就是要求你必须坚持绘制你交易的股票或期货的日线图、周线图、月线图、季线图和年线图。绘制所有这些不同时间区段的走势图，你在展望该股票或期货的未来走势时，准确率就会高得多。

大多数的交易者只绘制日线图，这样一来，就不能让你对该股票或期货有个全景式的了解。如果你只用日线图的话，它会把你渐渐拖入到糟糕的交易氛围中去，让你产生恐慌，把手头本来可以赚钱的仓位抛掉。

我已经发现，你越严格遵照江恩的法则来操作，你的交易回报就会越好。

江恩用了 50 年的时间，总结出了一整套很棒的交易法则。你越早认识到这一点，并开始按照他的法则来操作，你就会变得越来越富有。

● 江恩趋势线的十二种形态

（选自 1984 年 8/9 月刊）

关于江恩角，也就是他的移动平均趋势线这部分内容，是江恩教程中最重要的技术图形。技术派的交易者们总是在寻找着一种方法，想把它们应用到自己的图形中去，让他们可以预测市场的未来趋势。在此,我们附上了12种不同形态的趋势线的演示图。

形态1:这张图给出了正方的定义。我们看到的是28×28的正方,它在价格上的波动区间是28个点,从时间上看,一般来说,要达到时间与价格的正方,它要走完28天或是28周,或者是28个月等时间周期。

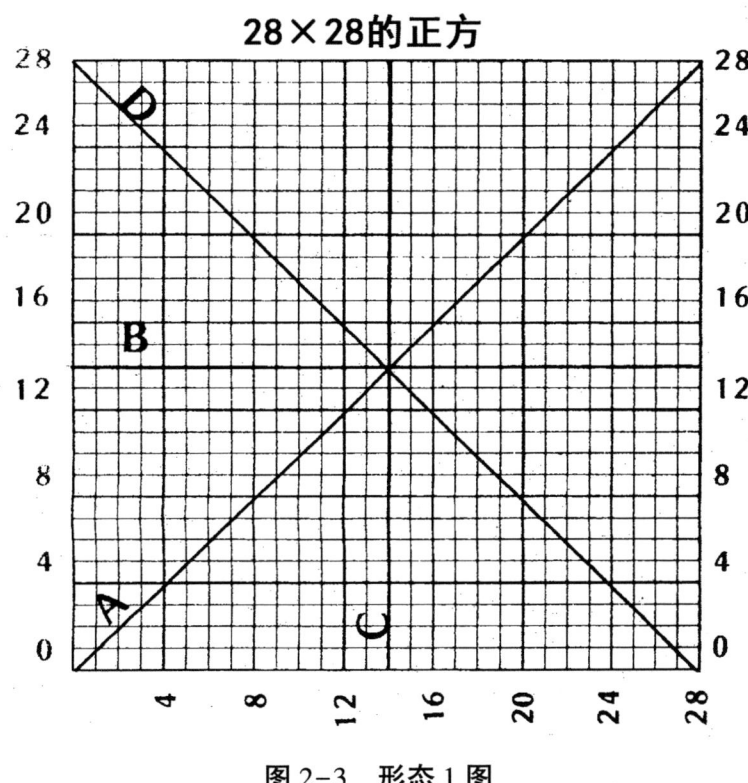

图2-3 形态1图

形态2：这张图中给出的是牛市中所有重要的江恩趋势线。它们都在向上的45度角的趋势线上方，分别是1×2的趋势线、1×3的趋势线、1×4的趋势线和1×8的趋势线，表明每天上涨的点数为2个点、3个点、4个点和8个点（译者注：原文为2×1、3×1、4×1和8×1）。

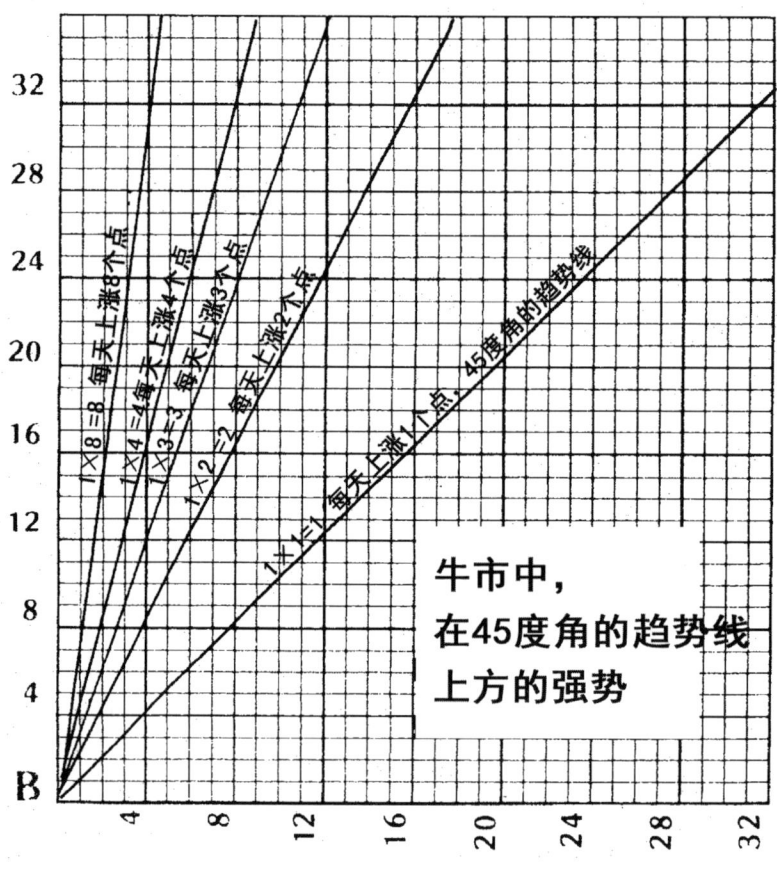

图2-4　形态2图

形态3：这些都是在向上的45度角的趋势线下方的趋势线，表明每天、每周或者每个月上涨1/2、1/3、1/4和1/8个点，这些趋势线显示市场较弱。

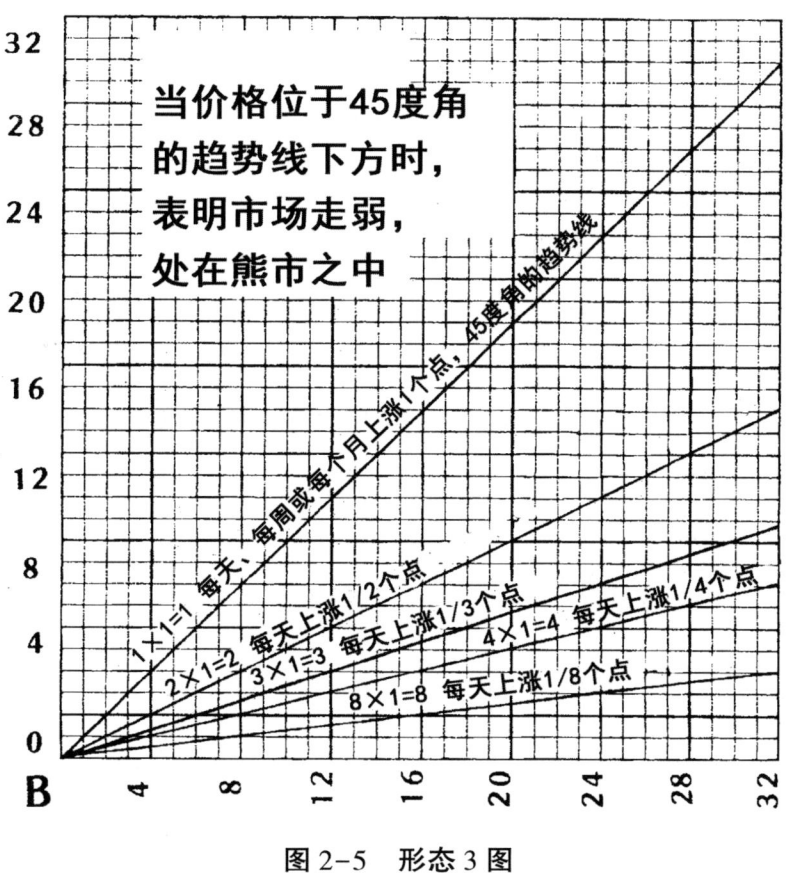

图2-5　形态3图

形态4：这些趋势线是在很弱的熊市中出现的，它们都在从顶部发出的45度角的趋势线下方，分别是1×2的趋势线、1×3的趋势线、1×4的趋势线和1×8的趋势线，表明每天下跌的点数为2个点、3个点、4个点和8个点（译者注：原文为2×1、3×1、4×1和8×1）。

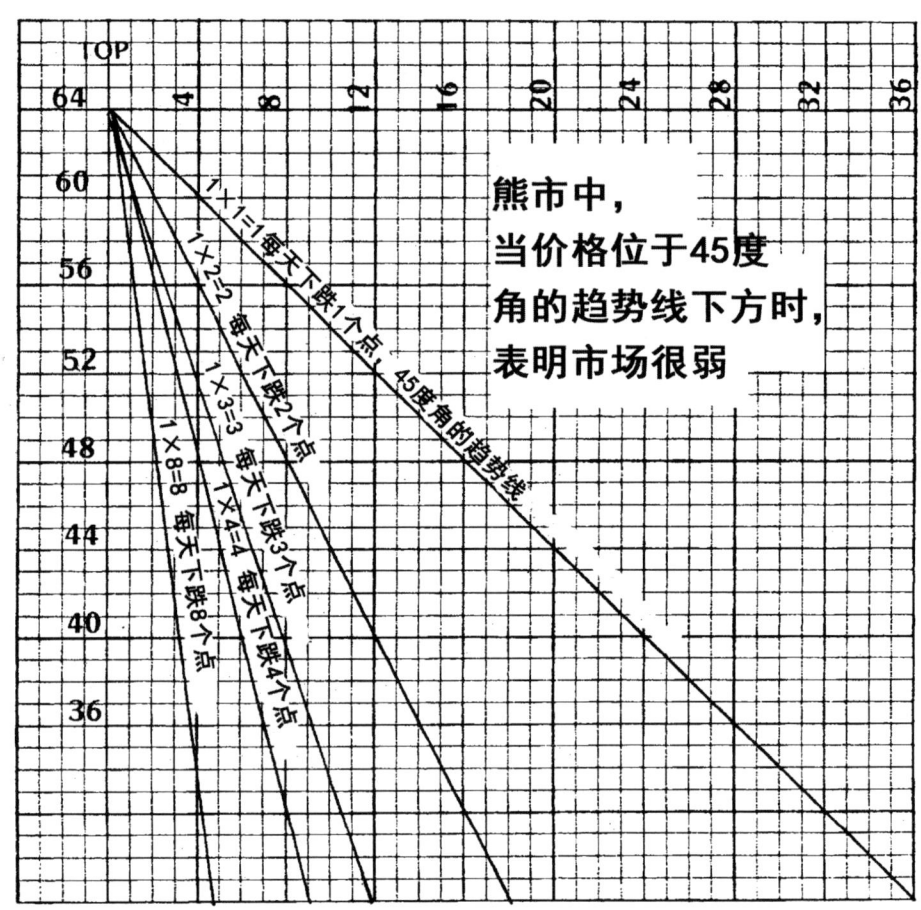

图2-6　形态4图

形态5：这些趋势线表现的是在熊市中最强的走势。它们都在从顶部发出的45度角的趋势线上方，表明价格下跌的速度比形态4中要慢得多。2×1、3×1、4×1和8×1的趋势线，表明价格是以每天、每周或每个月下跌1/2、1/3、1/4和1/8个点的速度运行的。

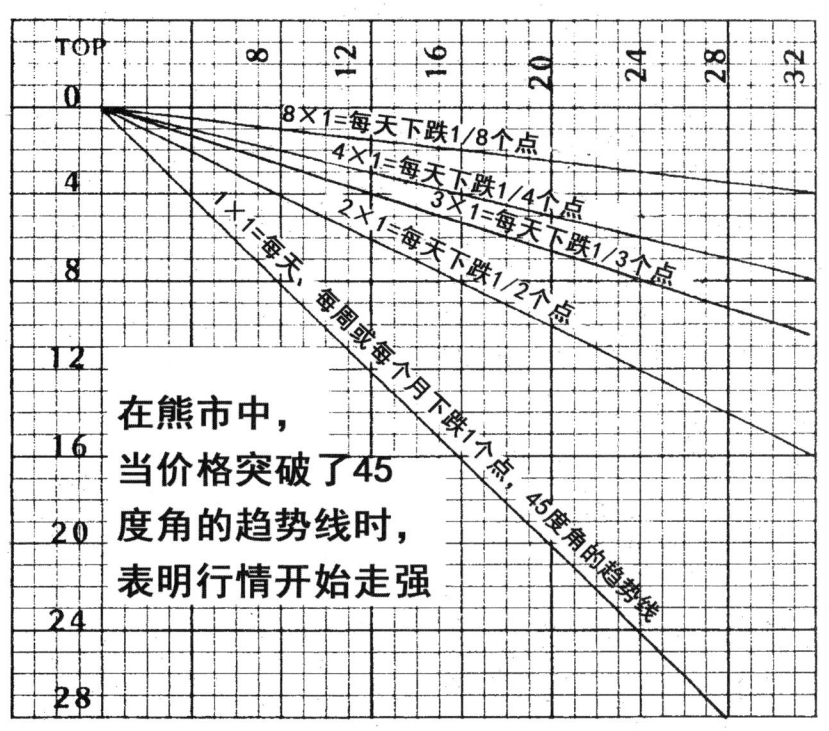

图2-7　形态5图

形态6：在图6中，我们看到的是从三重底发出的趋势线。除了显示支撑位之外，这些趋势线的交叉点会是下一个变盘点。

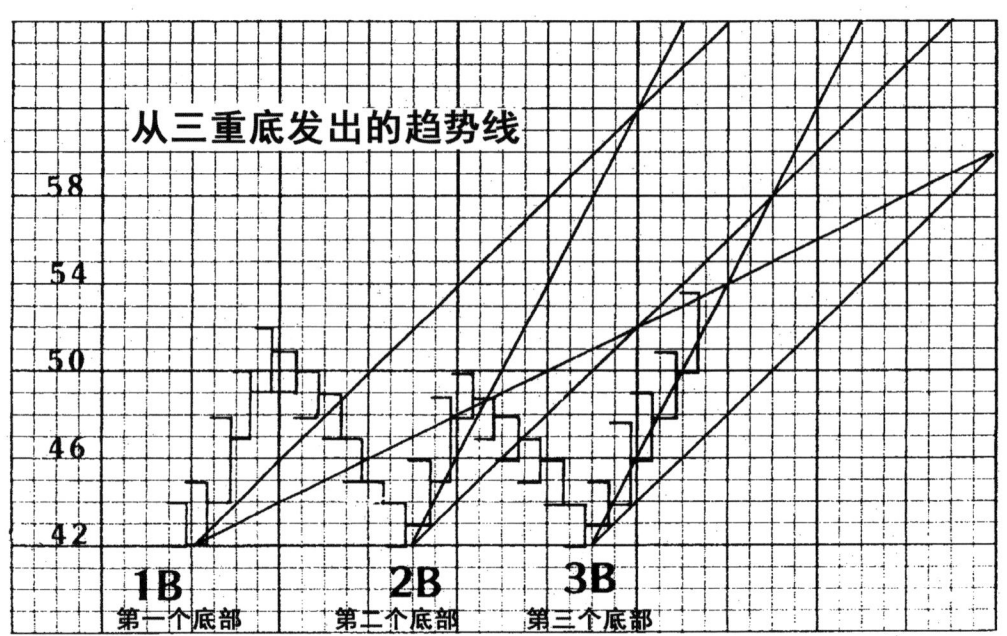

图2-8　形态6图

形态7：从底部发出的趋势线，对价格起到一个支撑的作用，同时，这里也描绘出如何绘制从"0"点发出的趋势线，从时间上看，与见底的时点是一样的。我们看到，底部的价位是20，那么从"0"点发出的向上的1×2的趋势线，要经过10天（10周或10个月），才能达到20这个价位。而从"0"点发出的1×1的趋势线，要经过20天（20周或20个月），才能达到20这个价位，这些线在预测趋势变化中都有着很重要的作用。

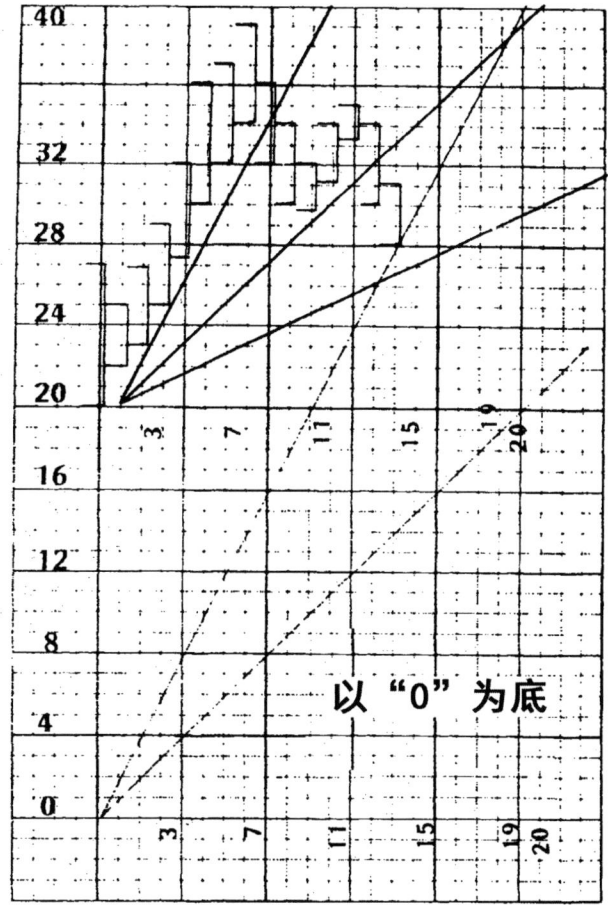

图2-9　形态7图

形态8：从底部可以绘制向上的45度角的趋势线，也可以绘制向下的45度角的趋势线。这些向下的趋势线之所以重要，是因为在预测底部时，它们是最好用的趋势线之一。

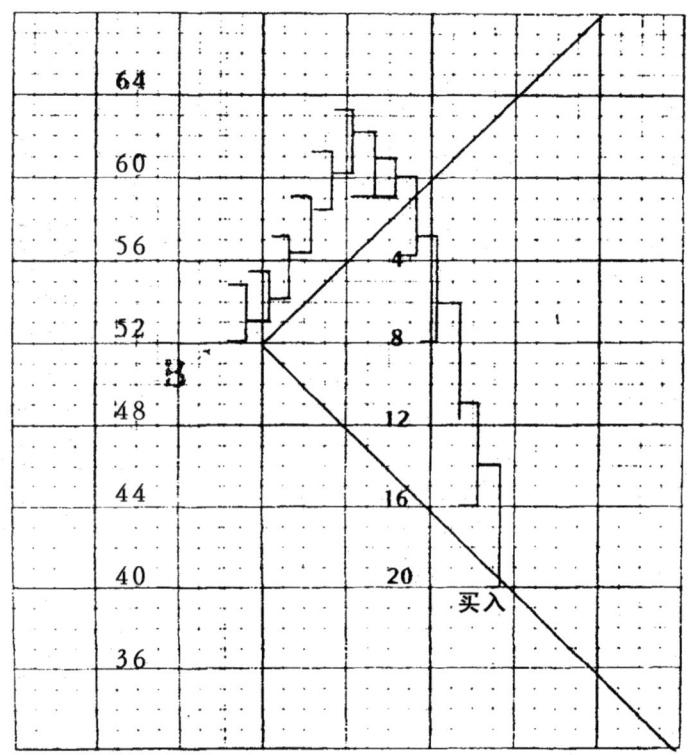

图2-10　形态8图

形态9：从顶部发出的向上的45度角的趋势线，对于未来顶部的判断，是最重要的方法之一。从一个反弹的顶部，向上画一条45度角的趋势线，用它就能预测出行情将会在何处见顶。从趋势发生转向的底部发出的45度角的趋势线，除了能去看时间与价格的正方之外，还能用来判别市场的强弱，图中的这些趋势线都有着惊人预测行情的能力。

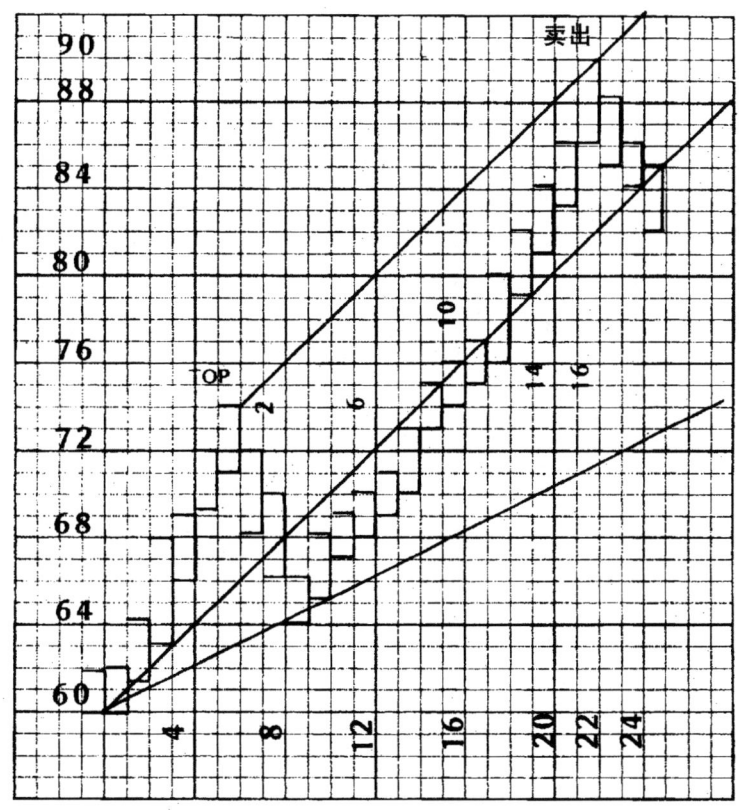

图 2-11　形态 9 图

形态10：这个图中的趋势线，作用也不一般。从一次下跌的底部，向下画一条45度角的趋势线，也可以预测底部。这与形态9中，从一个反弹的顶部，向上画一条45度角的趋势线，作用刚好相反。从顶部发出的45度角的趋势线，除了可以用来看时间与价格的正方之外，还能用来判别市场的强弱。从底部发出的向上的趋势线，除了能去看时间与价格的正方之外，对价格也起到一个支撑的作用。

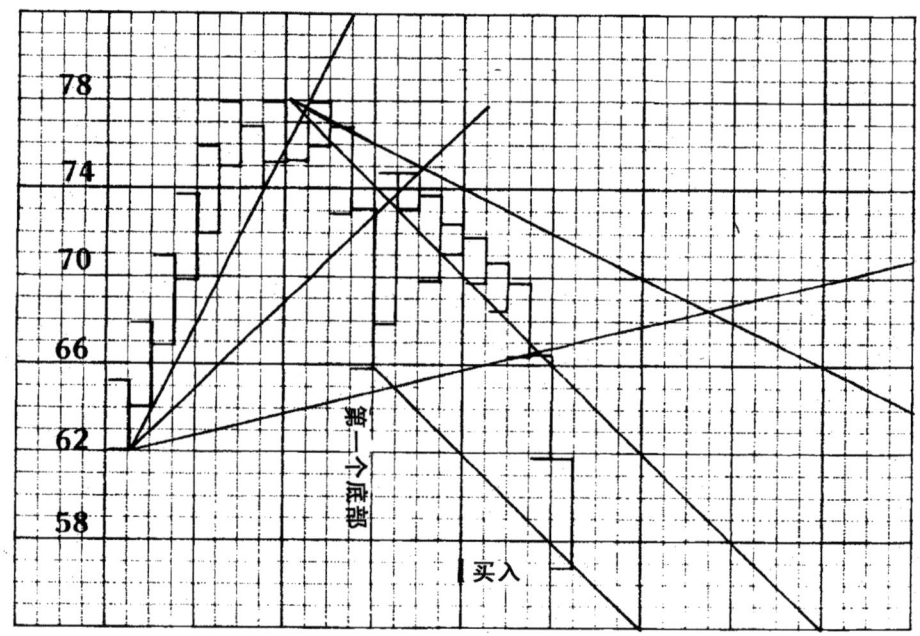

图 2-12　形态 10 图

形态11：这里再一次展示了从底部和顶部绘制45度角的趋势线的重要性，它们在预测大级别趋势变化方面，能力不凡。我们从图中可以看到，当价格与时间达成正方时，会出现什么样的走势，价格会在此时有何反应。

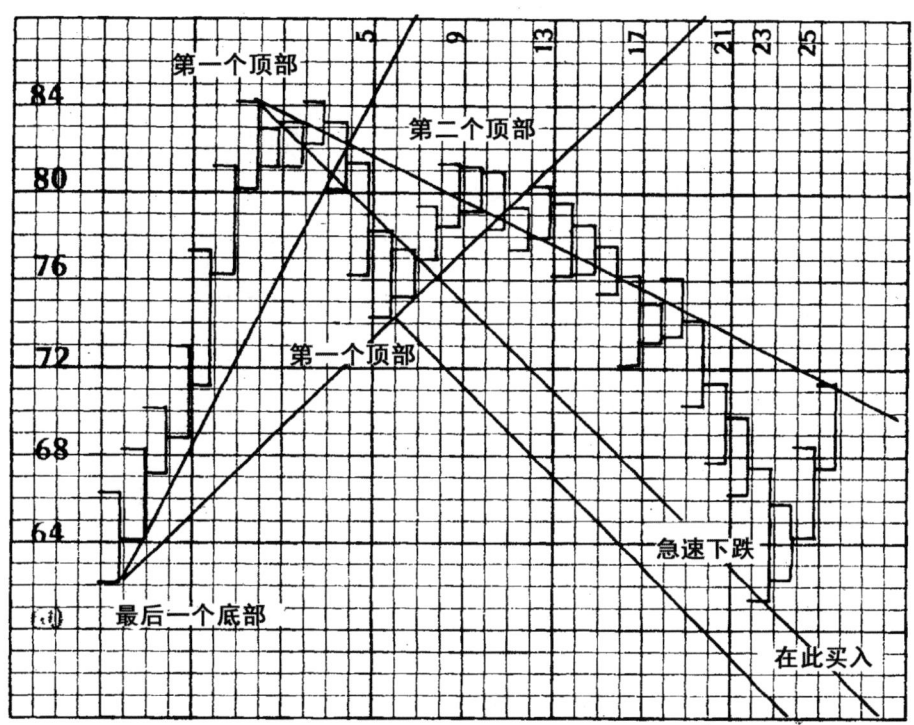

图2-13　形态11图

形态12：该图展示了价格如何在一个12个点的价格区间内运行。每当时间与这个价格区间达成正方之后，趋势线就跟着上上下下向前走。只要价格保持在这个区间内运行，这条45度角的趋势线就会一直这样走下去。一旦价格上出现了更高的底部，或是更低的底部，这个价格区间才会改变。

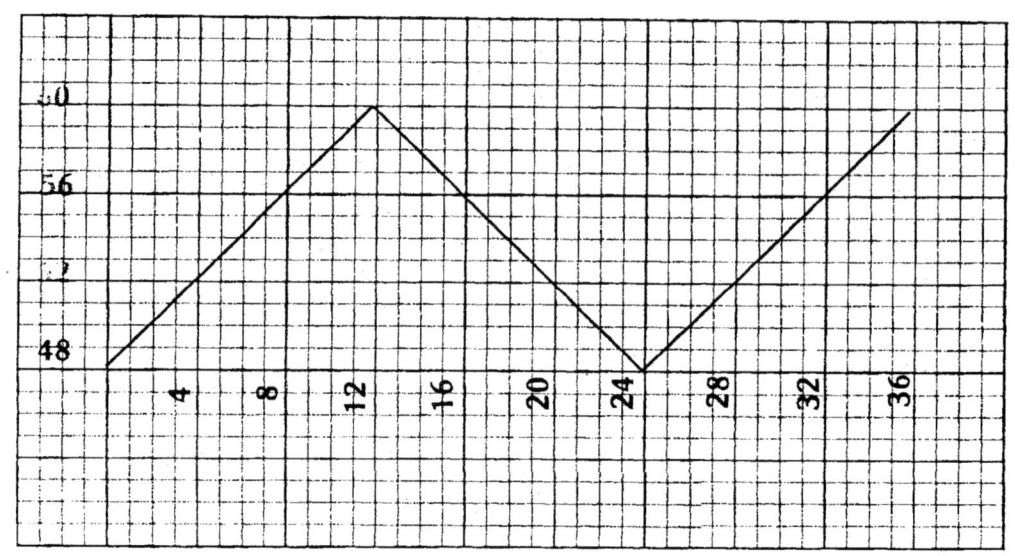

图2-14 形态12图

● 预测

（选自1984年9/10月刊）

在上一期中，我们从江恩教程中摘录了有关趋势线的12种形态。对于一个技术派的交易者来说，这可能是他在预测一只股票或一个期货品种的未来趋势和拐点时，实际能派上用场的最重要的工具了。

我发现，对我个人的交易和预测来说，江恩教程中的这部分内容是最有用的。

如果你知道，趋势线可以提前好几个星期或好几个月就能预测出行情见顶和见底的时间，那么你交易起来的胜算一定更大。

这些趋势线除了可以准确预测出顶部和底部之外，它们能做的还多得很。在你运用这个方法之前，下面几个要点要记牢：

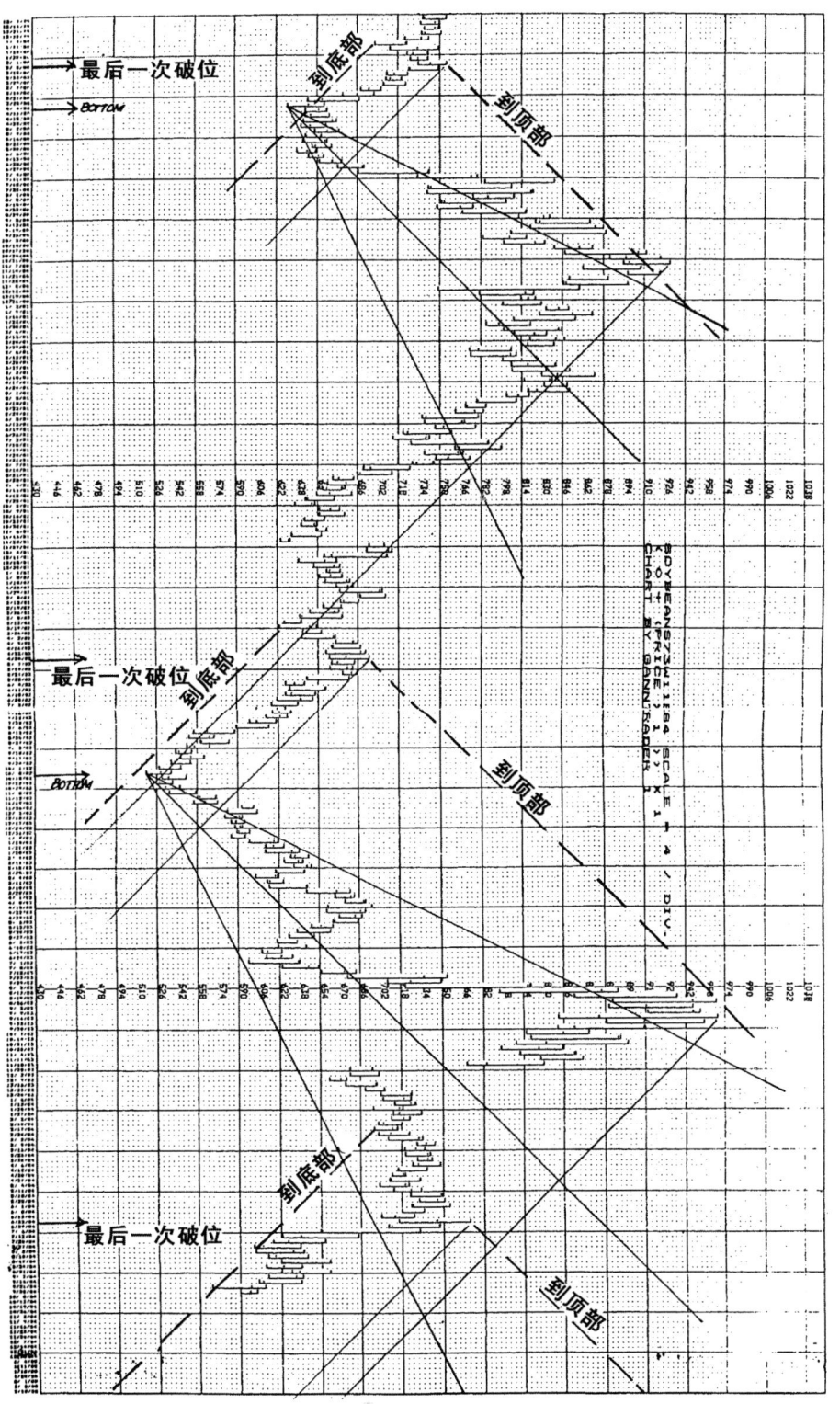

图2-15 大豆走势图

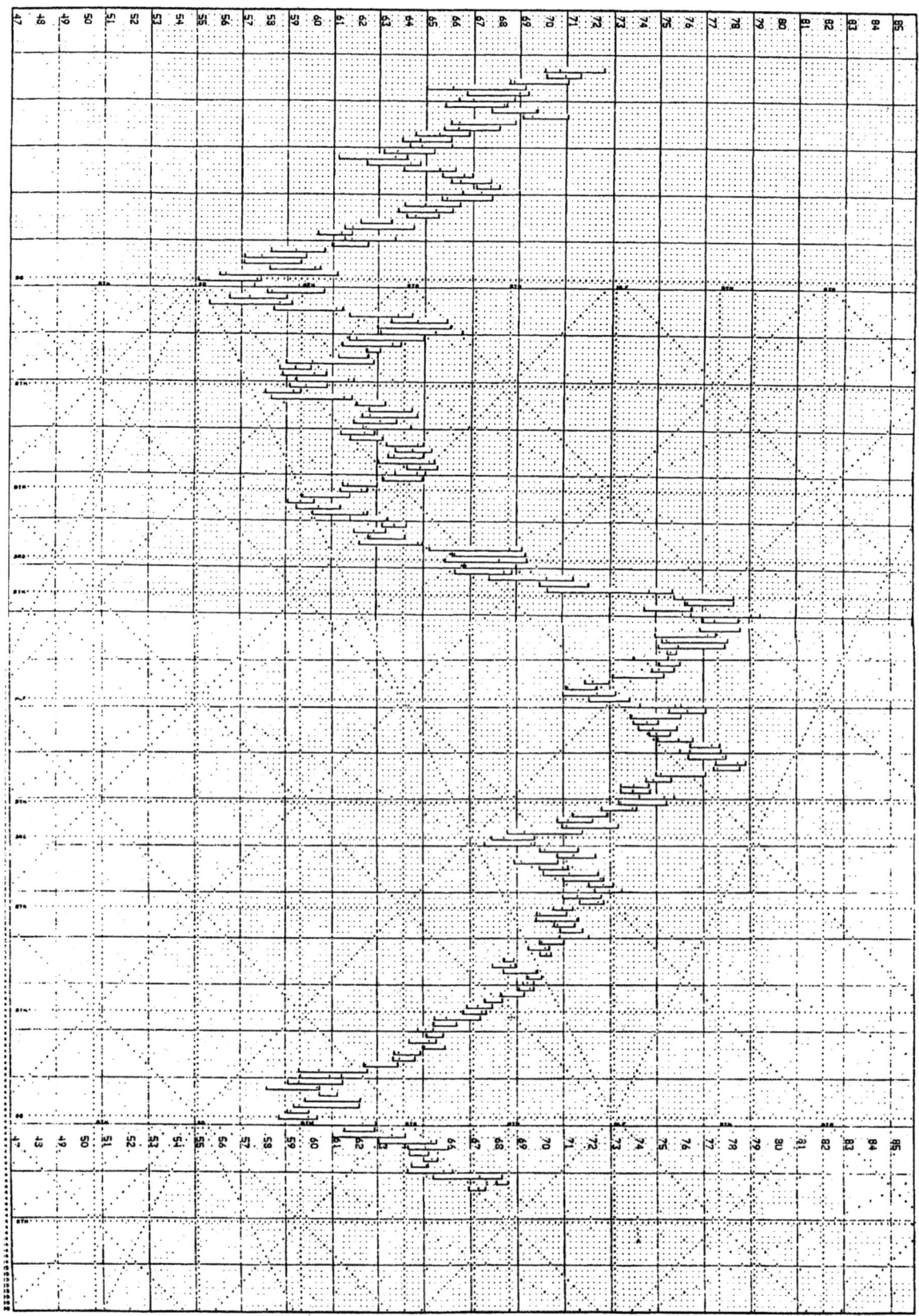

图 2-16 国债走势图

第二章　江恩趋势线

1. 每个期货品种或是股票都是独一无二的。比如大豆，为了要预测准确，你在画它的趋势线时，就要从属于它的与众不同的起始位置开始画，而对于另一个期货品种，或者一只股票，则要从另一个起始位置开始画它的趋势线。

2. 对于预测行情来说，周线图目前看来是最有效的，而月线图的实用性紧随其后（江恩不用日线图做预测，所以我也渐渐地远离了它）。

3. 在绘制图形时，要学会选择准确的比例尺，它必须要适用于该期货品种或是股票，任意地选择一个比例尺，将会把整张图都搞砸。

4. 对于一个期货品种来说，要选出适合它的准确的趋势线。一旦你找到了这条从某个点出发，可以预测出它的底部的趋势线，你就知道，在未来的一个周期里，同样的趋势线可以做到同样的事情。

5. 记住江恩说过的话："在同样的情况出现时，人们总会做出同样的反应。"这就是为什么每个期货品种和每只股票在走势图上总会走出一些只属于它们自己的很经典的形态。比如，你看1984年小麦的走势图，看上去就与1981或1982年的走势类似，不同的只是价格不一样了。它的走势中会表现出自己的特征，而这是由小麦的交易者们在一买一卖中形成的，它总是跟着属于它自己的周期来运行。但是，当你对照黄金和债券的走势图时，会发现它们完全不同，它们各有各的特点。

江恩还说过，归根结底，目前行情中出现的每一个顶部或底部，都是之前的某个底部或顶部，走出了时间与价格的正方的结果。

● **对江恩理论的回顾与江恩均衡指标**

（选自1984年5月/6月刊）

在最近达拉斯举办的江恩技术培训上，我发现，大家对于江恩理论中的很多东西，要不就是理解得还不是很清楚，要不就是压根没用过。比如说，时间与价格区间达成正方，当价格区间一直保持不变时，从顶部或底部发出的一条45度角的趋势线，就在这个价格区间里来回波动，直到市场见到新高或新低为止。

当新高或新低出现的时候，趋势线最后的位置，会由新高或新低的价位来决定。

这样的结果会让绘图者有一种很强的感觉，趋势拐点即将到来了。

对于从"0"发出的向上的趋势线，人们好像也没弄明白是怎么回事。这些趋势线都在见到低点的时间上开始画的，江恩在图上总是用绿色的墨水来画这些线，并清楚地标明是从"0"点开始的。

从"0"发出的趋势线，可以一直向上延伸到历史新高的位置，它也可以像我们刚才说的某个价格区间内的趋势线一样，上下波动，再从高点的价位，一直向下延伸到低点的价位。这也是一个价格区间，当价格创出新高或新低后，它的起始位置或终结位置才会改变。

价格和时间在达成正方，就是一个循环或周期的"完成"，它是一个要达成"自身的正方"的驱动力。大多数人都没有从一个期货品种或股票最初交易时起，去看它一直以来的走势。如果你这样做了，就可以看到从"0"发出的所有趋势线，就可以看到它从一开始，就在走出一个又一个正方。

在达拉斯的江恩技术培训上，有些人来问我关于江恩均衡指标的问题。这张图是在1980年的一次芝加哥的培训上印发给学员的，很多学习江恩理论的人，手里都有这张图。

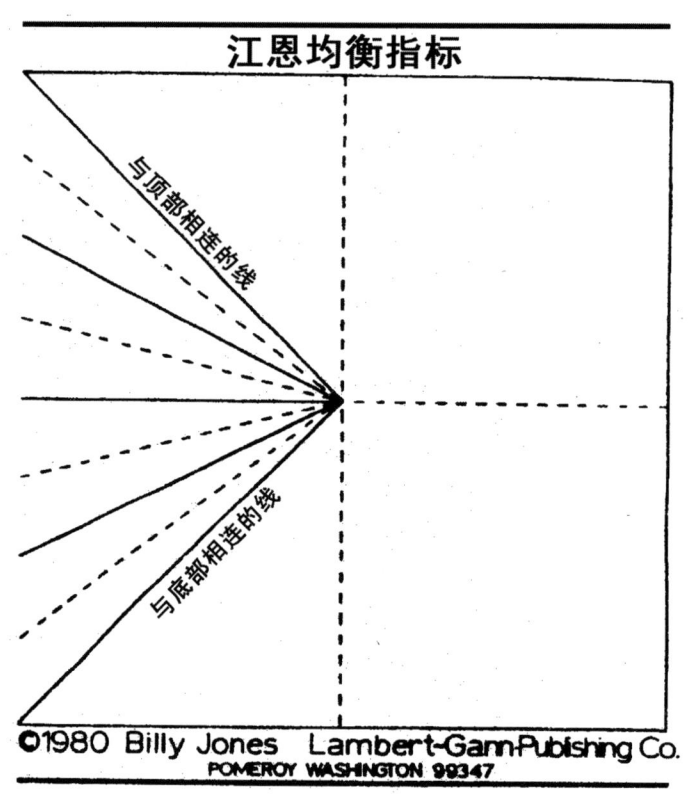

图 2-17 江恩均衡指标图

这个指标是从一些很老的江恩原图中挖掘出来的。当我第一次用它的时候，我对这些指标的准确性惊讶不已，我试图去搞清楚，江恩当年是怎么来用这个指标的。

当行情走完它的一个时间周期时，总会指出未来它将走到的某个点位。要找到未来的这个点位，你就要用到均衡指标了。为了找到这个指标，你要把印有这个指标的透明塑料板放在走势图上，要保证上边的线与转向型顶部相连，下边的线与转向型底部相连，同时，两条线与水平线的角度要一致或尽量相同。你要记住，在选择顶部和底部时，一定要选上一次牛熊转向时的顶部和上一次熊牛转向时的底部。

当均衡指标的上下两条线，按照之前的转向型顶部和转向型底部调整好位置，价格很快就会突破上方那条线，或是跌破下方这条线，一直运行到三角形顶点所在的垂直线，然后见顶或是见底，在此又会出现趋势的变化。

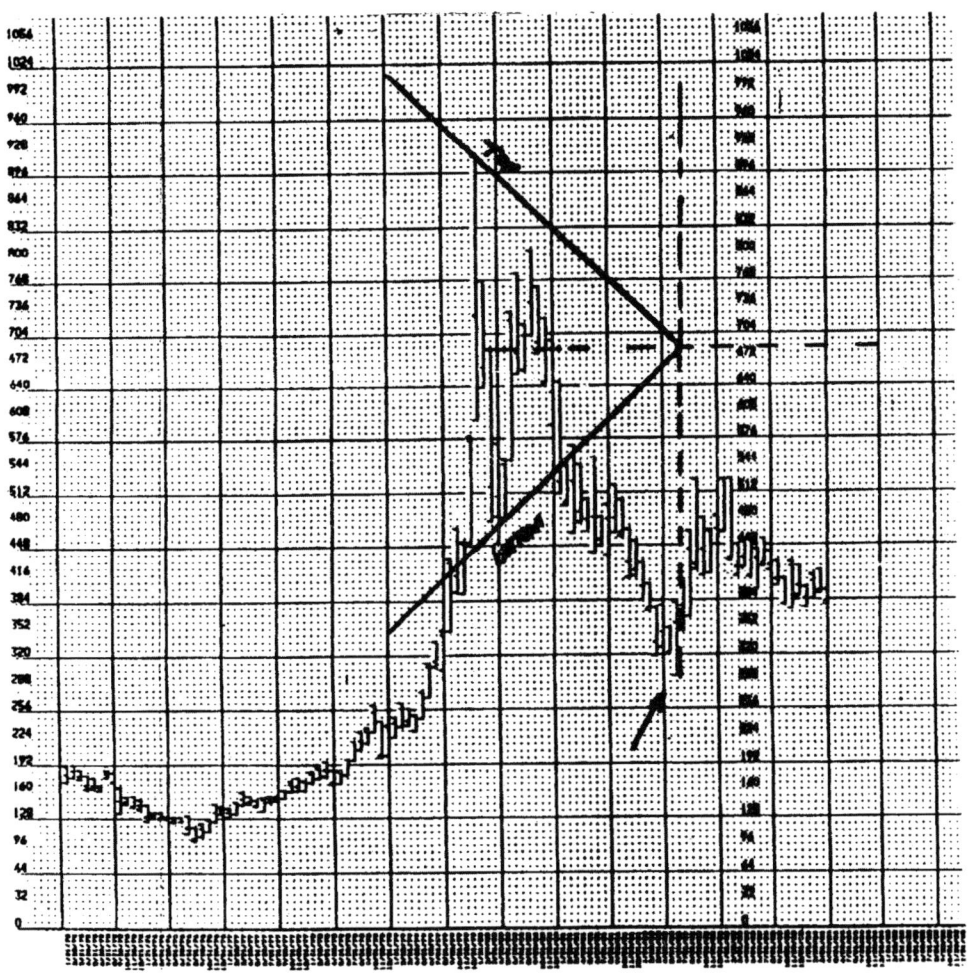

图 2-18　带有江恩均衡指标的黄金月线图

第三章　江恩的时间周期理论与振荡法则

> **3.1** 江恩的时间周期理论涵盖了长期、中期和短期的时间周期，而一个中长周期的结束，往往是出现在季节更替的时间点上，也就是在我们所说的节气前后。

● **周期 —— 宇宙之钟**

（选自1984年3月和4月刊）

自然的见证

时间周期在市场行情中是处处可见的，这就如同它在我们的生活中无处不在是一样的道理。从我们的心跳，到每一年中季节的循环往复，再无限延伸开来，你都能看到周期的存在。

没有人能够否认，在自然界存在着兼具合理性与规律性的时间周期。现代研究表明，从极度寒冷或潮湿到极度酷热和干旱，都是在相当有规律的时间间隔下，呈现着长期的波动性变化，周而复始，反复循环。同样地，当我们观察太阳黑子时，从它的爆发，到数量增加和最后的消失，这个周期大约会在11年左右的时间。实际上，太阳黑子的周期与天气或气候的长期变化之间，已经确认存在着很强的相关性。

无论我们是否知道，所有这些现象就在我们身边一直发生着，包括在股市和期市中，它们都是按照时间周期在进行有规则的振荡，这些波动都是有其合理的规律性。

我们知道，市场行情的高点和低点的出现是有着充分的规律性，它会周而复始地不断重复，这些是有确定性的现象，不是随机的结果。任何人只要认真观察过它，并且交易了一段时间之后，就会对它的周期略知一二，这要比那些门外汉强多了。

今天我们知道的很多时间周期，都是几百年研究的成果，它们中有些可以追溯到700多年前。我们今天看到的很多东西的时间周期，它们是从欧洲开始起源的，那时还没有美国。江恩有几张小麦价格的走势图，它的时间就一直追溯到了1259年。

但人性往往会这样，大多数人都在研究时间周期，但却不按照周期给的提示去做。通常来说，在知道了它们过去的行情之后，我们总是想着，当初要是如何如何操作就好了，然后就是盼着那样的行情会再出现一次。这就好比是对着一个期货或股票的价格走势图，看它过去的历史行情，觉得把它预测出来是多么容易的事呀！而倒回头去看跟向前看相比，还真不是一码事。

预测是我们要做的工作。那些像天文学、化学和物理那样的精确科学，可以进行准确的预测。经济趋势，包括期货和股票市场的趋势，都是可以在一定的限度内做出预测的。

指数的法则也适用于人。总的来看，我们的一些活动都可以分成多个确定的模式，它们中有些就会按照一定的规则，周期性地重复出现，而我们自然会对那些能帮助我们判断市场波动的时间周期感兴趣。

正因为对时间周期的研究，我们才得出了很多声学法则。我们中很多人都不知道，好多有价值的信息就是来自于对韵律的研究，比如，我们之中很少有人会知道，当住房（建筑物）指数达到顶部的时候，这就是一个危险的信号，会有幅度比较大的回调出现。如果金价要往上升，那么这个危险系数就在加大。

54年的时间周期

对我们所有人来说，54年的经济周期都是很重要的，在与这个周期相关的图上，我们可以一直追溯到1790年，我们看到从高点到低点的转向，刚好符合54年的周期。

批发业价格指数的长周期就是属于这一类的。从1776年开始，美国经历了3次这样的54年的周期。战时的峰值让这个周期有一些偏差，如果把战争时期的峰值去掉的话，那么这些 54 年的周期的高点和低点都是按部就班出现的。

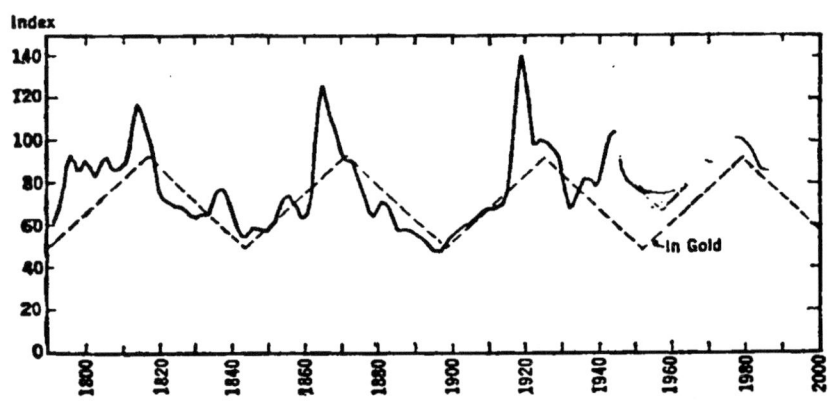

图 3-1　美国平均批发业价格指数

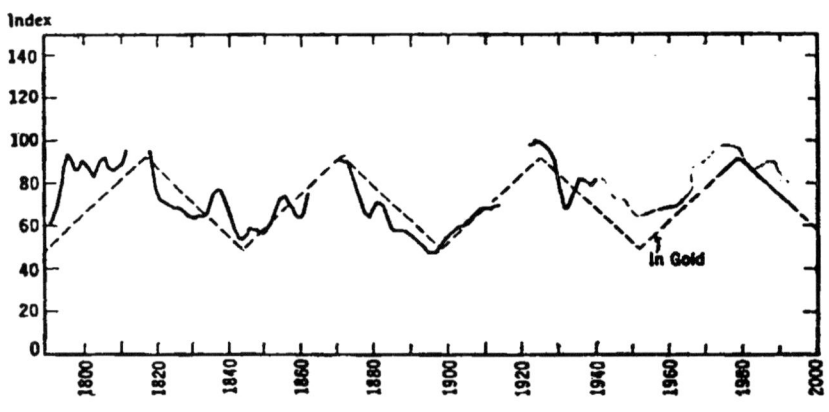

图 3-2　美国平均批发业价格指数，除去战争时期的峰值

小麦价格的波动也是符合 54 年的时间周期。图中的数据是从 13 世纪开始的，这样的周期重复出现了 14 次，一个有规律性的周期是一定会被人们发现的。

这样一个 54 年的时间周期，让经济在 1925 年见顶，4 年之后，出现了历史上最严重的经济萧条。那么 1979 年到 1980 年，将会是下一个 54 年的周期的顶部。如果你看一下以美元的真实价值为基础的经济，情况也许没有它看上去那么好。

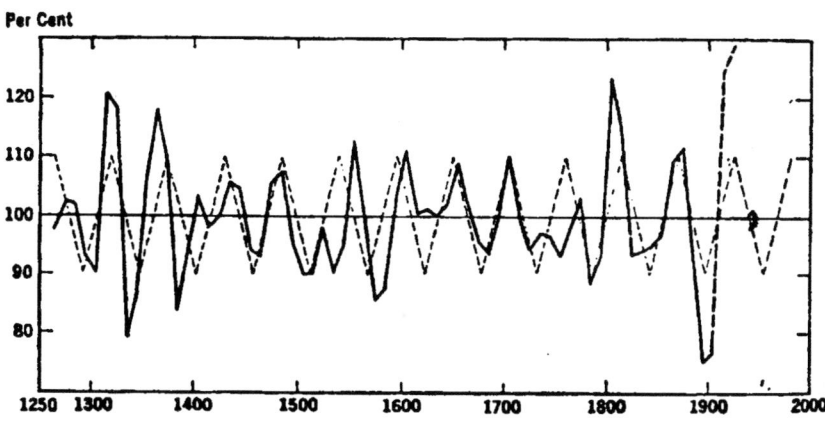

图 3-3　英格兰小麦价格的 54 年的周期：与趋势偏离的百分比

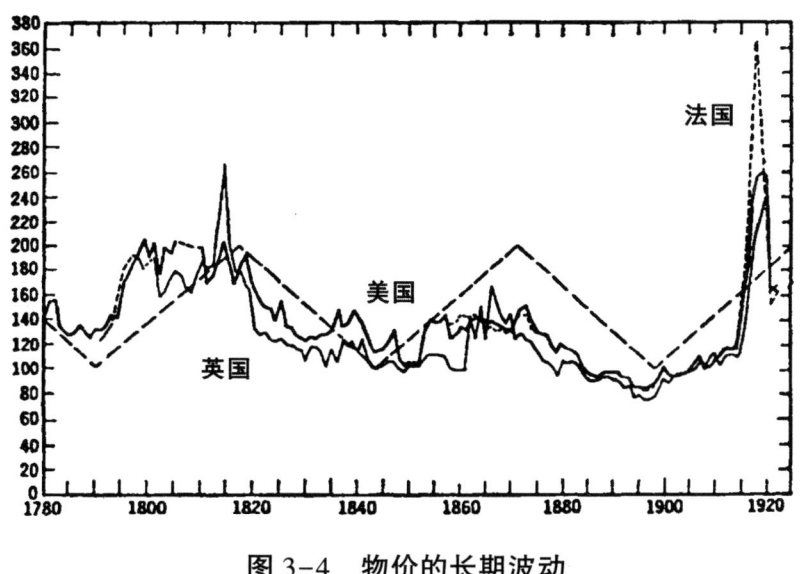

图 3-4　物价的长期波动

18 年的时间周期

如果把 54 年的时间周期分割成短一些的周期，我们会得到 18 年的时间周期。有记录显示，这样一个时间周期已经运行了很多年，并且非常有规律。这个周期见底的时间是在 1971 年，见顶的时间是在 1980 年。

江恩技术研究（精华本）

事实上，对于我们每个人的生活来说，这个周期应该算是最为重要的周期之一，18年时间周期在与我们相关的最重要的事情中广泛存在着，从土地价格、房地产、建筑业、婚姻、股票和谷物价格等，无一不包。所有这些与我们的生活都有着千丝万缕的联系，比其他的东西重要得多。

如果你是农场主，拥有自己的土地和房产，那么这个周期对你就是至关重要的周期之一。

比如，这个周期在1971年见底，谷物的价格在1971年到1972年开始上涨，地价也是一样。很自然，各种与房地产相关的业务就会跟着一起向上走，9年的向上波段在1980年见顶。如果我们往回看的话，1980年是大多数行业见顶的年份，包括谷物价格、地价和房价，还有贵金属和其他一些期货品种。

1980年应该是个很理想的卖掉一些资产，或者说不去添置资产的年份。而这个周期的底部应该会出现在1989年，也有可能是在1990年到1991年，随后就会有一波上涨出现。

实际上，住房的18年的周期是我们生活中最重要的周期。一个人能有多少财富，往往是由他出生的时间决定的。如果在住房的时间周期处在低点的时候，他的岁数已经足够大，可以开始经营自己的事业了，那么接下来伴随他的将是黄金价值的回落和物价的上升，他成功的机会就非常大。反过来说，如果他生不逢时，在他开始创业的时候，正赶上住房周期处在顶部，那么接下来伴随他的将是期货价格的下跌，他成功的机会也就小了。

一个人的成功与失败，很多时候是源自于他无法掌控的力量，但如果他可以明白这些力量是什么，就可以趋吉避凶，避免那些不利的事情叠加在一起而产生的恶果，同时也可以让那些有利于自己的事情叠加在一起，并从中获利。

江恩观察和研究的时间周期，就有与18年的时间周期很接近的。我在他的一张很古老的技术图中，看到的就是道琼斯工业指数的20年时间周期的预测图。

这张图上的20年周期分别是从1841年到1860年、从1861年到1880年、从1881年到1900年、从1901年到1920年、从1921年到1940年，还有从1941年到1960年。江恩把这张图一直绘制到了1955年他去世为止，现在我把这张图又延伸到了现在，新添的周期是从1955年到1960年、从1961年到1980年和从1981年到现在。

如这张图所示，指数在任何一个 20 年的时间周期中，走出的趋势都是类似的。例如在 1984 年、1964 年、1944 年和 1924 年等年份，指数的趋势和转向都是大致相同的。

我们在预测黄金市场的波动时，也有一套行之有效的方法。黄金价格的时间周期可以看成 5 年到 5 年半左右，当然，我们所用的现货价格或者伦敦金价是 1974 年之后的数据。我们看到，黄金价格是在 1965 年、1970 年 1975 年和 1980 年见顶的，前后出入不到 6 个月，所以，它的下一个顶部会在 1985 年出现，当然，下一个顶部的高度不必局限在上一个顶部之内。

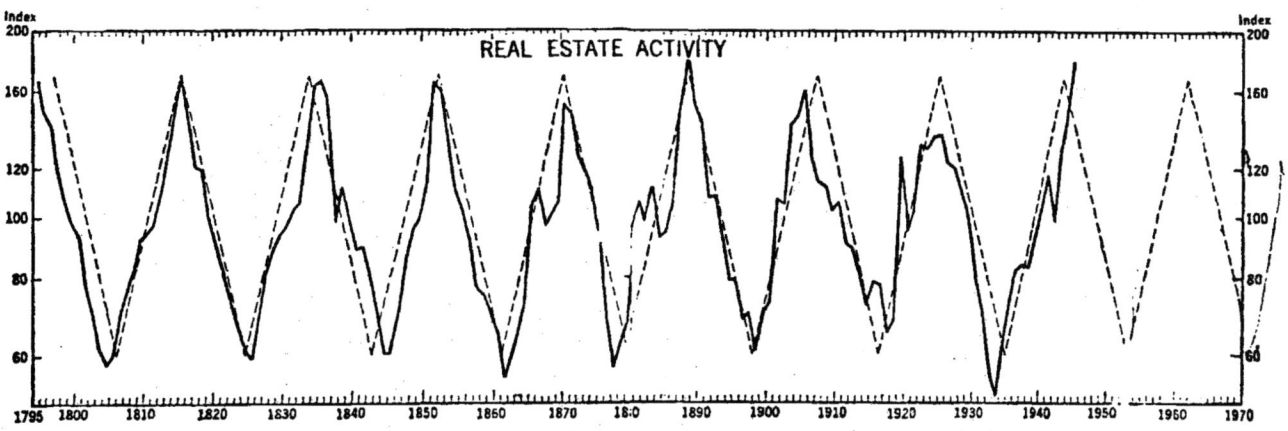

图 3-5　房地产业指数的 18⅓ 年的周期

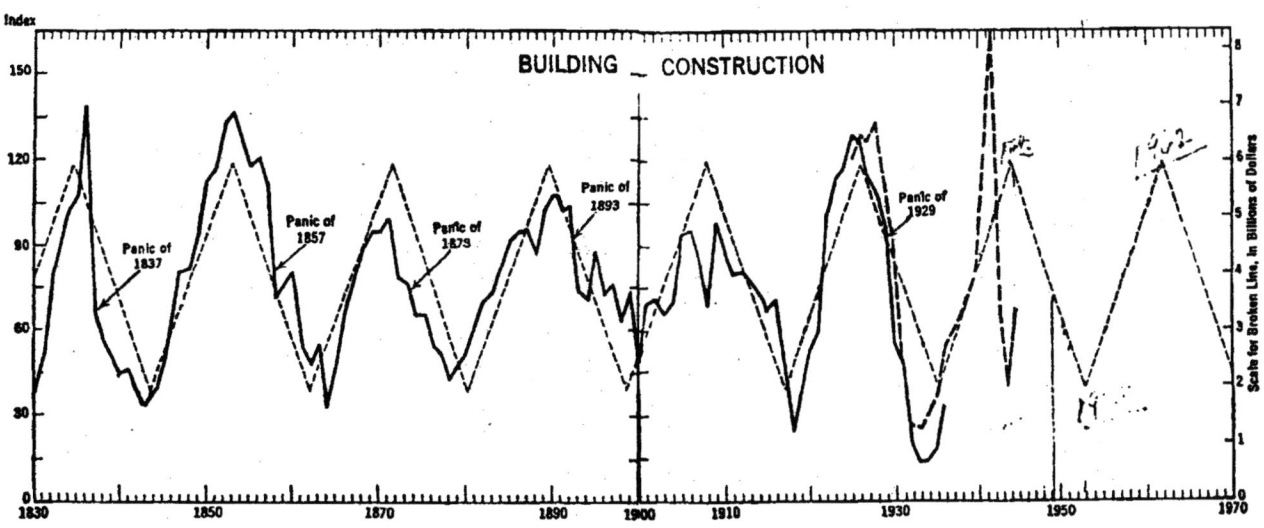

图 3-6　住房指数的 18⅓ 年的周期

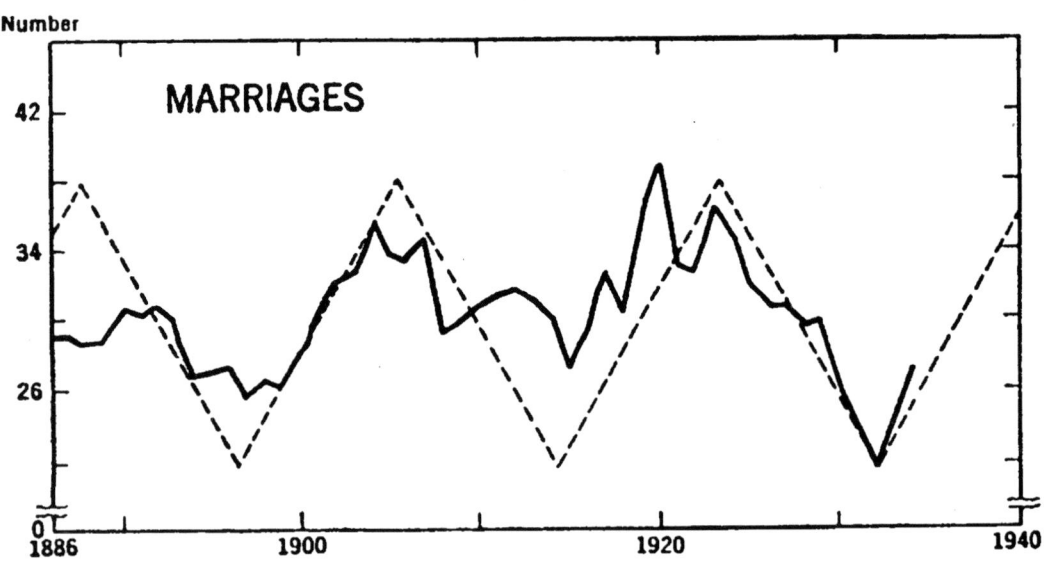

图 3-7　结婚人数的 18⅓ 年的周期

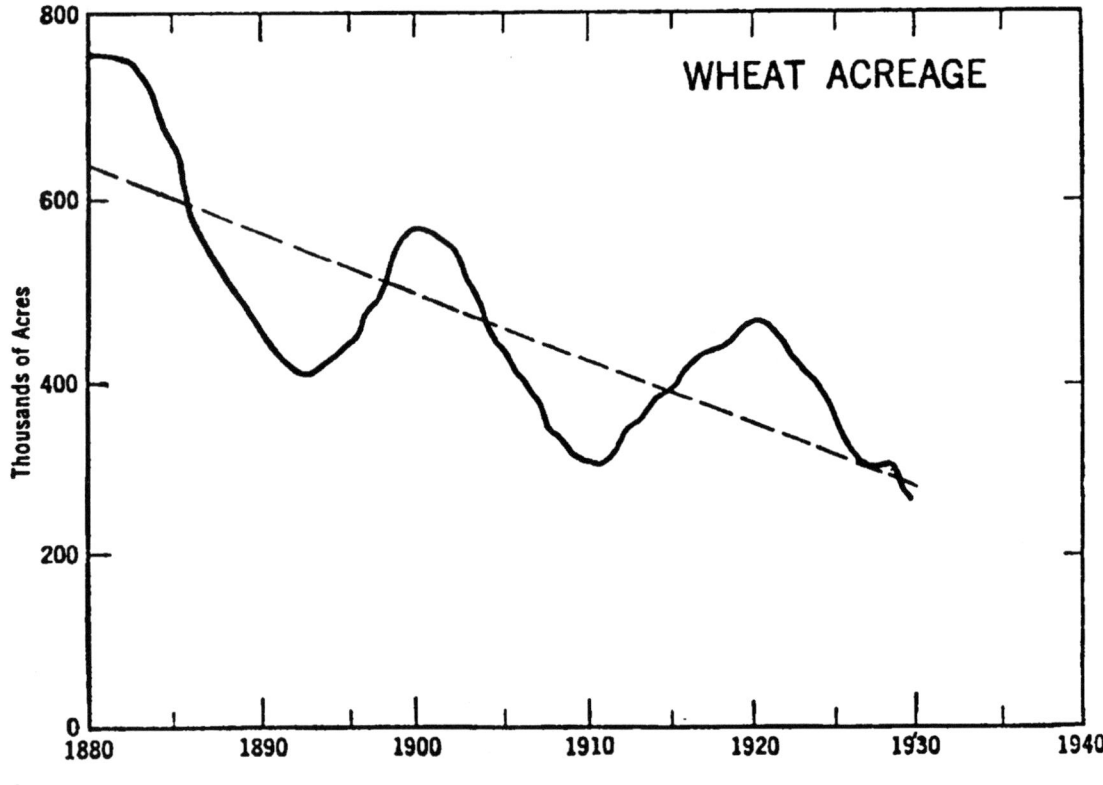

图 3-8　小麦种植面积的 18⅓ 年的周期

第三章 江恩的时间周期理论与振荡法则

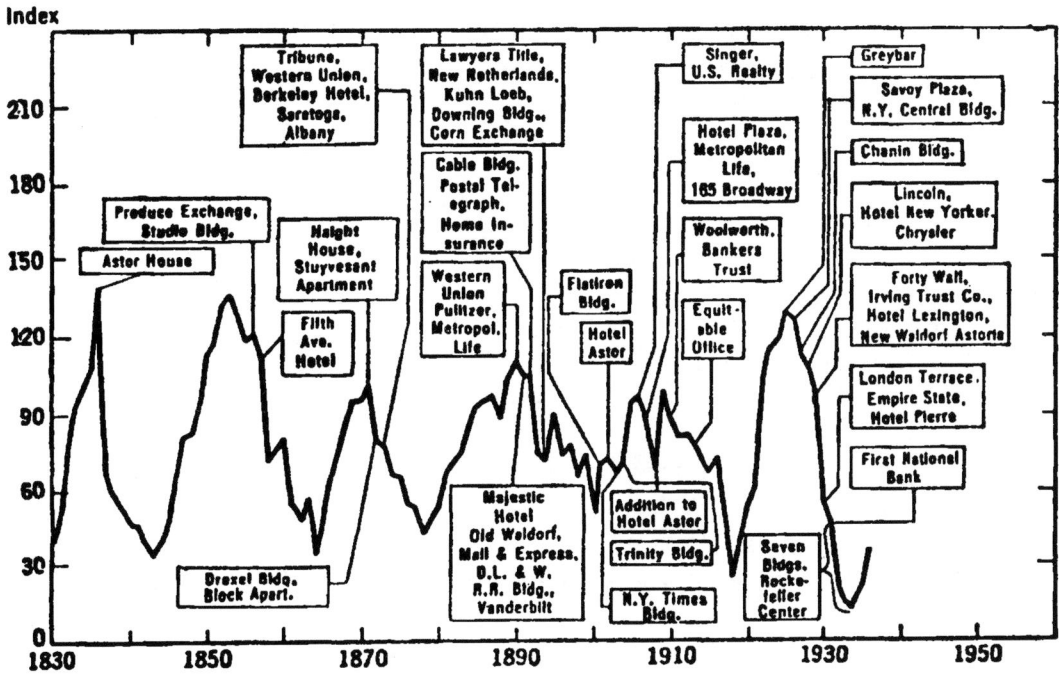

图 3-9 纽约摩天大厦指数

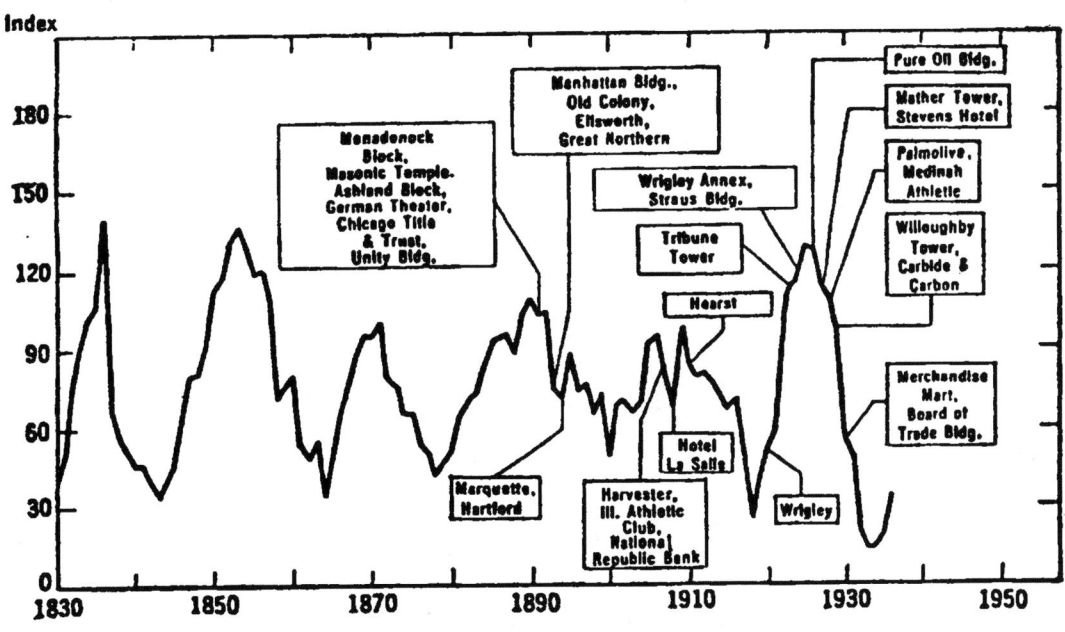

图 3-10 芝加哥摩天大厦指数

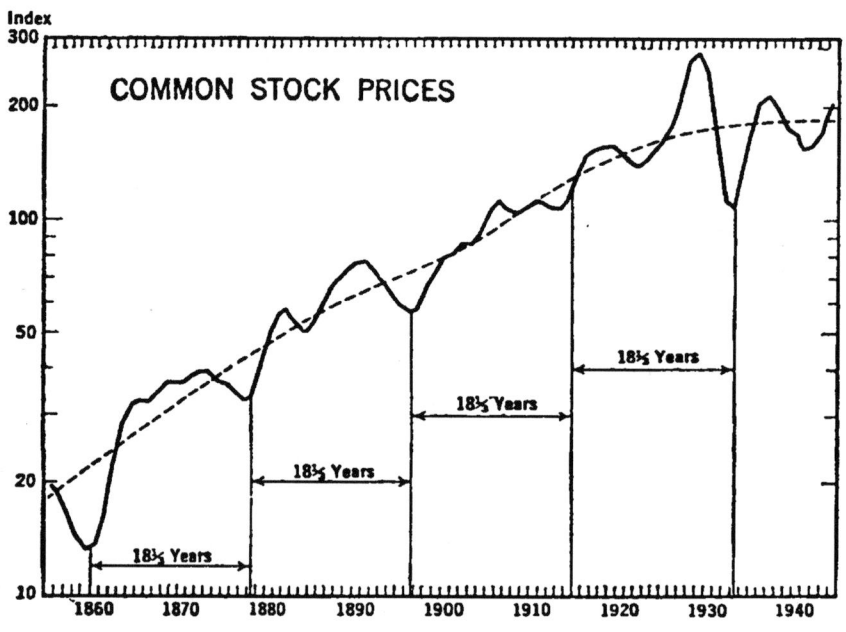

图 3-11　普通股价格指数的 18⅓ 年的周期

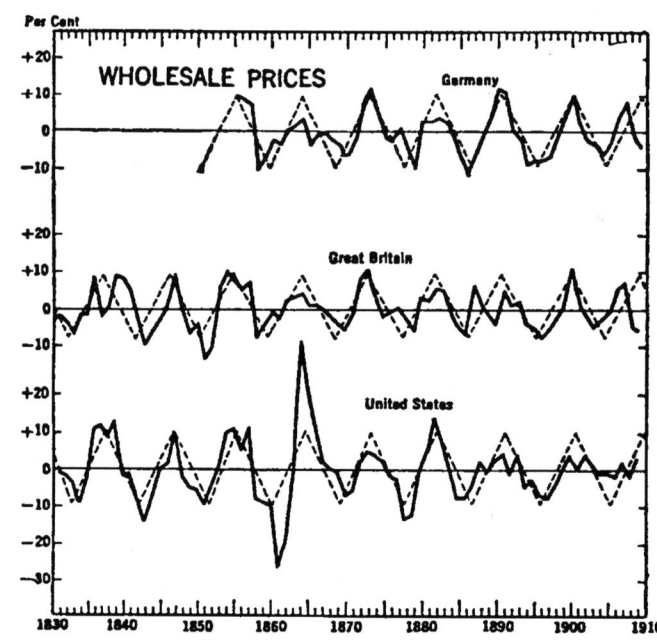

图 3-12　批发业价格的 9 年的周期对比：德国、英国和美国

第三章 江恩的时间周期理论与振荡法则

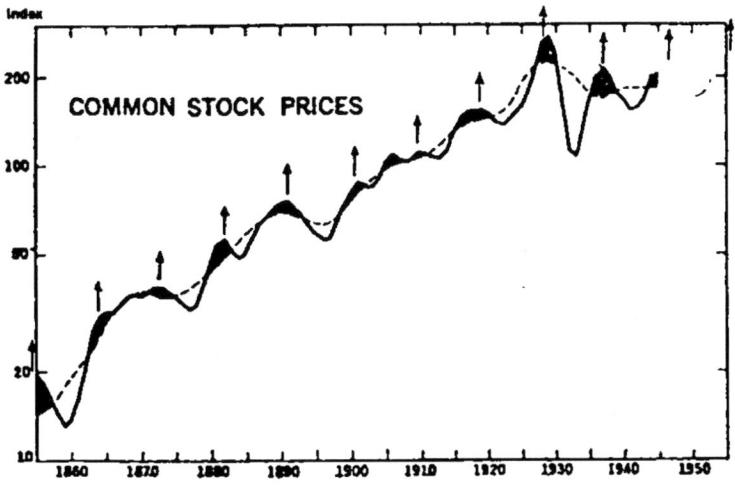

图 3-13 美国普通股价格指数

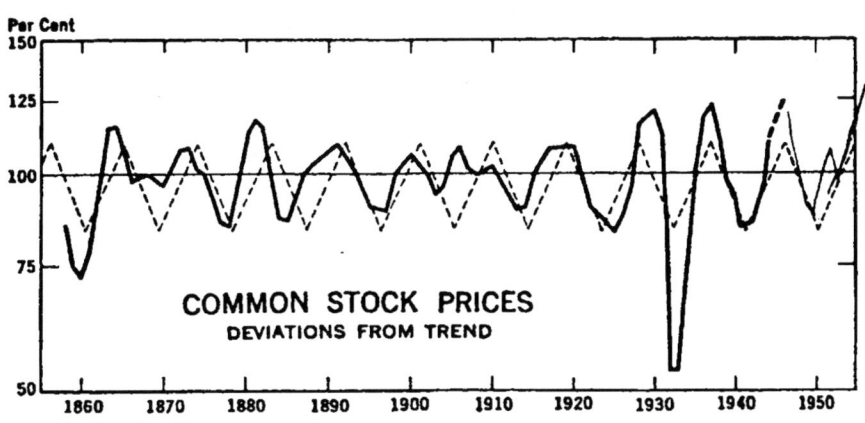

图 3-14 普通股价格的 9 年的周期

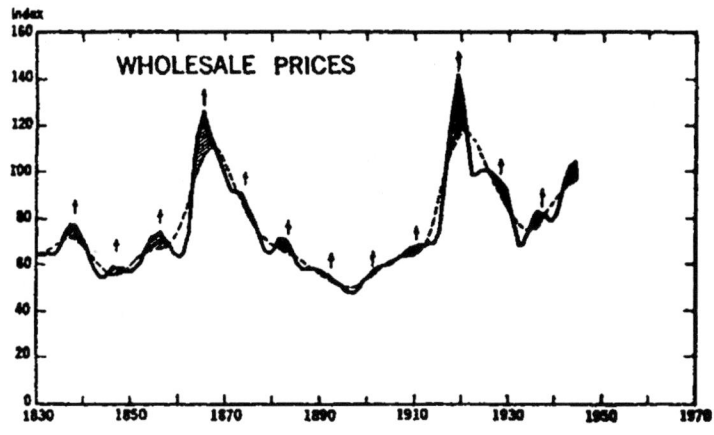

图 3-15 美国批发价格指数（1830—1945）

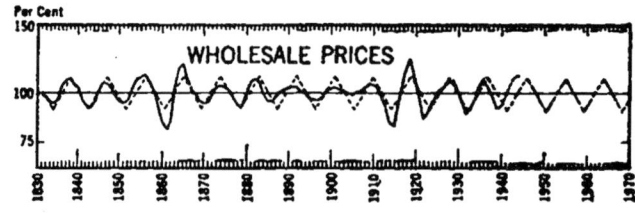

图 3-16 批发业价格的 9 年的周期

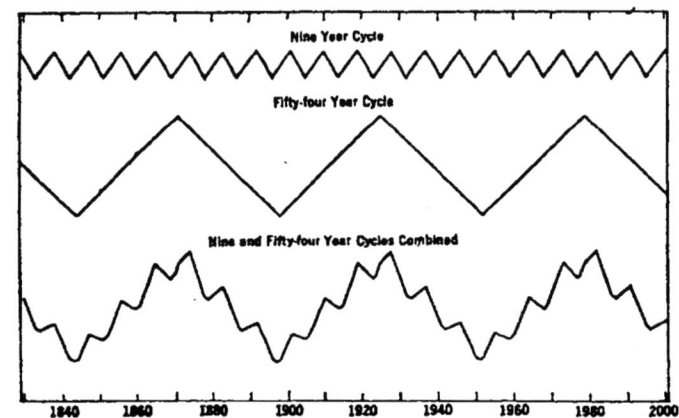

图 3-17 9 年的周期、54 年的周期、9 年和 54 年周期的叠加

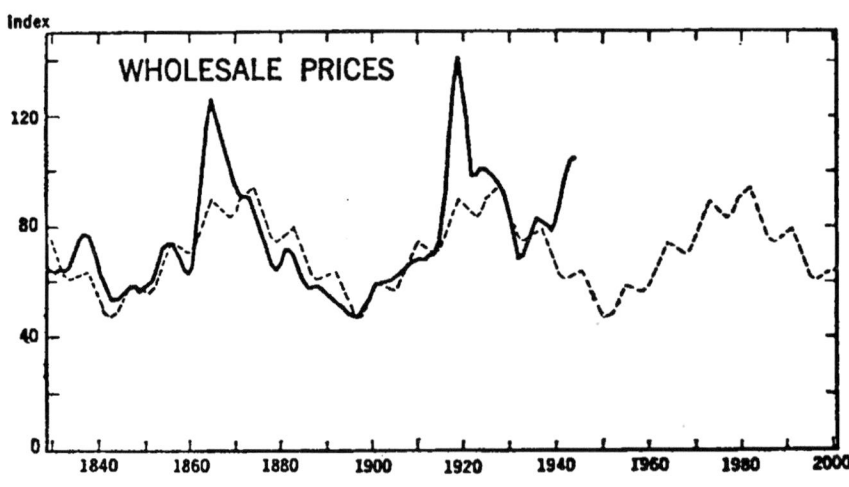

图 3-18 美国批发业价格指数

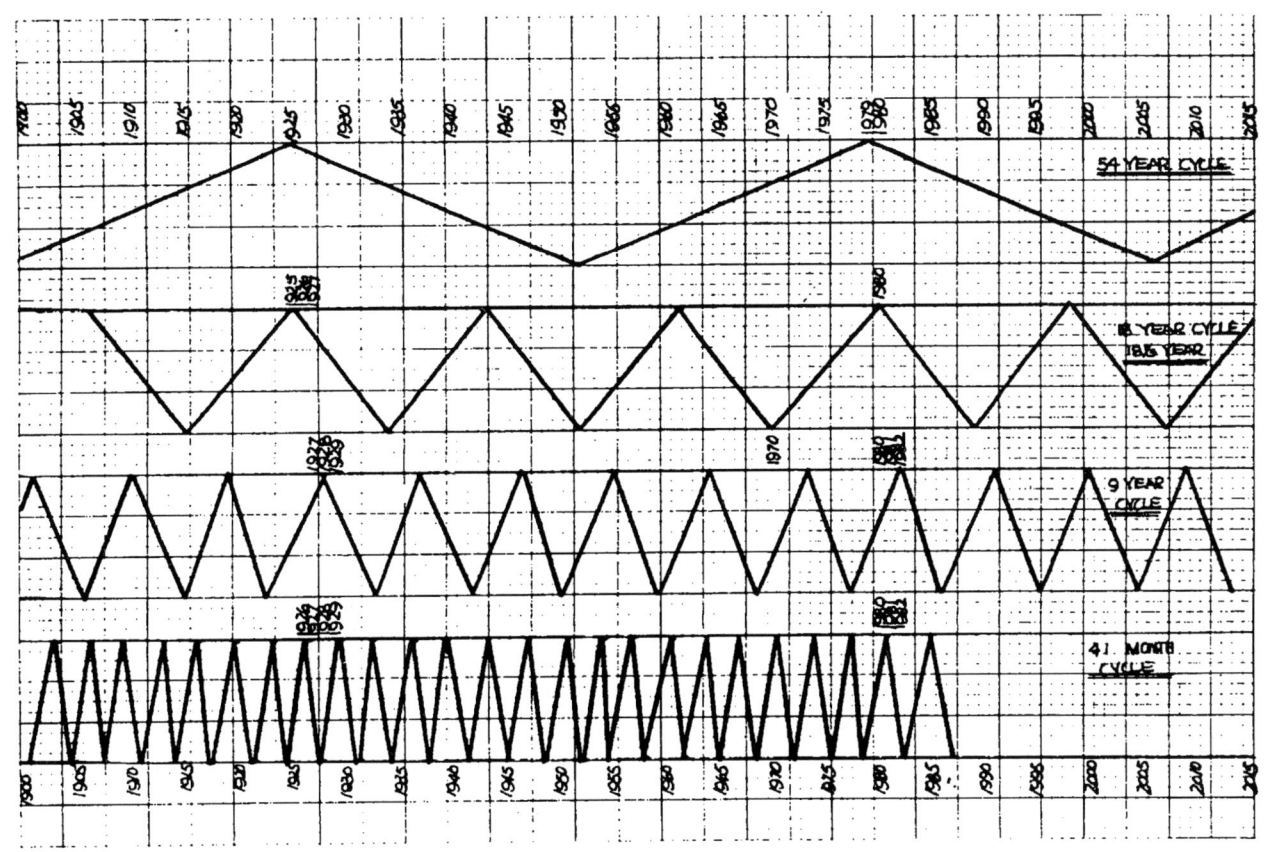

图 3-19 54 年的周期、18 年的周期（18⅓年）、9 年的周期和 41 个月的周期

9 年的时间周期

54 年的时间周期可以分成 3 个 18 年的时间周期，它还可以再分成 9 年的时间周期。在期货和股票市场，我们都发现了符合 9 年的时间周期的指数。美国、英国、德国和其他很多国家的批发业价格也都遵循这个周期，这样的规律性是很不寻常的。其实，我们还可以把 9 年的时间周期再分解成更短的时间周期，以适用于我们实际的交易品种。

更短些的时间周期

还有很多更短的时间周期，可以归入短周期的行列。这些周期从黄金的 5 年到 5 年半的周期，到股市的 3 年半，或者 41 个月的周期，长短不等。我们所发现的时间周期的长度可以一直这样缩短下去，小到标普指数的 12 分钟的时间周期。

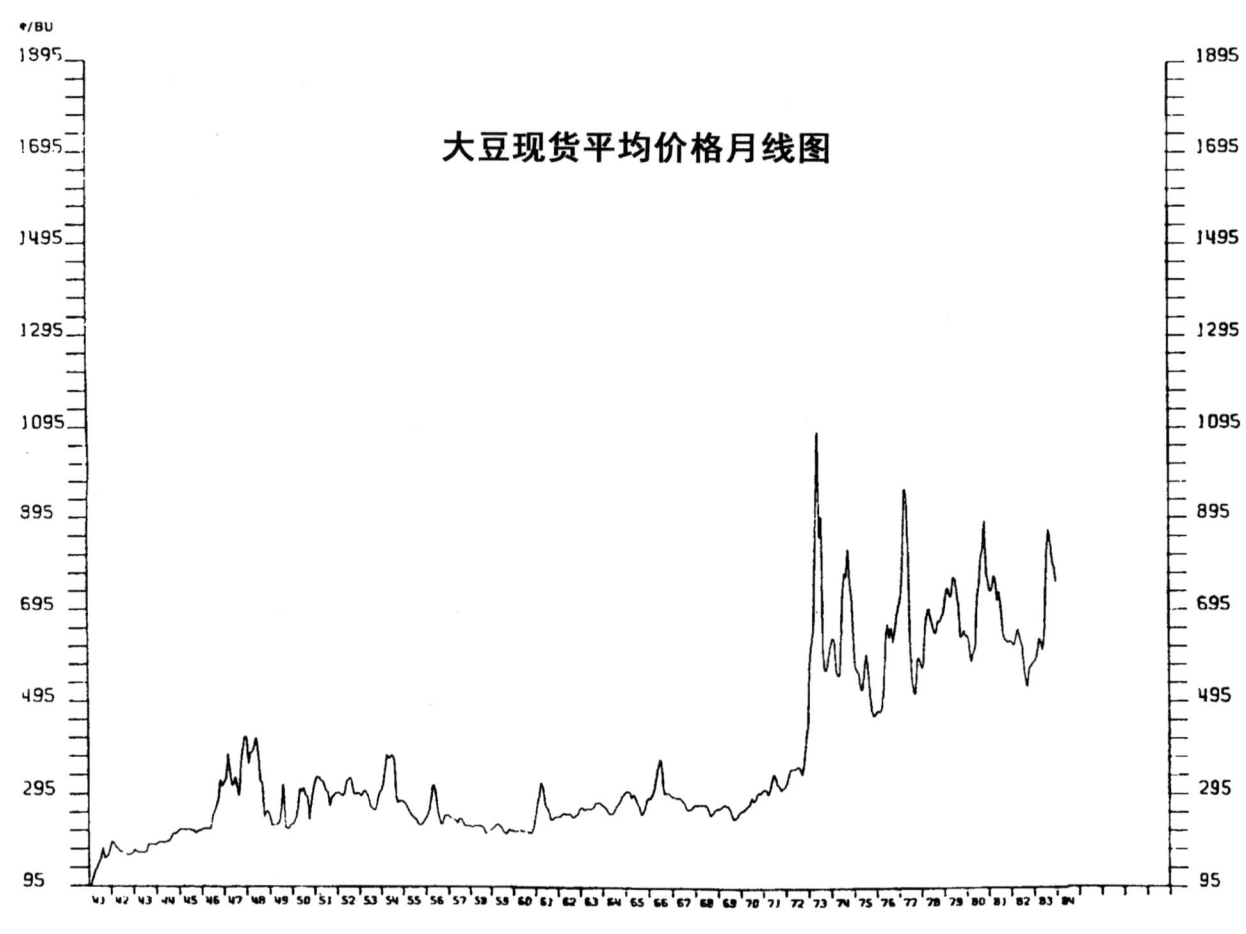

图 3-20　大豆月线图

叠加效应

从 54 年的时间周期来看，市场在 1925 年和 1979 年见顶。对于 18 年的时间周期来说，它是在 1925 年、1943 年、1961 年和 1980 年见到高点的，而 9 年的时间周期是在 1928 年、1937 年、1946 年、1955 年、1964 年、1973 年和 1982 年见顶的。

以上这些数据表明，我们在 1980 年左右已经见到过高点了，下一个底部有可能在 1989 年出现。

结　论

时间周期在市场中就如同在我们每天的生活一样，都是有规律可循的。心脏的跳动、我们每天在固定的时间起床、我们每隔几个小时就要吃饭、我们的工作、我们做的所有的事情，都是受某种周期制约的。无论是市场，还是我们的经济或我们做的所有事情，都是与周期有关联的。

那些追随江恩理论的交易者，几乎每天都要用到他的时间周期理论。比如，有一个期货品种或者一只股票，我们想让它的时间与某个价格区间达成正方，那么这个正方本身就是一个时间周期。我们定出了一个价格或时间的区间，我们预计当这个区间不断重复自己时，趋势就会发生改变。

时间周期本身不会给你一个答案，必须把它与我们学过的其他技术手段结合在一起，才能发挥作用。

我把我在个人生活和工作中的多件大事都绘制成图，结果这些图让我既惊奇，又从中受益。比如，我会把每个月寄出的江恩教程的数量绘成了一张图，我发现，这张图的趋势是跟随利率、贵金属和其他相关市场的波动来走的。1980年1月，这张图中的订数见到了一个高点，而它与黄金、白银和利率等的走势几乎如出一辙。按月来预测的话，我基本上可以告诉你，在未来的某一个月，这个教程的订数会是多少本。

我还把我的情绪状态也绘制成一张图，我发现，我的情绪与不同阶段的状态有关系，并直接与我的健康、幸福和思维状态相关，它还直接与我的交易情况和工作、乐观还是悲观都有关系。

建议你每天都留出一点时间坚持这样做图，实际上每天只需要5分钟，坚持下来，它就会提示你，在你的生活和事业中，会有什么东西在前方拐角处等着你。

● 周　期

（选自1982年10月刊）

江恩不仅在价格和时间的周期方面做了大量的研究，还把很多精力花在了研究战争周期、经济繁荣和衰落的周期，以及股市和期货市场的运行周期上。就像我们大多数人那样，他知道，宇宙中的万物都在遵循着他们各自的周期规律。

那些最让我感兴趣的江恩原始图表中，有一张巨幅的图，它记录的是小麦的价格，这张图的价格数据一直追溯到了1259年（欧洲的现货价格）。在1259年，小麦每蒲式耳的价格是16美分。这个

江恩技术研究（精华本）

价格是在 1935 年按照金本位换算出来的当年的货币价值，早期的价格因此都是具有真实性的。

每蒲式耳小麦价格的变动区间保持在 9 美分。低点是在 1287 年见到的，高点出现在 1316 年，价格为 48 美分。小麦的价格直到 1582 年之后，才开始走出向上的趋势。

这么多年以来，一直到现在，小麦的价格总是遵循着 54 年的时间周期。同样地，批发业价格、利率和整体经济也是遵循着这样一个周期。

在这 54 年的大周期当中，还有些比较短的周期，其中一个就是 18 年的周期，它包含 9 年向上运行和 9 年向下运行的两个部分。如果你有农场或是拥有房产，这个周期就是你需要关注的。

当我开始研究这个周期的时候，我对小麦种植和畜牧有着浓厚的兴趣。这个周期在 1970 年至 1971 年见底，从那时开始到 1979 年至 1980 年为止，大多数人从种植业和房地产上赚到了钱。那时的生产成本低，谷物价格走强，土地价格飞涨。

到了 1980 年，这轮周期开始见顶（54 年的时间周期在 1979 年见顶，18 年的时间周期在 1980 年见顶，9 年和 41 个月的时间周期分别在 1980 年和 1981 年见顶）。

看到所有重要的周期都在同一个时间段见顶，并且我也了解它们过去的表现，我在 1980 年 1 月卖掉了农场和牧场。今天，我为自己感到很骄傲，因为我听从了我自己的建议。每个人都知道，那些当初观望的农场主现在都处在困境中。

除了农场的土地和房产以外，还有建筑行业和很多其他领域也遵循 18 年的循环周期。当它们在 1980 年见顶后，就会在 1989 年见底，批发业价格、普通股和一些工业指数遵循的是 9 年的循环周期。

很多期货和股票，还有许多行业的产品，都遵循着 41 个月的时间周期。那些遵循 9 年时间周期的行业，在 1985 年见底，而遵循 41 个月的时间周期的行业，在 1983 年见底。

有一个让这些重要的周期出现叠加效应的原因是，这些周期上一次见顶的时间都大致相同，都是在 1926 年到 1929 年！如果你只依据单独一个周期产出的效应，就对任何投资、交易或其他重要事宜做决策，这是不好的做法。

当这四个已被认可的周期在同一时间段见顶或是见底的时候，它们产出的效应是有叠加作用的。

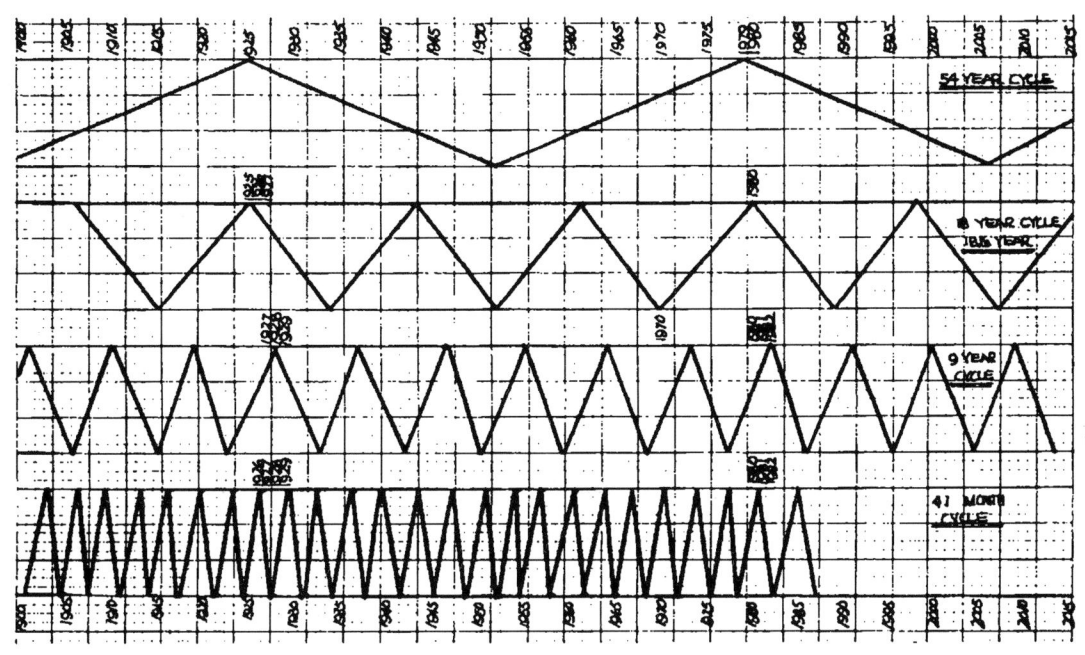

图 3-21　不同周期对比图

关于周期的一个有趣的现象是，那些周期长度一样的行业，往往会在同一时间出现拐点。

爱德华·杜威（Edward Dewey）和周期研究基金会在周期研究方面做了大量的工作，他们还研究了宇宙的周期，和宇宙中的一切，包括经济和商业。所有相关的信息，联系他们在匹兹堡（Pittsburgh）的办公室都可以得到。

杜威写过的一本书：《周期——驱动事件的神秘力量（Cycles——The Mysterious Forces That Triger Events）》，这应该是我读过的这个领域中最好，也是信息量最大的一本书，我把它推荐给对这些神秘的驱动力感兴趣的每个人。能够对影响我们的商业和经济周期有所认识，这是非常重要的。

任何人在从事一项新的事业时，如果没有参考这些经济时钟，如果他成功了，那很大程度上，要归功于运气了。很多在事业上取得了长期成功的人，都把他们的好运归结为，他们事业起步的时候正是经济形式开始上行的时候——什么也敌不过好时机。

尽管大的经济周期在下行,但在1983年和1985年,有些短周期将要转为上行。那些精明的交易者和投资者,凭借他们在市场方面的知识,会在市场中存活下来。就像在20世纪80年代初,他们让大家要对经济周期的下行保持谨慎一样,现在他们告诉我们,在80年代末和90年代初,市场中存在着一些机会。

想在股票和期货交易中成为常胜将军,你就要有一个操作系统,而其中就必须要包括时间周期,不管你交易什么样的标的,总会有供你分析的信息。

今天我们有了计算机,那些辛苦地从头开始汇编数据的工作,再也不用我们亲力亲为了。在过去,整理这些数据和信息要花费好多天,当今的科技把这些能累折了我们腰的活儿都包了。这样一来,我们就可以把更多的时间放在分析、研究和交易上了。

在这一期,我也复制了一些图表,它们都是那种让你一看,就明白是怎么回事的周期图。其中就有我说过的,印有54年、18年(18⅓年)、9年和3年半(41个月)的时间周期的对比图。

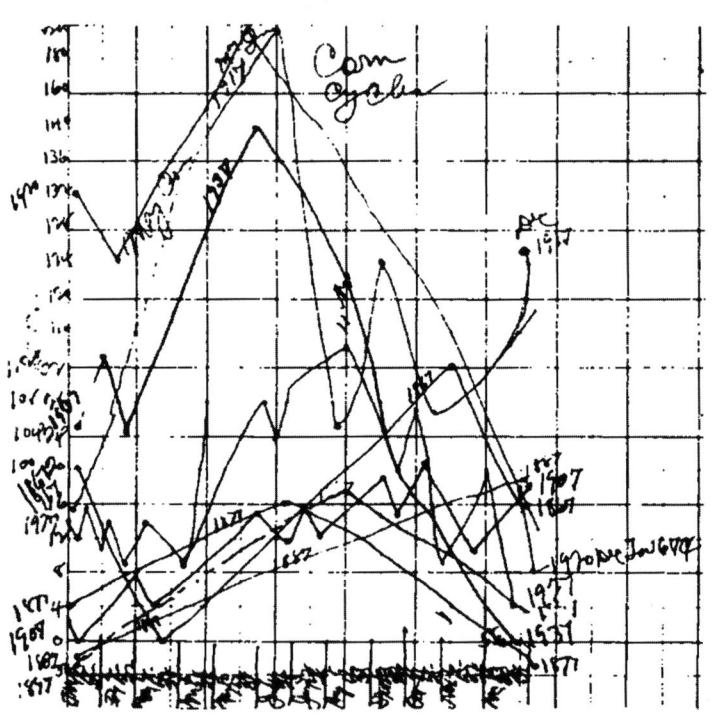

图 3-22 玉米的周期图

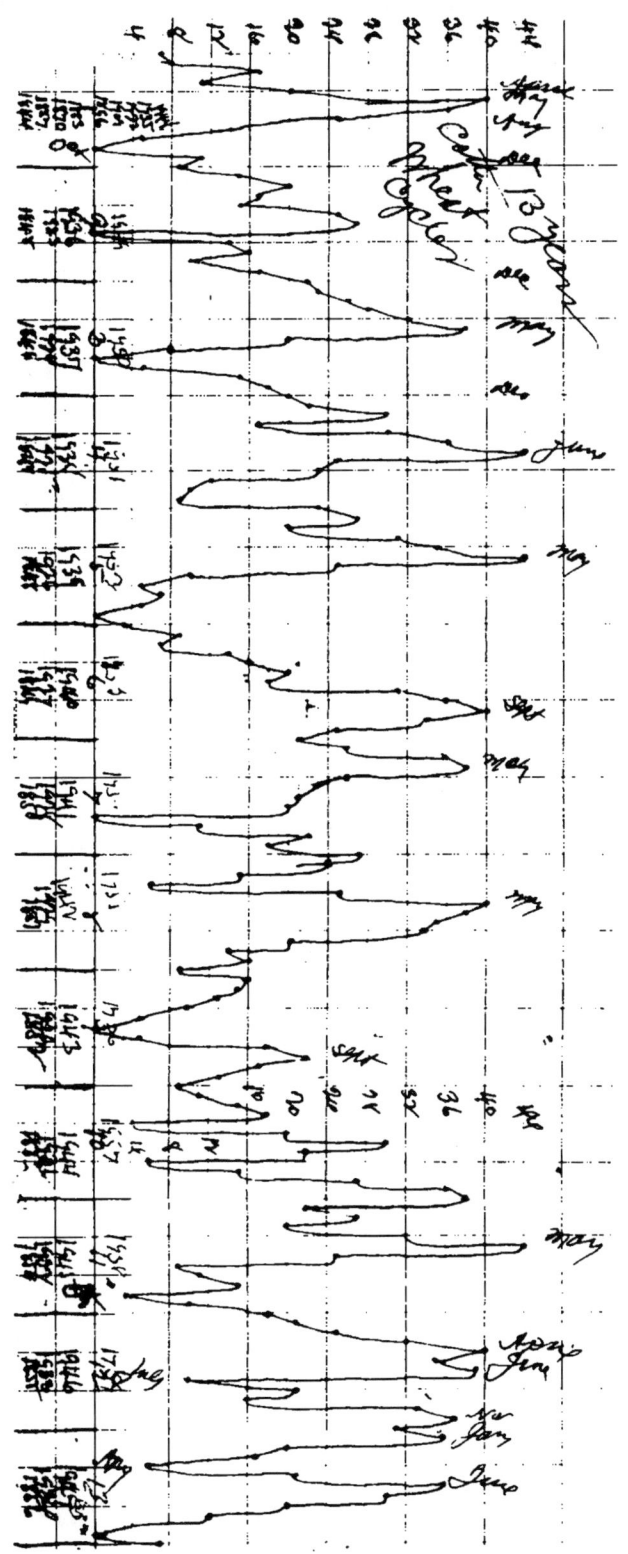

图3-23 棉花和小麦的13年的周期图

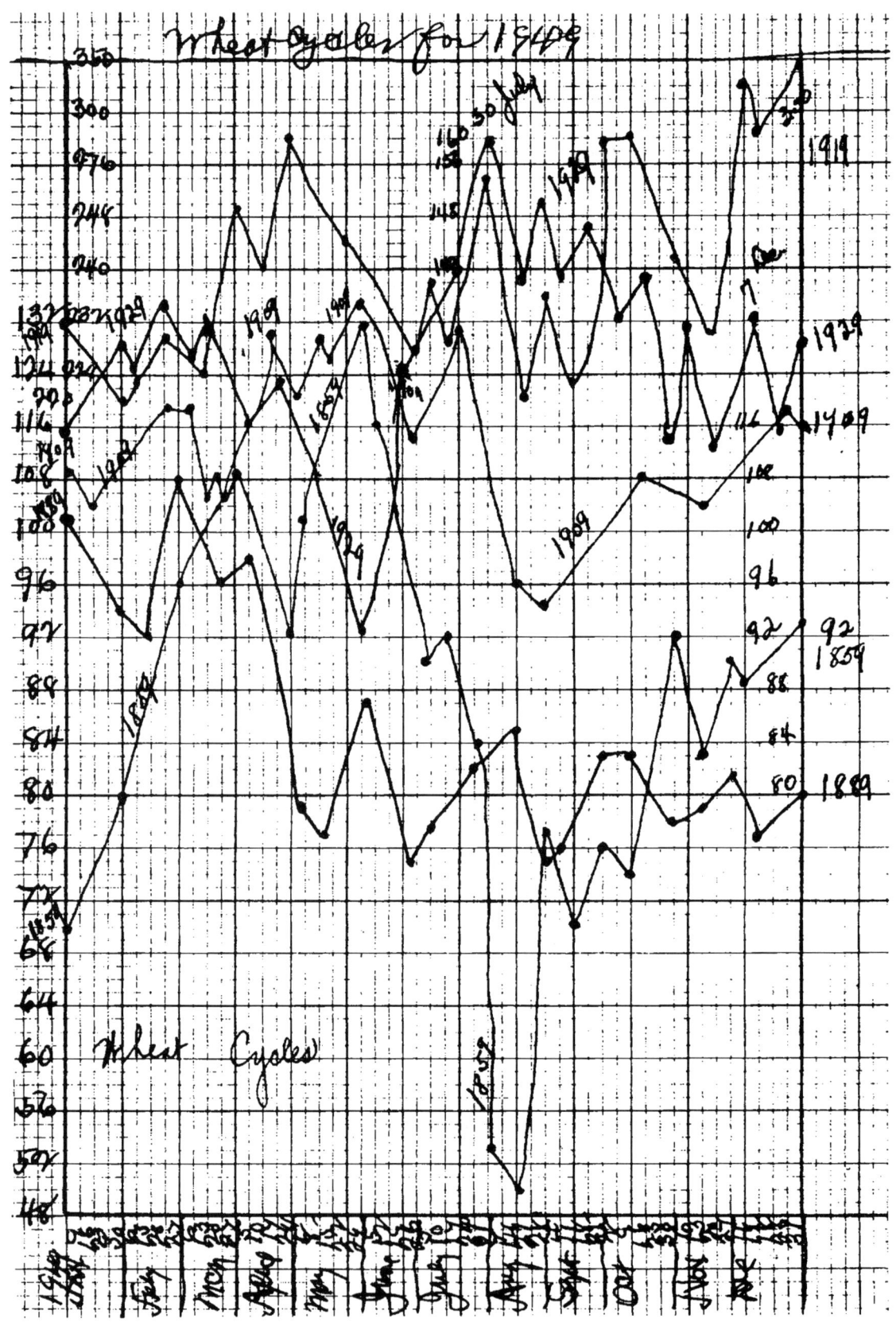

图 3-24 小麦的周期图：1949 年

9年、18年和54年的经济周期

(选自1985年4月刊)

我要对与我们每个人息息相关的经济周期的历史再说两句。

对于18年的时间周期来说，可以是从底部向顶部走9年，然后从顶部再向底部走9年，它是最重要的时间周期之一，因为它或者从这方面，或者从那方面影响着我们每个人。它是所有金融活动都遵循的周期，也是我们今天知道的、走得最准的周期之一。

我第一次偶然接触到这个周期，还是在20世纪70年代，当时我的精力还放在农场上。我在研究这个周期的时候发现，它可以一直追溯到19世纪初。它刚好是9年上涨，然后是9年下跌，每次出现都是令人难以置信的精准，更令人惊奇的是，这样的周期在欧洲从1702年就开始出现了。

从农场收入、土地价格、房地产业和其他金融为导向的活动，包括股价，都反映了这个奇特的乐观与悲观之间的波动周期，就像是法定的一样。

这个周期的另一个特点是，每当第3个18年的周期走完后，都有一大段让人感觉精疲力竭的时期，这个时期的特征是向最后一个顶部发起一波猛烈的冲锋。这个顶部可能会延续9年，接下来，就是萧条，或者是很多行业都开始破产的阶段。在此之后，又一个54年的时间周期开始了，于是又是9年好日子，接着又是9年苦日子。

1813年、1867年、1921年和1975年是经济周期处在峰值的年份，这些年份之后的大约9年时间，都是最后的下行期，接着就又迎来了一个新的54年的时间周期。

就我个人来看，目前的时间是相当好的，但从长远的情况来说，我相信在1986年到1987年，该周期会出现一个上行的阶段。

小贴士：在江恩教程有关江恩主图的章节，江恩用6个9×9正方图来描述9年的时间周期，将图中的底部和顶部的年份，与周期见底和见顶的年份相对应，这个图可以帮助你对即将到来的时间和价格的周期进行预测。你要记住，没有人会替你做这件事，你要自己找到你想知道的那些趋势和周期。

● 3月21日对一些市场来说，标志着熊市的结束

(选自1984年2月刊)

市场正处在一年中最重要的拐点之一。我们现在看到的是，贵金属和货币市场正在构筑底部。在今年的大部分时间，我们应该看到外币会逐步走高。黄金和白银可能已经见到了它们的低点，它们的底部将会不断抬高（黄金应该从2月22日开始，展开上涨行情）。

交易者和投资者开始从股票市场中撤出来，进入到黄金和白银市场中去，这从1月份就已经开始了（纽约的公开利率和交易量都得到了提升，芝加哥商品交易所IMM的黄金交易已经低迷了一段时间，交易量不高）。贵金属处在被廉价出售的状态。当黄金和白银的价格开始波动，特别是分别站上400美元和9.7美元的时候，它们对于投资者和交易者来说，会更加有吸引力。

黄金股在此时走势很好，为这个吸引力又添了一把火。

股市、道琼斯工业指数和标普指数在1984年的上半年将会走低。现在，标普指数正处在一个下跌的态势当中。对于道指，要关注它下一波下跌会不会到1065点。下半年的情形还不明朗，不过因为外币在反弹，如果美元走低的话，即便是谷物，它的价格也会上升的。正如我们在之前的杂志中所说的那样，谷物应该在2月22日开始，展开一波涨升行情。

小麦在趋势转变之前，还会继续走低，它的趋势发生改变的时间段，可能是在3月21日附近。

大豆将会考验它的前期低点，不过，它在那个点位可能会撑得住，我不会急匆匆地入市去做多大豆或小麦。

我们应该也会看到国债行情出现下跌，并会去考验它在1983年8月的低点，随后，它的趋势应该会发生改变，走出一波向上的行情。利率市场是很难把握的，但就我所能预见到的是，它应该会有一波上涨行情，特别是在3月21日之前。

2月26日是小麦的一个10周年的纪念日。它的历史高点是在1974年2月26日创下的，小麦3月合约的历史高点是在6.45美元，小麦5月合约的高点是在6.36美元。

第三章 江恩的时间周期理论与振荡法则

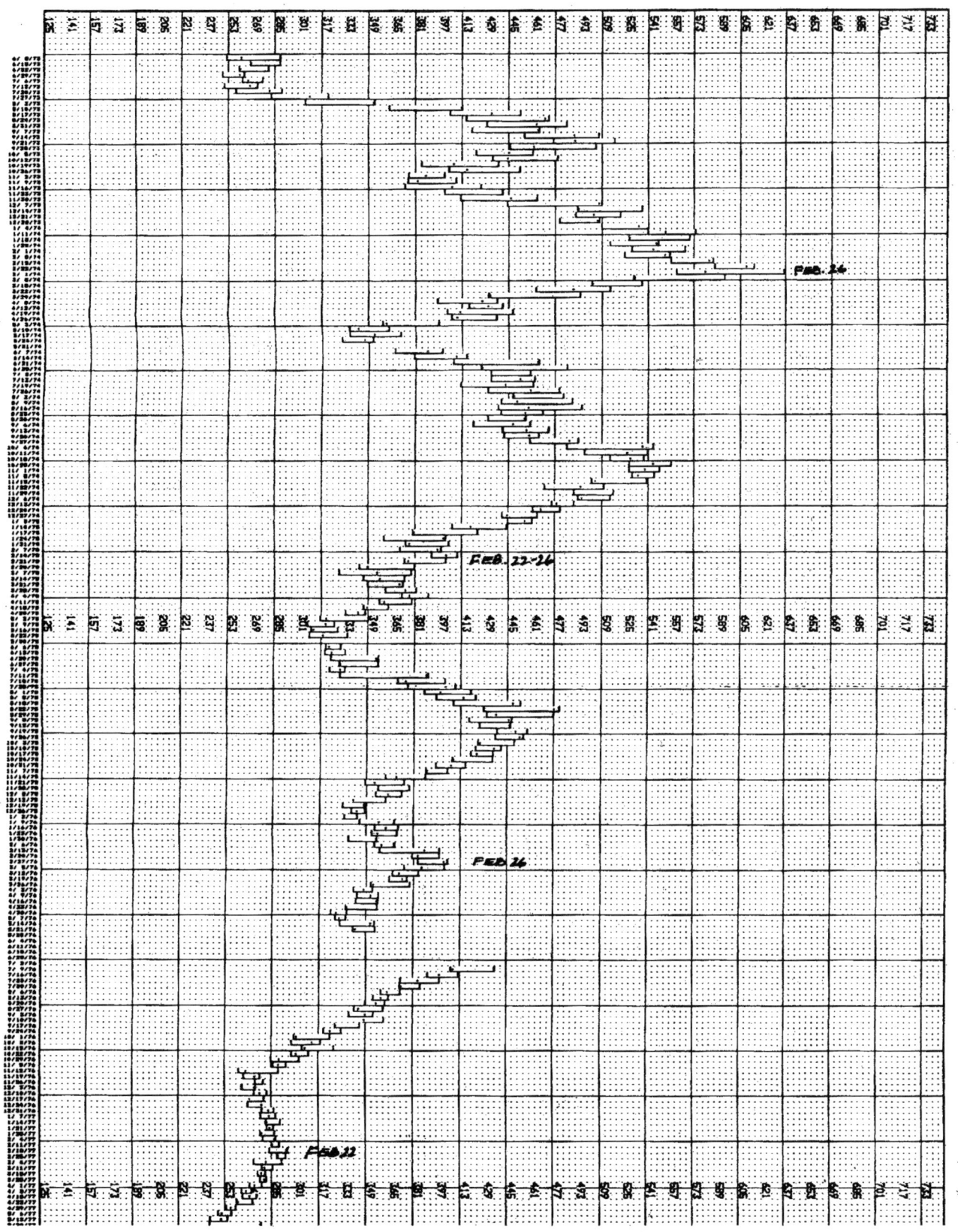

图 3-25　5 月小麦走势图

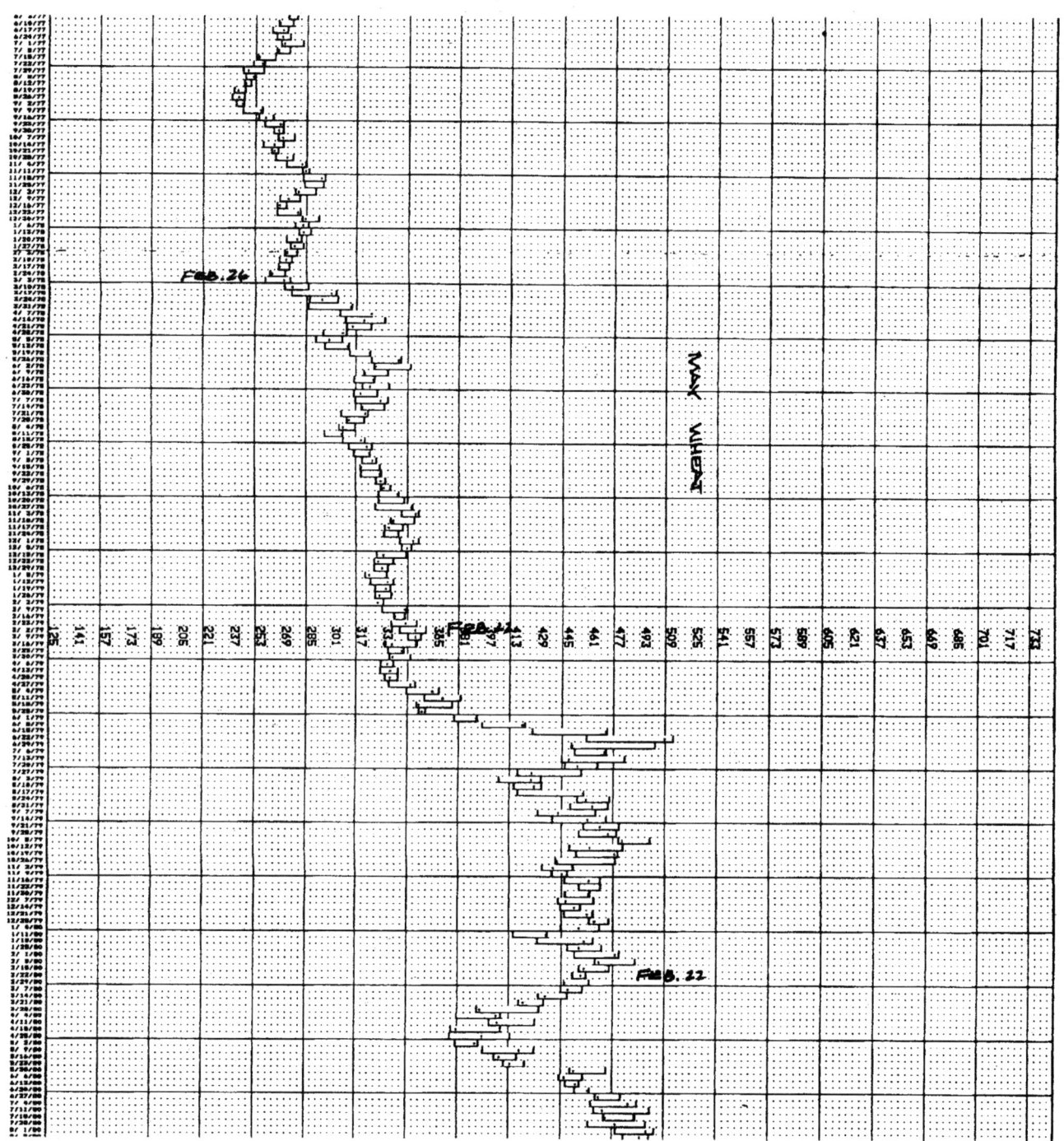

图 3-26 5 月小麦走势图

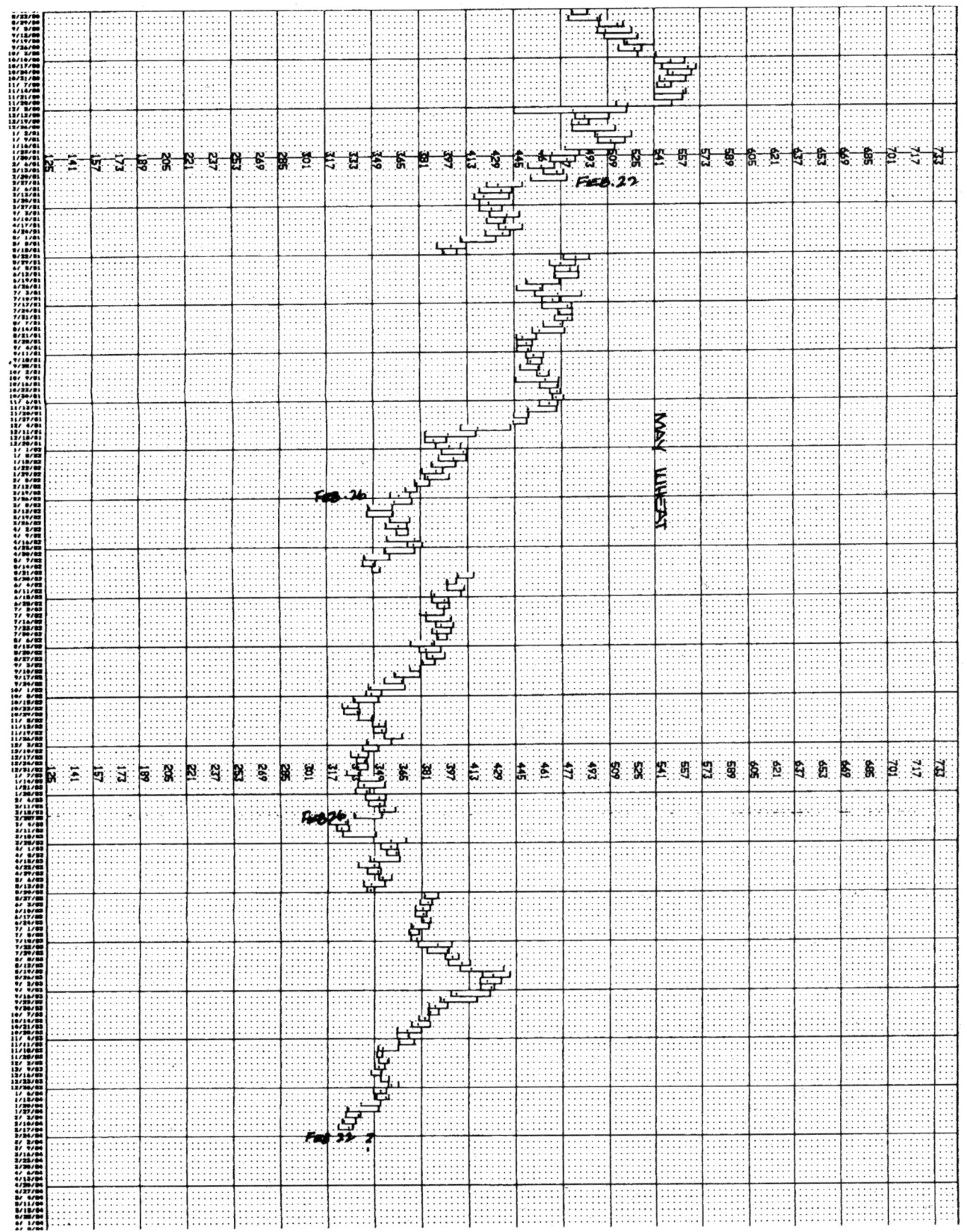

图 3-27　5 月小麦走势图

江恩技术研究（精华本）

这里还有其他一些期货品种的周年纪念日，对于你判断目前行情会起到一些参考的作用。

3月玉米合约的历史低点0.21美元，是在1933年2月27日见到的。
3月燕麦合约的历史低点0.1525美元，是在1933年2月27日见到的。
5月燕麦合约的历史低点0.2275美元，是在1933年3月2日见到的。
3月肉牛合约的历史低点25.37美元，是在1975年3月3日见到的。

通常来说，从2月22日到26日这段时间，是趋势会发生改变的时段。下一个重要的变盘时间，是在3月21日左右，这时发生的趋势变化，一般都不是小级别的趋势。如果说你在一年当中要关注两个变盘时点，那就是2月22日到26日与3月21日附近这两个时间段。

很多交易者和分析师都习惯把2月22日附近这个时段的趋势变化，称之为"二月破位（February Break）"。据我看来，在2月22日到26日这个时段，市场可能会发生反弹，也可能会出现破位，这就要看之前你交易的品种是长期处在上涨的行情中，还是长期处在下跌的行情中。比如，黄金是处在一波长时间下跌行情的末端，现在时间到了，你当然会预期金价会出现上涨。

标普指数已经见到了高点，它的高点在不断走低，这还会持续一段时间。

● **180天是趋势变化的周期**
（选自1985年9月刊）

在江恩技术分析中，有一个判断大趋势是否发生变化的方法就是"180度"，或者说是在180个日历日之后，看是否会有趋势的变化。

江恩说过，当任何一个期货品种或是股票，已经上涨或是下跌了这样长的时间，你就要多加关注了。

让我们来看下面一组图，它们都是根据这个法则来得出关注时点的。12月标普合约在1985年1月7日见到了低点，那么江恩技术就会关注1985年7月7日附近，看它会不会出现趋势的拐点。它的高点是在1985年7月17日见到的，实际上多了10个日历日，但还算是八九不离十的。

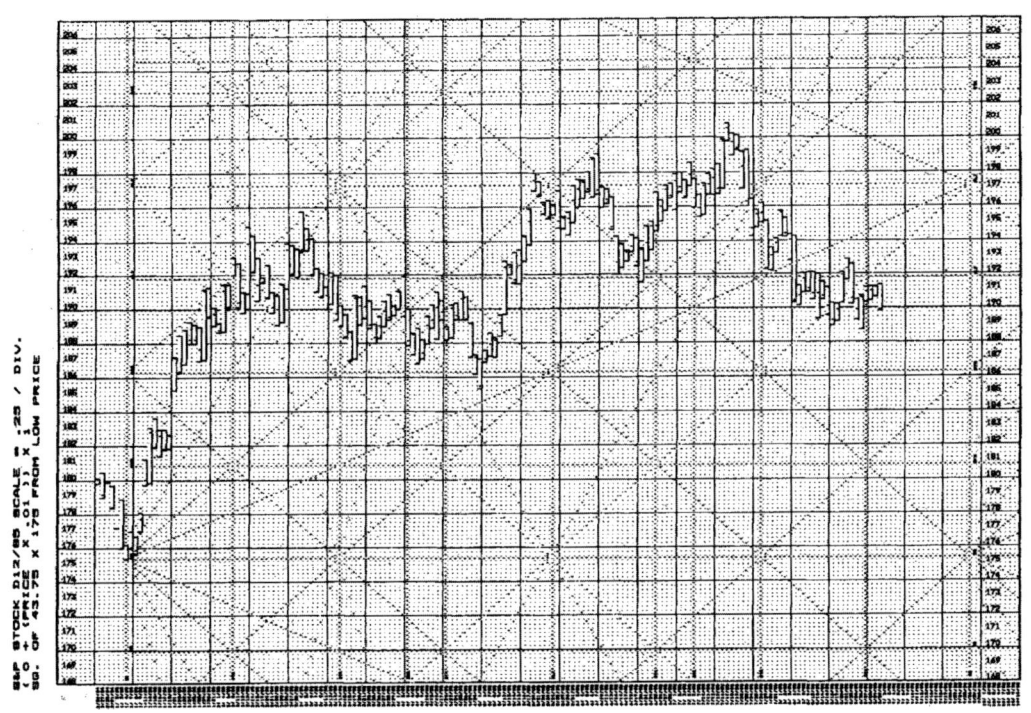

图 3-28　标普走势图

瑞士法郎在 1985 年 2 月 26 日见到了它的 12 月合约的底部，我们就要看它在 1985 年 8 月 26 日附近是否会发生趋势的反转，而它的行情是在 1985 年 8 月 22 日见顶的，在接下来的一周，就出现了一个周线级别的反转。

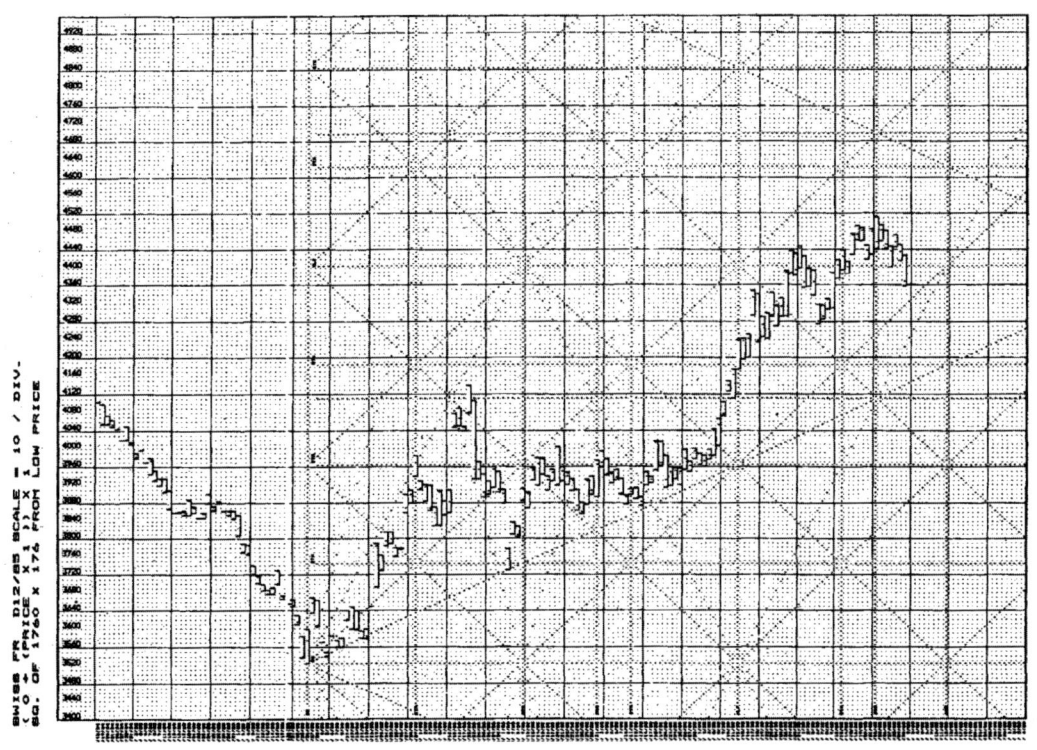

图 3-29　瑞士法郎走势图

德国马克 12 月合约也是符合在见底后的 180 天会发生反转的交易品种。实际上，除了加拿大元之外，大多数的外币会比较同步地走出见底和见顶的行情。

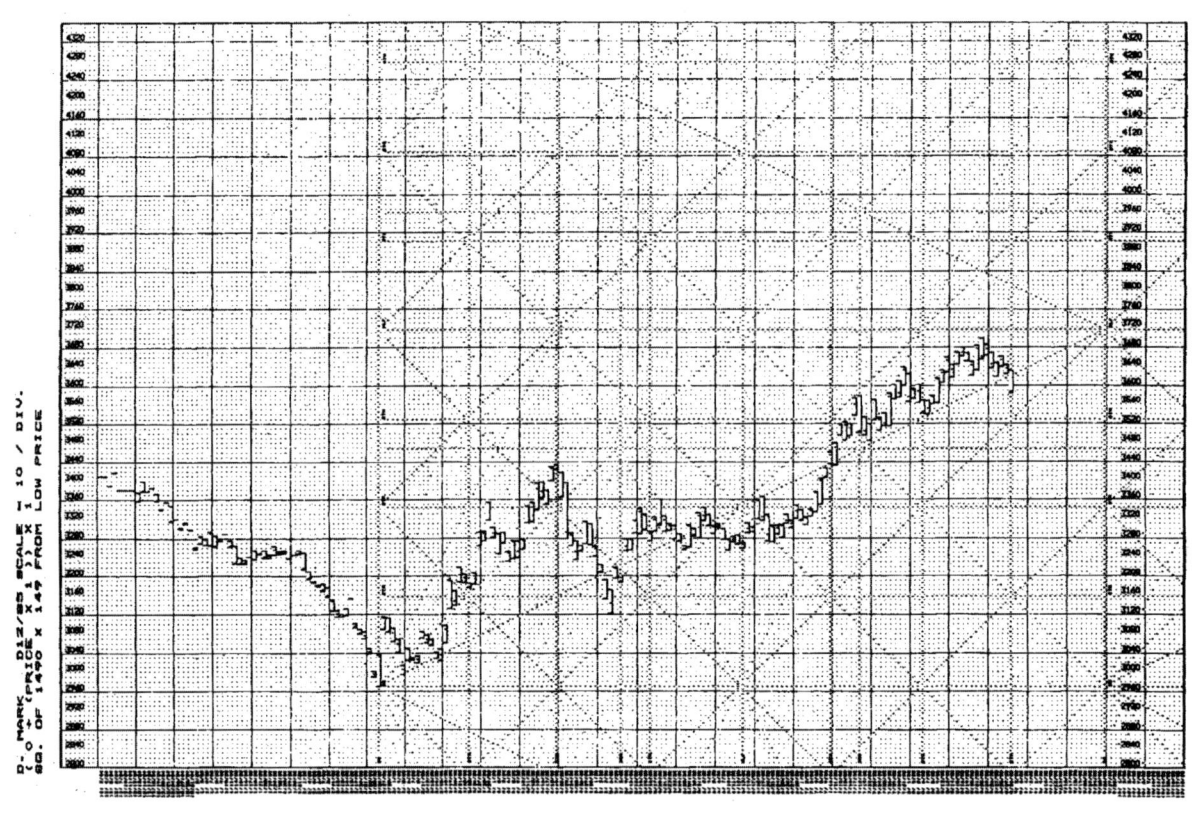

图 3-30　德国马克走势图

让我们来看一下黄金 12 月合约，它是在 1985 年 2 月 25 日见底的，它在 1985 年 8 月 19 日见到了一个高点。但是，它真正的顶部出现在 3 月 21 日，8 月 19 日的高点与之相比，差距不到 6 美元，可以看作是双重顶。8 月 19 日可以被看作是见底之后的 180 天出现的变盘。要注意的是，在这个月的 21 日附近，黄金在历史上出现过多少次趋势的变化。

那么橙汁的表现会怎么样呢？它是在 1985 年 1 月 24 日见到了高点。我们就应该关注，它在 6 个月后，是否会见底，而它的底部是在 7 月 31 日见到的，我会把它看作是一个市场发出的底部信号。

在活牛 10 月合约的走势图中，它已经走出了上次出现的底部，而现在的趋势又指向着更低的底部，关注它在 57.2 美元附近是否有支撑，看价格是否可以保持在从顶部发出的 45 度角的趋势线之上运行。

第三章 江恩的时间周期理论与振荡法则

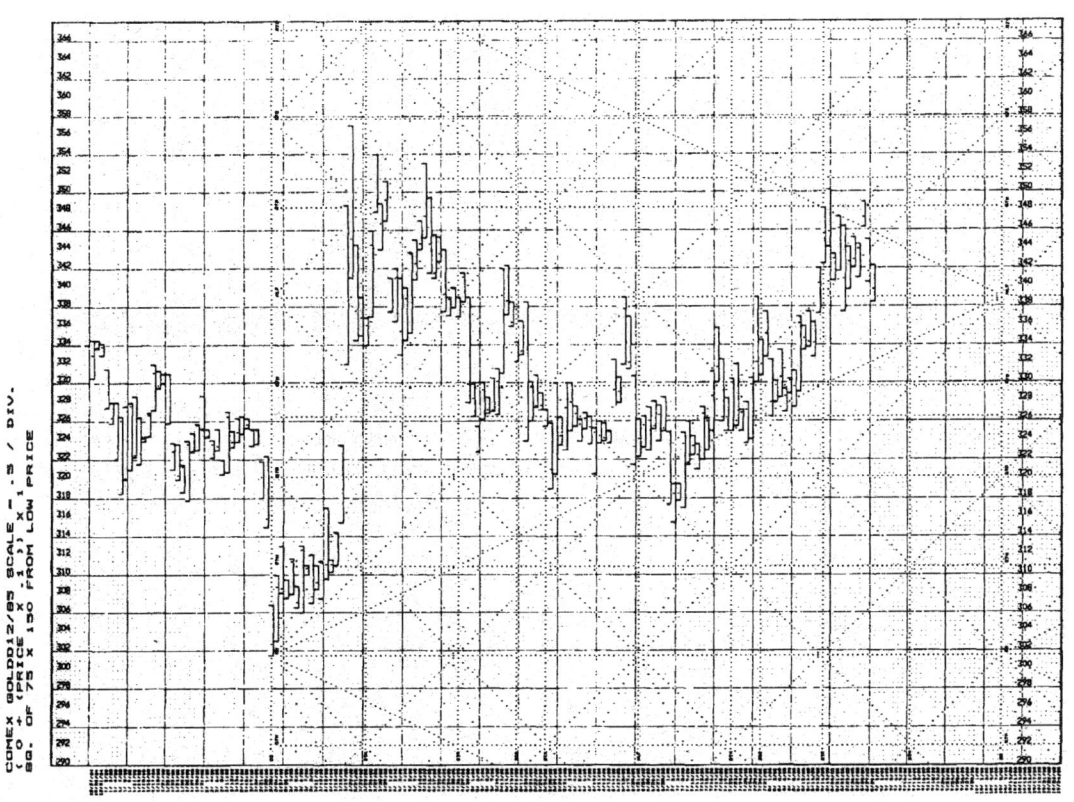

图 3-31 黄金走势图

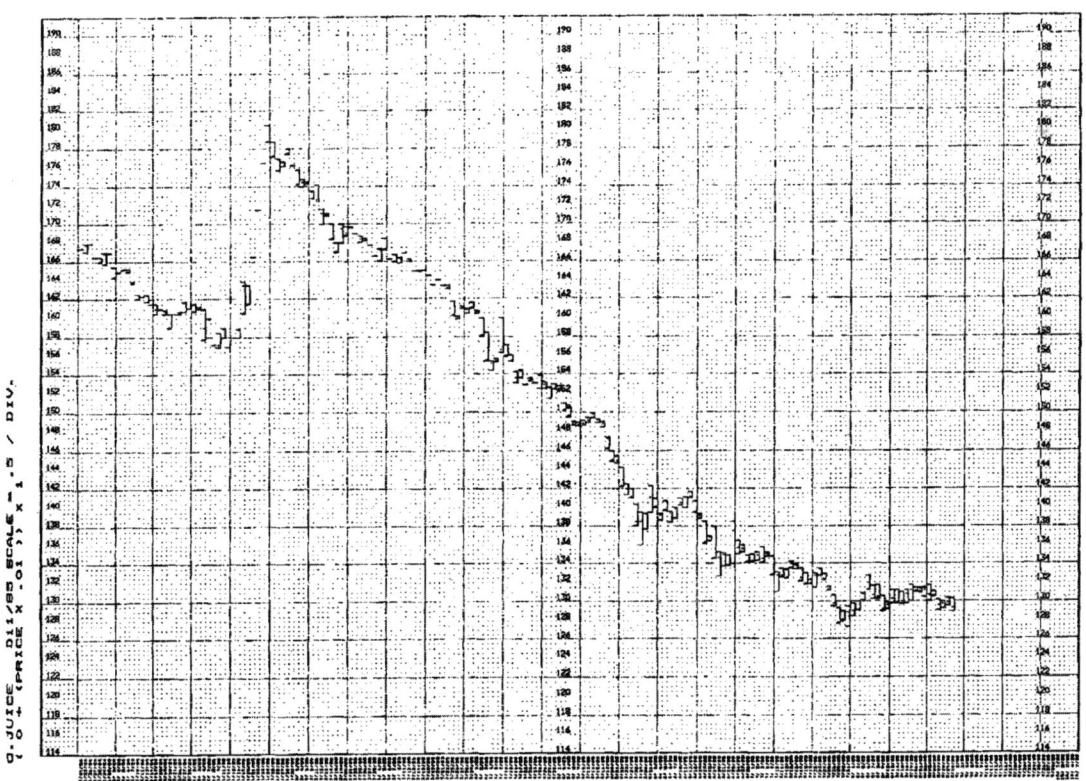

图 3-32 橙汁走势图

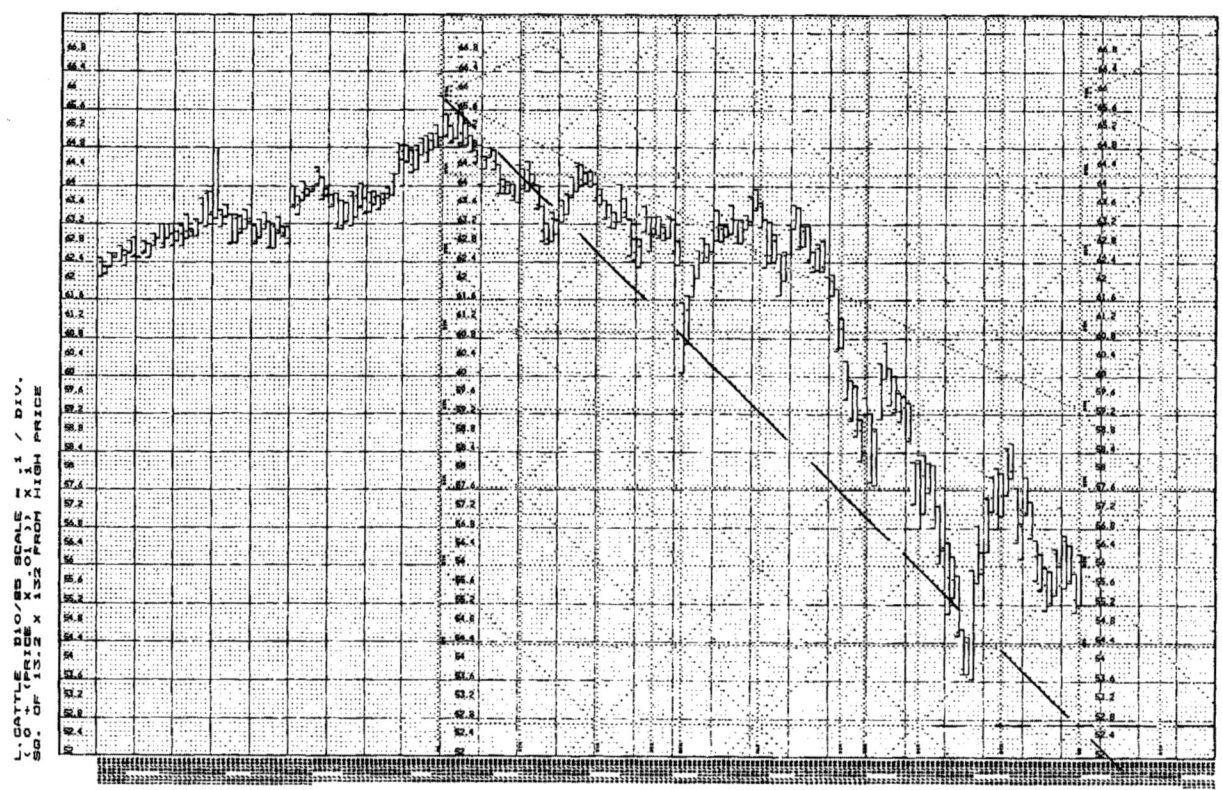

图 3-33 活牛走势图

> **3.2** 在江恩理论的追随者中，有不少人都对所谓波动率（Rate of Vibration）这个问题很纠结，觉得它是那么神秘，让人捉摸不透。我相信，在看过比利对振荡法则的解读之后，你会得到很大的启发。在这里，我把 Rate of Vibration 翻译为振荡频率，不是刻意为了跟以前的译法不同而不同，而是处女座译者深思熟虑之后的结果，希望你能细细体会它的不同。

● **振荡法则及其应用**

（选自 1982 年 2 月刊）

江恩是个好奇心很重的人。他在笔记中写到，在不同的科学领域和自然现象之中，存在着很多彼此类似的东西。

比如，江恩就注意到，在化学元素中的周期法则与音乐的泛音音阶之间，就有着很多类似之处。

乐器的键盘上都有基本的八度，它们是由七个音符组成的，每个八度就是在不同音高上不断重复着这些音符而发出的，或者说是在不同次数的振荡中产生的。

而化学元素是按照原子重量进行排序的，而且从第一个元素开始数，每七个元素为一组，每一组元素就会在很大程度上重复出现上一组元素所具有的一些简单的性质，就如同一个八度中的音符那样。

让江恩感兴趣的是，这些深奥的法则和特征是有共性的，而且它们与股票和期货市场也是有关联的。

在接下来这张小麦 1981 年 5 月合约的走势图上，请注意我把 6 月 6 日这个交易日的柱线都涂黑了（这是图中的低点）。同时，你也要注意的是，我把 7 月 29 日、9 月 18 日、11 月 10 日和 1 月 5 日这几个交易日的柱线也涂黑了（从 6 月 6 日的低点算起，这些天分别是第 36 个、第 72 个、第 108 个和第 144 个交易日）。

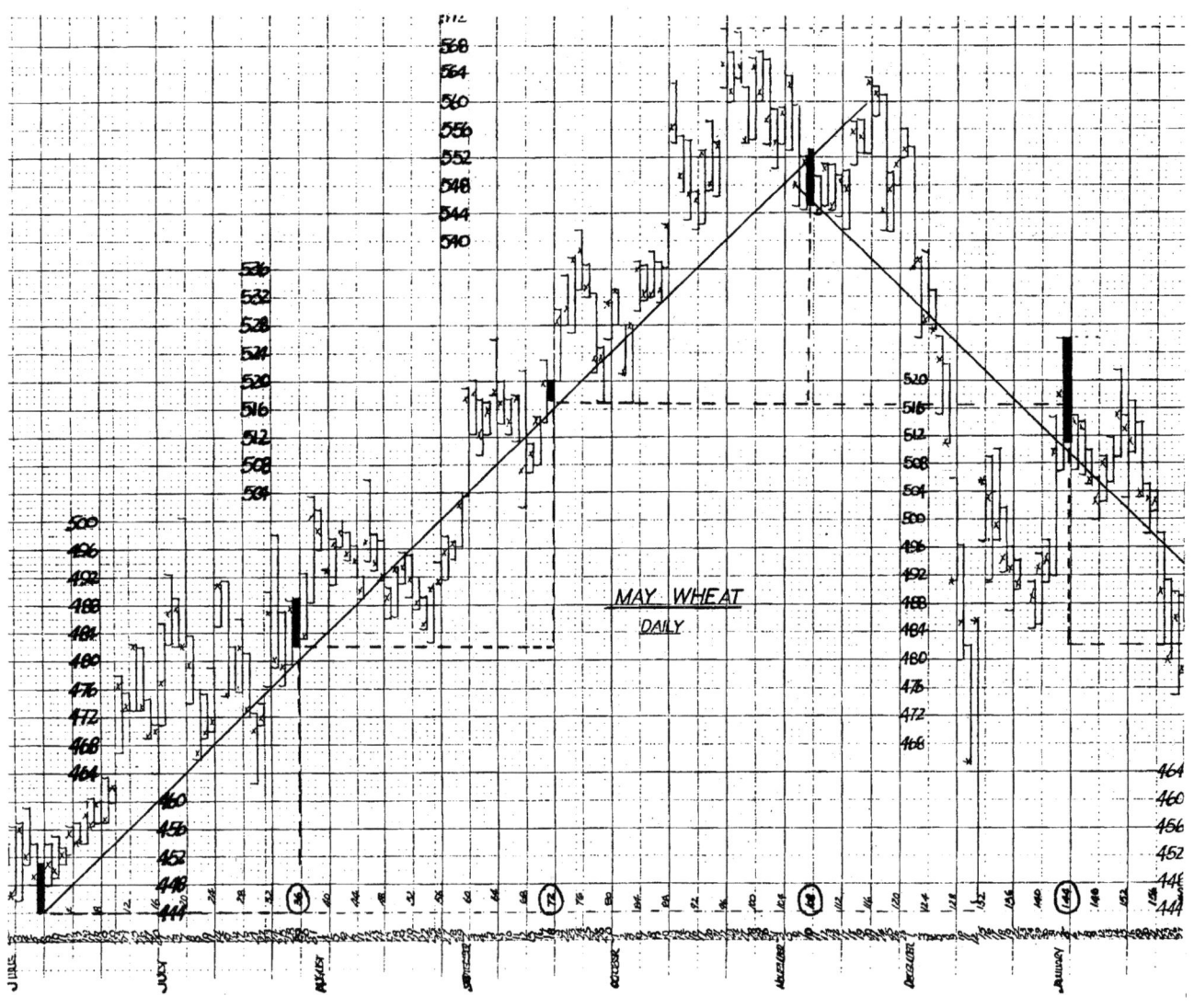

图 3-44 小麦 5 月合约的日线图

我从底部向上画一条 45 度角的趋势线,然后从顶部向下画一条 45 度角的趋势线,将这些被涂黑的日期连接起来。

这时,你会发现一件很有意思的事,当市场处在牛市行情中,小麦价格在每 36 个交易日的涨幅都是 36 美分!

而当市场处在熊市行情时,小麦价格在每 36 个交易日的跌幅也是 36 美分!

这样的走势并没有到此结束,它还在延续,在第 180 个交易日、第 216 个交易日和第 252 个交易日都出现了同样的情况。

你应该注意到的是，如果市场处在牛市行情中，每到第 36 个交易日的时候，小麦的价格不会低于这 36 天以来的低点，而当市场处在熊市行情时，每到第 36 个交易日，小麦的价格也不会超出这 36 天以来的高点（请见图中的虚线部分）。

在《江恩期货教程》中有一个统计，我们可以看一下：
36 个交易日×7 = 252，
225 分钟（小麦每个交易日的时长）×36 = 8100，
而 8100 相当于是 360 度圆周主图被平方，或者是 90 的平方，即 90×90 = 8100。
研究表明，每 36 个交易日会重复出现某种走势的这种现象，有时也会出现一些变化。

当你仔细观察小麦 5 月合约的这张日线图时，我们就能看出它的走势中带有某种谐动和规则。那么它们与音乐中的八度、化学的周期法则，或者与颜色的光谱，是否具有同样的性质呢？

江恩坚持认为，"振荡"就是这其中的主导因素。

江恩说过，"在市场中，每只股票和期货品种的波动，都是按照振荡法则来完成的，它们的波动都有着它们自己独一无二的运行特性，也就是在激烈程度、成交量和运行方向等方面的特性。在行情演变的过程中，所有这些基本的特征都体现在它们自身的振荡频率之中。就像原子那样，股票和期货也是真正的能量中心，所以，它们也会受一些数学法则的控制。它们创造了它们自己的活动区域和能量，而能量可以产生吸引，也可以产生排斥，这就解释了为什么一些股票和期货有时能够在市场中起到领涨的作用，而在其他时候，它们的走势又转为低迷了。所以，要在市场上用科学的方法进行投机，遵循自然法则是绝对必要的。"

"振荡是最基础的东西，没有什么东西可以不受振荡法则的约束，它是具有普适性的。所以，这个法则可以适用于地球上的每一种现象。"

"正因为如此，我才会坚定地认为，无论是在自然界，还是市场中发生的任何一种现象，都必须要受制于这些普适的因果法则、谐动法则与振荡法则。"

当我们更深入地去研究江恩所指的与振荡有关的因素时，所有的矛头好像都指向了股票或期货的历史低点，或交易以来的最低点。比起其他的价格和时间来说，一只股票或期货见到最低点的价位和对应的时间，比其他任何时点对振荡的影响都大。

其他的因素还包括，一份期货合约或一只股票第一天上市交易的价格，还有它的生日，也就是第一天交易的日期。

有一件事是确定的，这个振荡法则是非常重要的，而且，它其实比你从表面上所看到的要复杂得多。

我们把一些期货和指数交易以来的最低点作为与振荡有关的因素，就得到了它们高点与低点之间的如下关系：

小麦3月合约交易以来的最低点为43美分；
小麦3月合约交易以来的最高点为6.45美元；
645＝43×15，也就相当于是走完了15个43×43的正方。

大豆5月合约交易以来的最低点为67美分；
大豆5月合约交易以来的最高点为10.72美元；
1072＝67×16，也就相当于是走完了16个67×67的正方。

道琼斯工业指数交易以来的最低点为41；
道琼斯工业指数交易以来的最高点为1066；
1066＝41×26，也就相当于是走完了26个41×41的正方。

3月小麦的次高点是6.02美元，5月大豆的次高点是10.05美元，道琼斯指数的次高点是1025，这些价位或点位与它们各自的历史高点相比，小麦的价格少走了一个43×43的正方，大豆的价格少走了一个67×67的正方，而道琼斯指数少走了一个41×41的正方。

关于振荡方面的知识，你要去读所有相关的书籍，包括一些很老的物理书，下面有我推荐的书目（请详见附录2）。在今后的杂志中，还会有更多有关振荡法则的文章。

第三章 江恩的时间周期理论与振荡法则

● **振荡法则**

（选自 1982 年 11 月刊）

下面这篇文章是摘自江恩早年对振荡法则的论述。

在过去十年中，我已经把我全部的时间和注意力都投入到了这个投机的市场当中。像很多其他人一样，我也亏了好几千块钱，也经常会碰到在收益上时好时坏的情况，这是没准备好这方面知识就入市的新手难免会碰到的。

我很快就认识到，所有的成功人士，无论他是律师、医生还是科学家，在试图从他的行业中赚到钱之前，都花了很多年的时间去研究和探查他所从事的事业或职业。

当我自己进入了经纪人这个行当，在为一些大客户服务之后，我有了对一般人来说很难得的机会，可以来研究别人在投机市场中成功和失败的原因。我发现，在那些没有相关知识储备或学习过相关知识就入市的交易者中，百分之九十多都是以亏钱收场。

我很快就开始注意到，在股票和期货市场，它的涨跌会周期性重现，这让我得出结论：自然法则是市场运行的基础。之后我就下决心要投入我生命中十年的时间来研究自然法则，研究如何把它应用到投机市场中去，我要投入我最佳的精力，努力让投机成为一个能赚大钱的行当。

经过对已知科学知识的彻底研究和探查，我发现，振荡法则（Law of Vibration）可以让我准确地判断出一只股票或期货的价格在一个给定时间段内，会上涨或下跌到的具体点位。运用振荡法则，不但能够判断出行情的起因，还能预测出行情的走势，无论是认识到原因，还是认识到结果，都能远远领先于华尔街上的那些人。大多数投机者的经历都可以证明，他们只盯着结果，而忽略了原因，这样的做法让他们亏了钱。

在这里，让我将如何把振荡法则应用到资本市场中的全部想法都讲一遍是不可能的，不过，当我说到，振荡法则是无线电报、无线电话和留声机等这些东西所仰仗的基本法则，就算是外行，你也能够抓住振荡法则中的一些要领。如果振荡法则不存在，那么上面说的这些发明，也就都不可能成为现实了。

江恩技术研究（精华本）

为了验证我的想法是有效的，我不但多年来一直坚持把它们用到平日的交易中，而且还花了9个月的时间，没日没夜地泡在纽约的阿斯特图书馆和伦敦的大英博物馆里。我翻阅了1820年以来的股市交易记录，无意中看到了杰伊·古尔德（Jay Gould）、丹尼尔·德鲁（Daniel Drew）和范德比尔特准将（Commodore Vanderbilt），以及从那时到现在，华尔街其他所有著名操盘手的操作记录。我曾经查看过联合太平洋（Union Pacific）公司在哈里曼（E. H. Harriman）稳获操控权之前和之后的每一笔交易的报价，我可以这样说，在华尔街的历史上，哈里曼先生的操作是所有的操盘手之中最具有大师风范的。这些交易记录表明，无论是有意识还是无意识，哈里曼先生的操作都在严格地遵循着自然法则在进行。

我翻阅了资本市场的历史文献和大量的相关统计资料，很快就能明显地感到，股票价值的改变和变动是由一定的法则在控制的，在所有这些价格波动的背后，存在着一种具有周期性或者循环性的法则。经过观察后，我发现在交易所总会有规律地出现密集的交易活跃期，而随后就会出现交易不活跃的时期。亨利·霍尔（Henry Hall）先生在他最近的新书中，用了很大的篇幅去写"繁荣与萧条的循环"，他发现，这样的循环会每隔一个固定的时间就重复出现一次。我所用的法则不仅可以给出长线行情中的循环或趋势转向的点位，还可以让我知道日线级别，甚至小时级别行情的波动情况。因为掌握了每只股票的振荡的准确情况，我就能判断出，它在什么价位会得到支撑，在什么价位上会遇到最大的阻力。

那些与市场密切接触的人，已经注意到股票价格的涨涨跌跌，就如同潮水的时起时退。在某些时间，一只股票会变得很活跃，出现密集的成交，达到很大的成交量；而在其他时间，同样还是这只股票，它会很不活跃，交易近乎停滞，成交量也非常小。我已经发现，振荡法则主导和操控着这些情况的出现，我也发现，这个法则的某些方面操控着一只股票的上涨，而一个完全不同的法则在操控着股价的下跌。

当在8月见到顶部的联合太平洋和其他铁路股下跌的时候，美国钢铁（United States Steel）的普通股正处在稳步上涨的过程中。这就是振荡法则在起作用，它将某一只股票送到上涨的趋势中，而又将其他的股票推到下跌的趋势中去。

我发现，在股票本身与它的驱动力，或者说它背后的力量之间，存在着一种和谐或不和谐的关系，那么，它的所有运行的秘密就昭然若揭了。按照我的方法，我可以判断出每只股票的振荡情况，当把某些时间值也考虑进去的话，我可以在大多数情况下确切地说出该股票在给定的条件下，股价将会如何表现。

我对市场趋势进行判断的能力，要归功于我正确地对每只个股和各个不同板块的股票振荡频率的特征都很了解。股票就像是活生生的电子、原子和分子，对于基本的振荡法则，它们保持着自己独有的特性。科学教会我们："任何类型的原始推力最终都会自我化解为一种有周期性或者是有规则的运动，就像是钟摆在来回摆动中，又能够返回原来的位置，就像月亮会回到它的轨道，就像来年总会带来春天的玫瑰，而随着原子重量的增加，元素的性质也会呈现周期性的重现。"

通过广泛的调查研究和反复的实战验证，我发现，不仅各个股票存在振荡的现象，而且在股票背后控制它们的驱动力也处在一种振荡的状态。这些振荡的驱动力，只有在它们作用的股票的价值在市场中产生波动时，你才能看出来。市场中所有的大级别的趋势转向行情，或者大级别的波动行情都是循环出现的，它们的走势是符合周期性法则的。

科学界已经有人阐明了，"元素的性质是它的原子重量的周期函数"。有一位著名的科学家也说过："我们确信，在不同领域中各种现象的本质的多样性之间，大多存在着一定的数字化的紧密联系。这些数字并不是杂乱无章地混在一起，也不是偶然出现的，而是会有规律地周期性出现，它们的变化和拓展可以从多种样式的波浪形起伏中看出来。"

正因为如此，我才会坚定地认为，无论是在自然界，还是市场中发生的任何一种现象，都必须要受制于这些普适的因果法则和谐动法则。每一个结果的产生，都必定会有一种充足的理由。

如果我们想要在投机中避免出现失败，就必须去探究失败的缘由。每个存在的事物都是以精确的比例和完美的关系为基础的，在自然界中，没有偶然发生的事，因为作为最高准则的数学原理为世间的万物奠定了基础。法拉第说过："除了力的数学点位以外，宇宙中再无其他。"

振荡是最基础的东西，没有什么东西可以不受振荡法则的约束，它是具有普适性的，所以，这个法则可以适用于地球上的每一种现象。

在市场中，每只股票和期货品种的波动，都是按照振荡法则来完成的，它们的波动都有着自己独一无二的运行特性，也就是在激烈程度、成交量和运行方向等方面的特性。在行情演变的过程中，所有这些基本的特征都体现在它们自身的振荡频率之中。就像原子那样，股票和期货也是真正的能量中心，所以，它们也会受一些数学法则的控制。它们创造了自己的活动区域和能量，而能量可以产生吸引，也可以产生排斥，这就解释了为什么一些股票和期货有时能够在市场中起到领涨的作用，而在其他时候，它们的走势又转为低迷了。所以，要在市场上用科学的方法进行投机，遵循自然法则是绝对必要的。

在经过了多年的耐心研究之后，我想已经证明了，振荡法则可以解释市场中各种可能出现的阶段和情况，这个结果不仅让我自己完全满意，我也向其他人进行了展示与说明。

有关江恩振荡理论的资料，我都是从他的研究资料中像过筛子一样挑出来的。每次找到一点，我就把它们放在一起，供以后好好研究。希望我找到的这些东西，会对你有帮助。

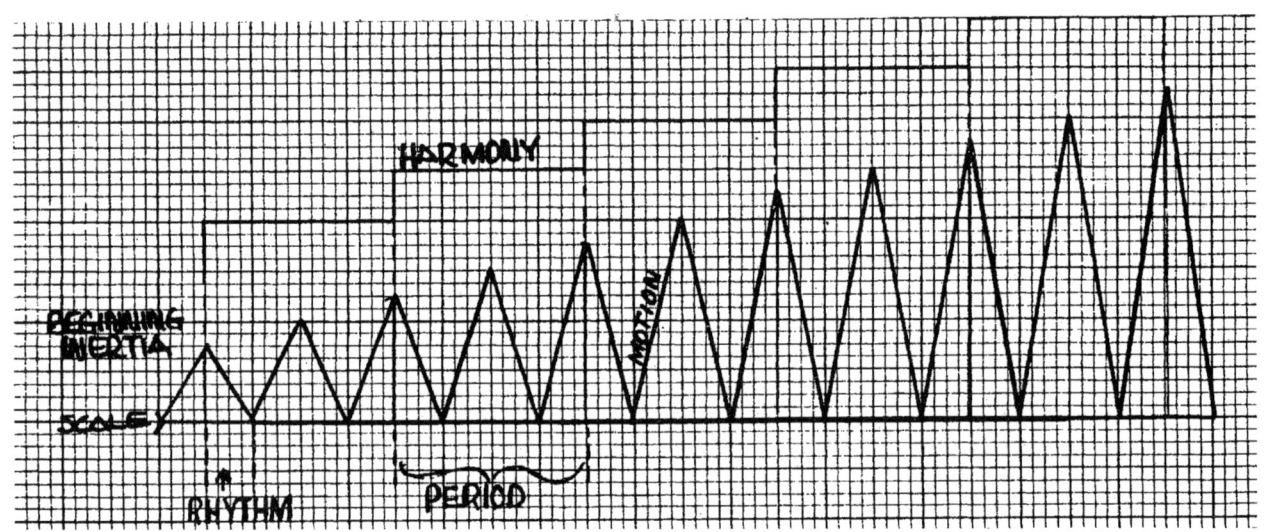

图 3-35　HARMONY：泛音，SCALE：音阶，RHYTHM：节奏，PERIOD：乐段，MOTION：进行

有了这些江恩理论的观念，我在市场中寻找着它们的意义，因为它也是我主要的兴趣所在。

终于，我在下面这张 5 月小麦的走势图中找到了。

正如你看到的，小麦从底部每上涨 36 天，它的涨幅就会在 36 美分，而它从高点每下跌 36 天，就会跌去 36 美分。

这就是江恩的振荡理论在起作用！

小麦的交易合约有 288 个交易日，5 月小麦通常在 3 月 21 日开始交易，然后在合约所在年份的 5 月 21 日结束交易，这样就是 14 个月，也就是 288 个交易日。

而 36 刚好可以把 288 分割成 8 小份，也就是说 36×8＝288。

它们就像元素周期表里八族元素，音阶里的八度，所有这些把我们带回了江恩的振荡法则。

希望它对你研究江恩振荡理论有帮助，至少它也是一个开始。

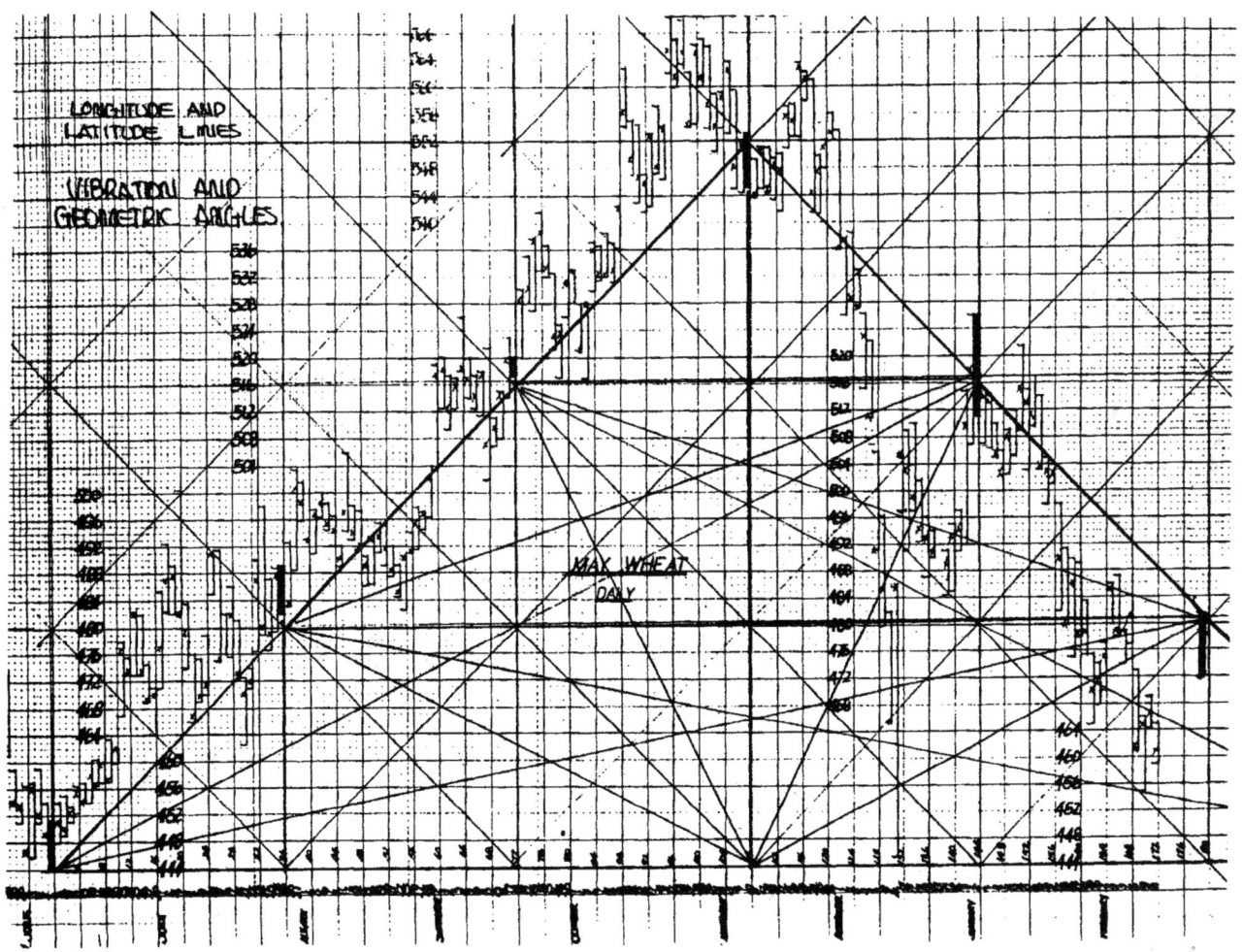

Longitude and latitude lines：经纬线，Vibreation and geometric angles：振荡与趋势线

图 3-36　5 月小麦日线图

江恩技术研究（精华本）

● 谐动、振荡与决定振荡的因素

（选自1984年10月/11月刊）

当我们在钻研江恩的技术分析方法时，我们经常会看到两个词：和谐（Harmony）或谐动 Harmonics）与振荡（Vibration）。

在分析期货或者股票时，特别是用江恩的方法来分析趋势时，我们会在日线图、周线图和月线图上，用到多个"正方"，以预测趋势会在什么点位发生变化，而这样的正方，总是建立在之前某个转向形的底部或是顶部的基础之上的。换句话说，如果价格在200见到低点后，趋势发生了转向，一直涨到了400见顶，那么这个价格区间就是200了，时间与价格区间达成正方就有本可依了。

我们接下来就可以看这个时间与价格区间的正方，也就是200×200的正方，在见顶后的第200天，或是第200个星期，还是第200个月是否会达成。我们如果对200×200的正方进行分割，那么趋势在它的1/8、1/4、1/3和1/2等点位，都有可能发生改变。

我们把假想中的200×200的正方中的每个等分位，都称之为200的谐动点位。

如果这个价格区间是1000的话，我们当然很难操作这么大一个正方，那么我们能做什么呢？答案就是把正方由大变小，通过等分正方来得到1000的谐动点位，它们分别是500、250和125。这样一来，选取125×125的正方，操作起来就要容易得多了。我们就可以预测在125×125的正方达成之际，趋势会发生变化，因为它与原来的1000×1000的正方有着谐动的关系。

你可以根据以下三方面数据，来找出每个期货品种或股票独一无二的谐动点位：
（1）一波行情的低点或底部；
（2）一波行情的高点或顶部；
（3）从底部到顶部的区间（或者是从顶部到底部的区间）。

■ 振荡因素

那么究竟什么因素对振荡起了决定作用？下面这些因素是理所应当要包括在内的：

（1）期货或股票的"生日"，也就是它开始交易的日期；

（2）它第一次交易的价格；

（3）期货或股票的历史新低；

（4）它创下历史新低的时间或日期；

（5）期货或股票的历史新高；

（6）它创下历史新高的时间或日期。

期货或股票的历史新低，当然会对它将来的走势有影响。大家都知道，大豆5月合约的最低点在67美分，最高点为10.72美元，而走完16个67×67的正方，刚好就是1072。

小麦3月合约的最低点为43美分，最高点为6.45美元，而走完15个43×43的正方，刚好是645。这样看来，行情见大顶的高度，与它的最低点有直接的比例关系。当你在交易任何一个期货或股票时，掌握它完整的交易历史是非常重要的，知道了它的历史最低点，就可以有助于你判断将来的高点在什么价位，在何时出现。

我在这里还会继续对江恩原图和各种资料进行研究，去发现江恩用过的其他与振荡有关的因素。只要江恩用过，我就会找到，只要我找到了，我就会告诉你们每个人。

第四章 鲜为人知的江恩用过的技术手段

> **4.1** 比利在浩如烟海的第一手原始资料中,挖掘出了一些江恩用过的技术手段,而这些技术手段就连江恩本人都很少提及过,但它们都有很强的实用性,堪称技术分析手段中的亮点。本章的最后一篇文章,其实有着承上启下的作用,它不仅讲授了江恩的7倍法则,也对江恩的其他方法做了一些总结,并告诉大家,江恩的技术手段很多,在使用时要选择最适合你的。

● **交易地带**

(选自1982年5月刊)

自从江恩去世之后,他在交易和技术分析中使用过的很多技术手段,都不被世人所注意。我通过对江恩早期的图表和资料的研究,从中发现了一些江恩用过的技术手段。

我不知道江恩为什么没提到过这些技术手段,或许是因为他认为还需要更多的时间来检验它们,以证明这些技术手段是有价值的。

现在不去管他当时是出于什么原因那么做了,我已经发现这些技术手段在交易和市场分析时还是很有用的。

其中有一个技术手段就是"交易地带体系(Zone System)"。

这是一个很简单的方法，它值得你花时间去研究它，并把它运用到你的交易当中去。

在这里举的是小麦5月合约的例子，你会看到，在图中，交易地带利用的就是几条趋势线，它们是从之前行情中的多个点发出的向上45度角的趋势线，我们用它们来界定出不同的地带。

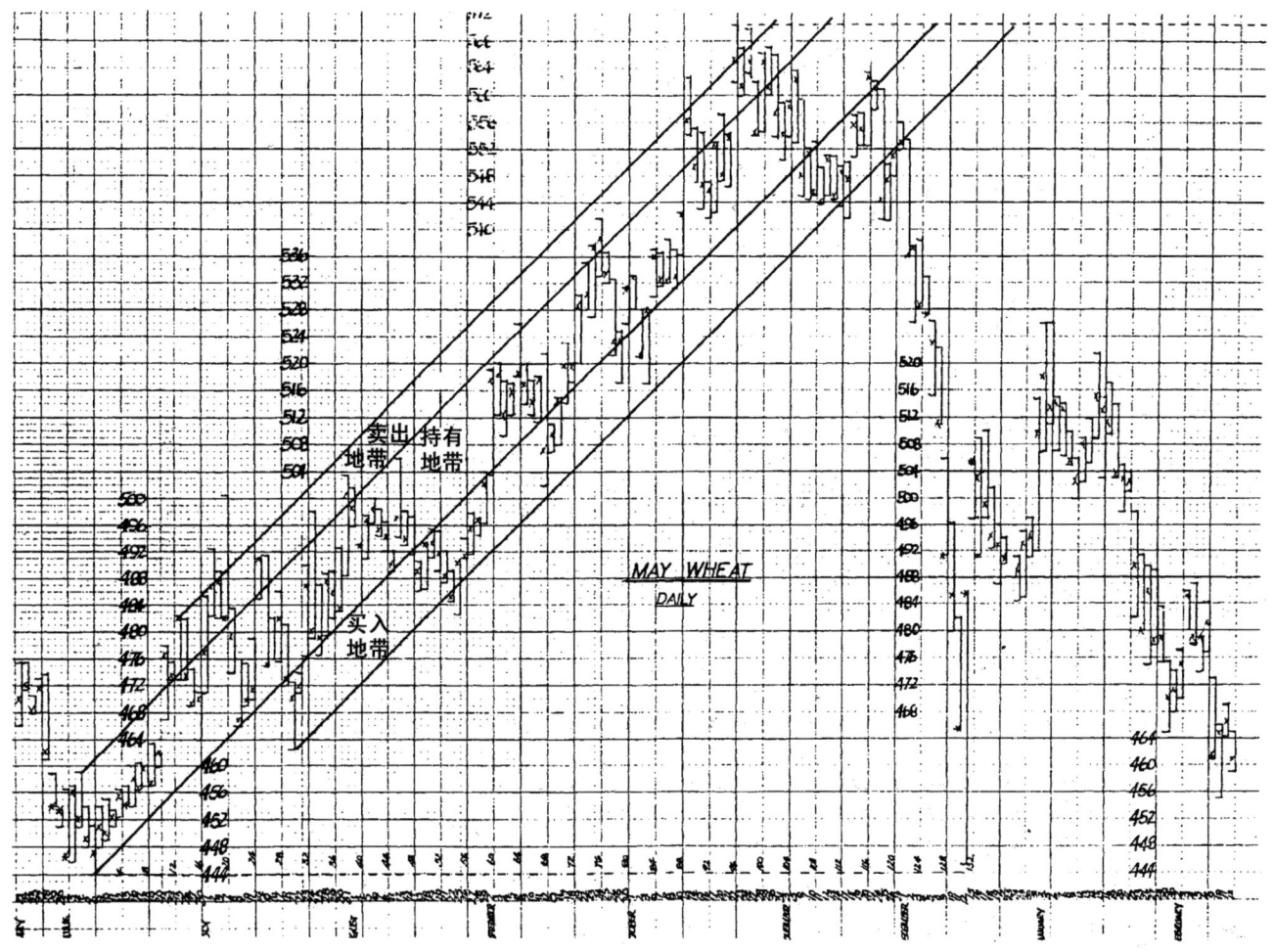

图4-1　小麦5月合约的日线图，时间从5月至次年2月

这些趋势线把即将到来的上涨行情的波动范围分成了三个重要的部分，或称三个交易地带，这些地带一旦确立下来，以后就不会再变了。

在开始阶段，其他的一些趋势线也会被用到，但是经过一段时间以后，它们当中的一些线就会被忽略掉，你要做的是选择出主要的交易地带，它们应该是能够一直保持贯穿行情始终的才可以。

经验都是在一次次的尝试和失误之后，才积累起来的。

与其他任何一个交易手段一样，交易地带用在单边牛市或熊市行情中，它的效果是最好的，而对于那些低迷的窄幅波动的整理行情，它的作用不能完全地发挥出来了。

行情一旦展开，趋势也确立下来了，那么，各个主要的交易地带的区划也就确定了。

那些在上涨行情的初期就确立下来的理想的买入地带，不会随着价格的继续上涨而发生变化。对于卖出地带来说，也是一样的道理。

这就是说，在小麦5月合约的例子里，你应该在价格到了472美分的时候买入，结果证明，这个买入点不错，因为价格在其后又出现了上涨。而当价格在下一次重新回到买入地带，比如你在492美分买入时，也会得到同样好的回报。

当价格在买入地带，处于向上运行的状态时，你应该进行买入操作。而当价格在卖出地带，处在向下运行的状态时，你就应该进行卖出了。

如果你是个短线交易者，就应该在价格处在买入地带时做多买进，然后一直持仓到价格进入卖出地带。当价格到了卖出地带之后，你就应该清空多头仓位，并开始做空卖出。

如果你是个长线交易者，就应该在价格每一次进入到买入地带的时候，都进行一次做多买进，就这样不断加仓，一直到这一波行情结束为止。

还有很多种技术手段可以用来判断入场和离场的时机。

假设你在作图时，采用的是一个时间单位与一个价格单位1：1的比例关系，在这种情况下，45度角的趋势线对设定这些交易地带起着决定性的作用。如果你在作图时，用的是时间与价格之间其他的比例关系，那么要想设定出正确的交易地带，就需要使用其他角度的趋势线，而不是45度角的趋势线了。

交易地带可以与江恩的机械交易法和趋势线指标结合在一起使用。

在这期杂志中，我们也登出了其他两张江恩原图，你可以看到由多条趋势线分割出的不同的交易地带。

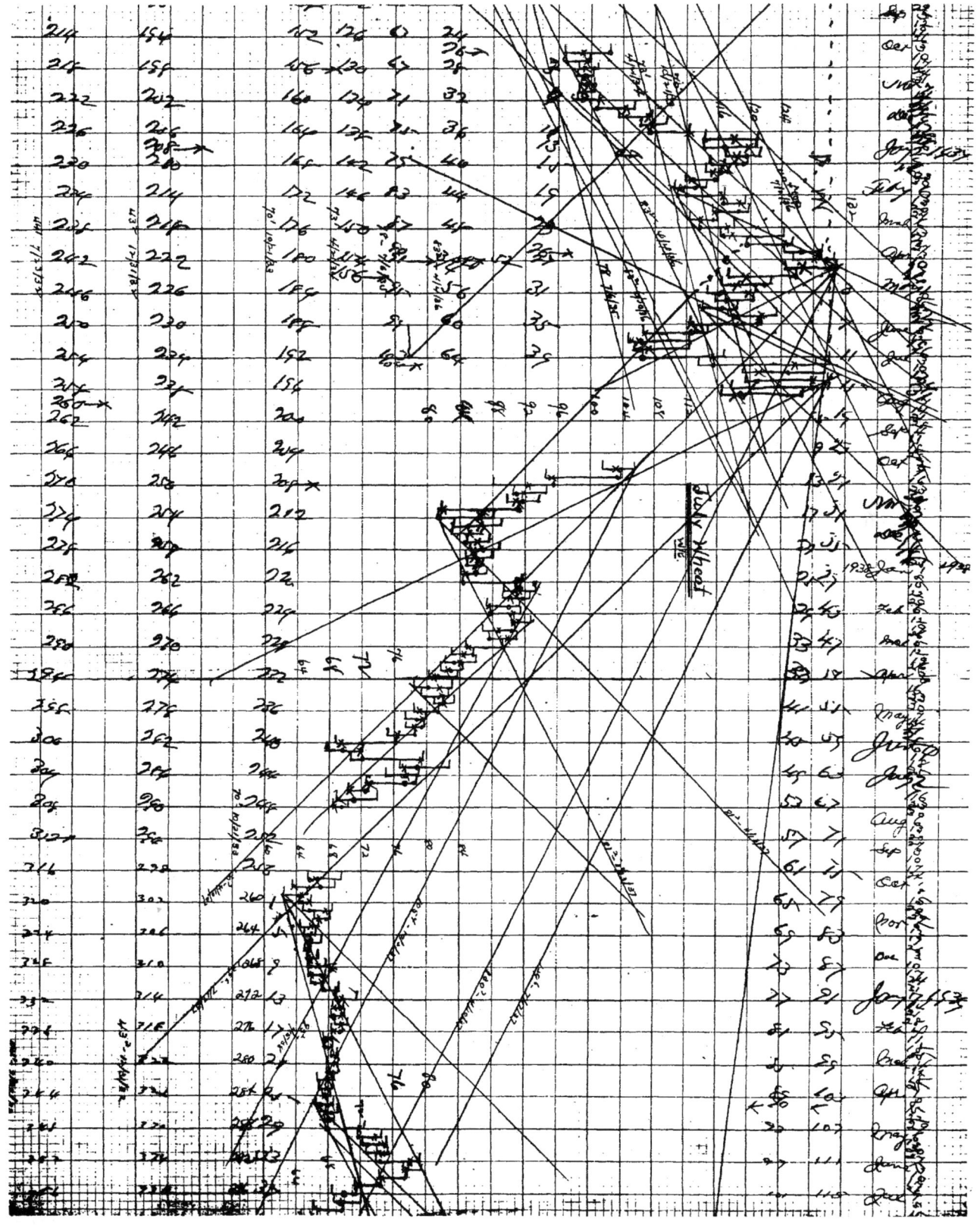

图 4-2 小麦 7 月合约的周线图

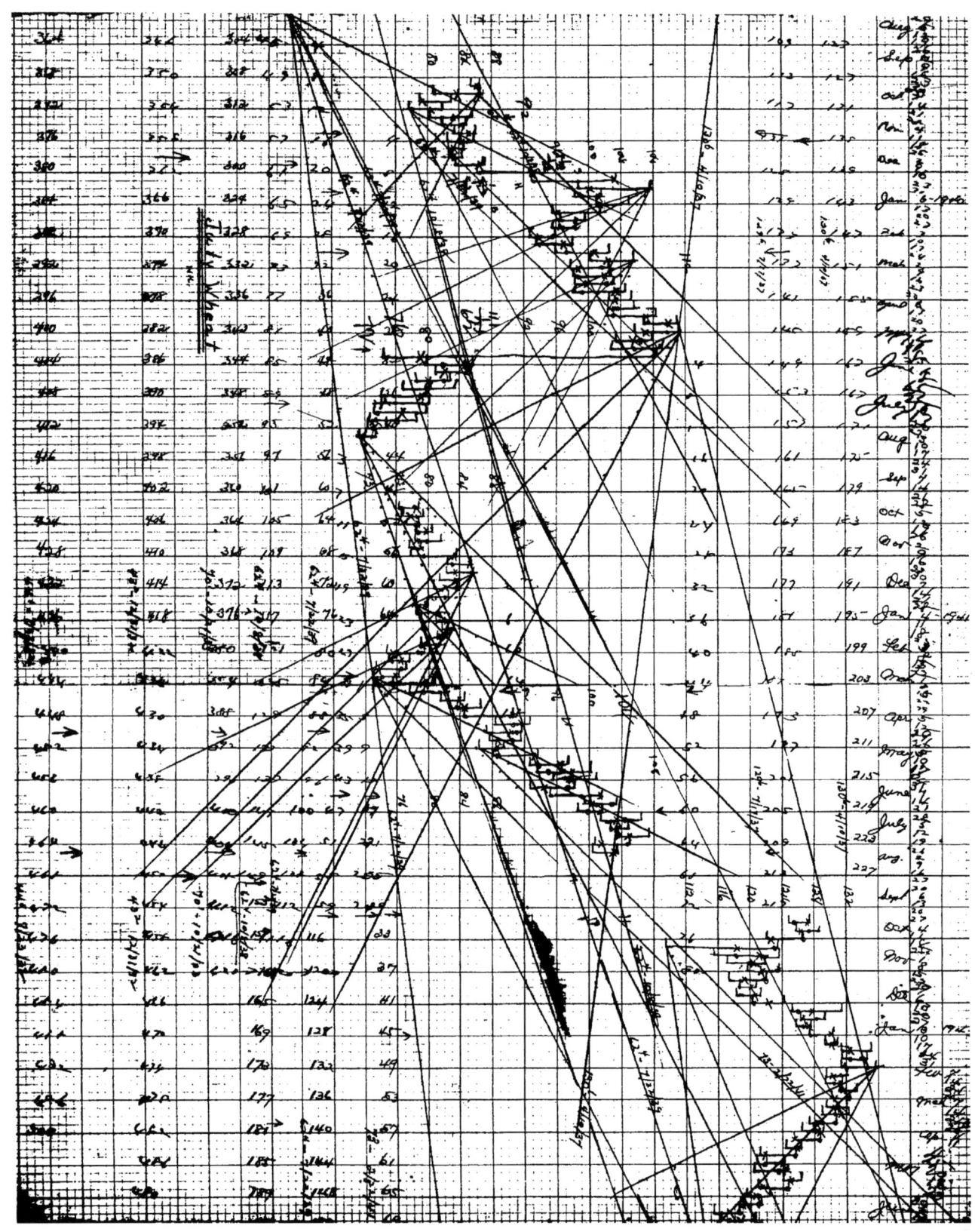

图 4-3　小麦 7 月合约的周线图

你会成为：

- 朋友圈的投资专家
- 大咖新书的尝鲜畅读人
- 大咖作者的课程体验官
- 舵手读书会社群组长、班长、助教，教学相长！

舵手证券图书
STEERMAN SECURITY BOOK

教学视频领取卡

拥有舵手读书会会员

扫码联系舵手君
领取更多会员专属福利

你将享受：

- 全场图书折上折优惠
- 优先报名舵手图书作者见面会
- 优先报名参加舵手读书会城市巡讲

微信扫码 联系舵手君

第四章　鲜为人知的江恩用过的技术手段

其实在我手头的江恩原图上，交易地带看上去会更加清晰，这是因为江恩采用了不同颜色的趋势线来区分各个交易地带。

根据江恩的这些周线图，我们可以知道，交易地带这个方法不仅可以用在短期交易中，也可以用在中长期的交易之中。

需要记住的是，它只不过是又一个帮助你分析市场的工具，想要成为交易中的赢家，你就应该把它与其他的好方法结合在一起使用。

● 缺　口
（选自1982年8月刊）

经过这么多年对江恩理论的研究，对他的每一张图，我都要花好几个小时去看，不放过他写的每个数字和各个角度的趋势线，由此，我学到了很多有价值的技术手段，其中之一就是我命名的"缺口理论"。

在一些江恩原图上，我注意到，江恩从某个期货或股票走势图上邻近的底部向上画线，这些线会与前方向下跳空缺口的下沿相连，然后一直延伸下去，他也会从邻近的顶部向下画线，这些线会与前方向上跳空缺口的上沿相连，然后也是一直延伸下去。而从底部发出的这样两条或三条线，在以后的某些时点会交叉在一起，这样的情况经常会出现的。让我感到吃惊的是，该期货或股票会在未来回到这个交叉点所对应的价位！这样的情况，同样也适用于从顶部发出与向上跳空缺口相连的线。

为了更好地演示缺口理论，我登出了两张1979年到1981年5月橙汁的周线图，从中你可以看出，可以如何根据缺口理论来预测出橙汁价格会上涨到什么价位。

拿图4-4来说，当走势图上出现向下的跳空缺口时，从距离缺口最近的底部向上画一条线，这条线要与该缺口的下沿相连，就给出了一条距离缺口最近的底部与缺口下沿之间的连线，在将来的某个时间，橙汁的价格会重新触及到这条线上的价位。

江恩技术研究（精华本）

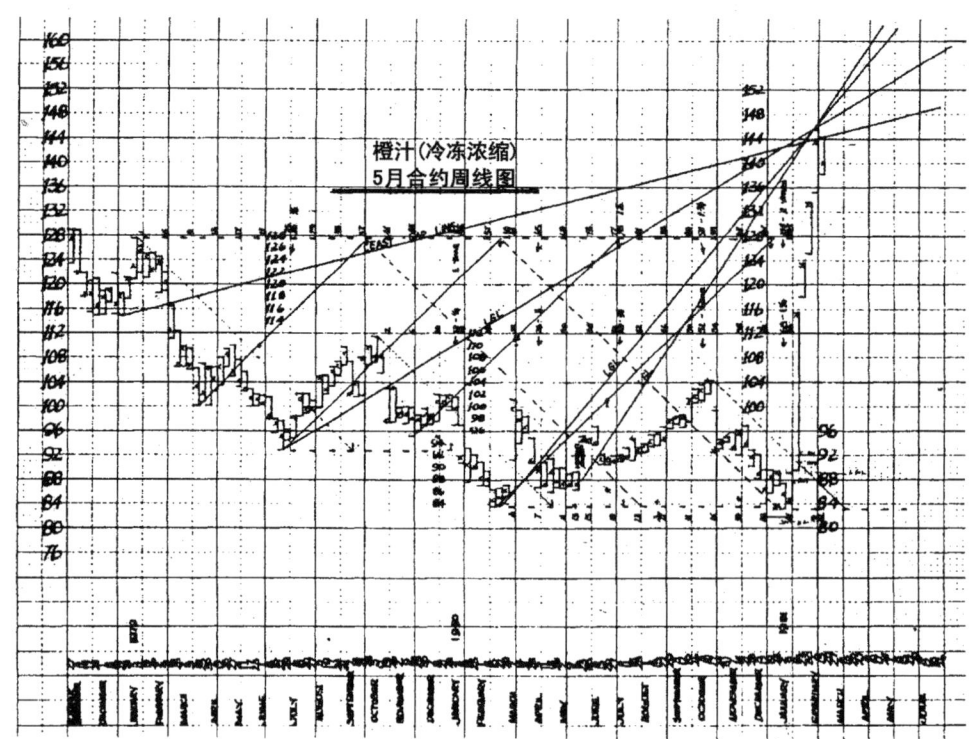

图 4-4　LEAST GAP LINE（LGL）：从距离缺口最近的底部发出的，与缺口下沿相连的线

当有两条或更多的这样与缺口下沿的连线相交在一起的时候，它的重要性就体现出来了。如果在某个时间或点位，有越多这样底部与缺口下沿的连线相交在一起，就表明将来价格达到该点位的可能性就越大。

在价格出现向上的跳空缺口时，那么顶部与缺口之间向下的连线也有相同的作用。从距离缺口最近的顶部向下画一条线，这条线要与该缺口的上沿相连。这条与缺口上沿的连线要告诉你的是，将来价格也会重新回到这条线上的价位上。

这里有一点很重要，如果是因为期货合约的改变，而在走势图中出现的缺口，在这里是不被认定为缺口的，这样的缺口也不适用于缺口理论。另外，把缺口理论用在周线图上，它的效果是最好的。

正如你在图中看到的，四条缺口线在同一个价格（146）和时间（1981年2月6日）上交叉，这就是一个很强的信号，预示着橙汁的价格以后会达到这个交叉点对应的价位。结果，经过了一波上涨，它的价格真的到了 145½！

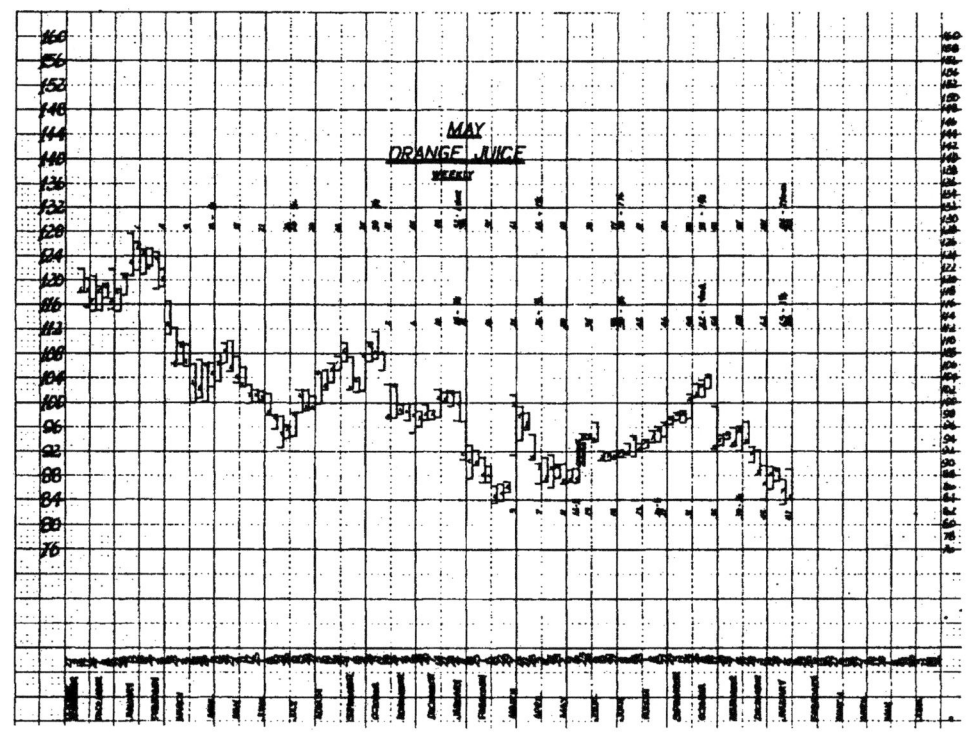

图 4-5　橙汁 5 月合约周线图

在交易时，你应当将缺口理论与江恩其他所有的技术手段结合在一起使用，而不要只单独采用一种技术手段。

● 价格与时间因素

(选自 1982 年 3 月刊)

江恩的价格与时间这两个因素是他最重要，也是最有用的发现之一，就像他的著作中有很多地方的情况那样，江恩的一些技术手段，被人误读得很严重。

当众多的技术手段与江恩的价格与时间达成正方这一方法结合在一起使用的时候，对股票和期货的分析就会变得更容易理解了。

在这些技术手段当中，有一项就是日历日与交易日之比（从这个地方来看，交易日与市场日就是同义词）。

日历日与交易日之间的比例是 1.44∶1，这就意味着，1 个交易日相当于对应着 1.44 个日历日（应用它来计算天数时，预测的结果都表现得非常精确）。

比如，你在走势图上截取 36 个交易日，要想知道它所对应的日历日的天数，就用 36 乘上 1.44，得到 52 天，也就是 52 个日历日。

而要算出 364 个日历日对应着多少个交易日的时候，就用 364 除以 1.44，得到 252 个交易日。

这是江恩市场分析中最重要的比例之一，你会发现它有很多用处。

我们选取之前市场中的一段行情来验证一下这个比例，我们用的是 1981 年小麦的 5 月合约。

小麦 5 月合约的低点是 440 美分，这个低点是在 1980 年 4 月 21 日见到的（在这个日期之前，该合约见到过它的高点）。1980 年 10 月 21 日，该合约见到了 570 美分的高点。

要想采用江恩的预测方法，得出时间和价格在走势图上达成正方的时点，我们就必须要知道小麦 5 月合约自从开始交易以来，它的最低点是多少。经查，它在 1932 年 12 月出现的 43 美分就是它的最低点。

那么如果是江恩的话，他会用 10 月 21 日出现的高点，也就是 570 美分，减去开始交易以来的最低点 43 美分，得到 527 美分。

既然我们的走势图都是在方格纸上画的，那么每个价格单位与每个时间单位是一一对应的，我们可以从见到低点 440 美分的 4 月 21 日开始算起，向右数出 527 个日历日，这样就得到了从 4 月 21 日算起，经过 527 个日历日之后的日期。

你也可以用 527 除以 1.44，得出与之对应的是 365 个交易日，同样也是从 4 月 21 日算起，给它加上 365 个交易日，然后就得到了你所要的日期。按照江恩理论，这个时点就是价格与时间达成正方，或者说是价格与时间在图上走成正方的日子。

如果你能在脑海中浮现出这样一幅图，或者是把它画在纸上，你会看到实实在在的正方摆在你眼前，这也就能把江恩所说的从"0"出发的趋势线的含义在图中真切地体现出来。

无论是从一个低点或是一个高点开始，一只股票或一个期货品种总是能够在时间与价格上达成正方，当然走出这样的正方，可以是一小波行情，也可以是大行情，任何的价格区间也都可以与时间达成正方。

第四章　鲜为人知的江恩用过的技术手段

当我们从历史低点开始算起，得出了一个大级别行情的高点，这实际上就是得到了一个时间与价格的正方。

这就是为什么我们会依赖于"一个价格的单位对应一个时间的单位"这样的基础理念。

在这类走势图中，你会很直观地看到，45度角的趋势线为什么能很好地发挥它的作用。

在这一期的江恩原图中，你会看到江恩是如何运用从"0"点发出趋势线，并明白这条线在判断趋势变化上有何作用。

以见到低点的1936年1月25日的那一周为"0"点，向上画的一条45度角的趋势线，其实并不是江恩最关注的线。

在股价见顶之后，江恩从基准点，也就是1936年1月25日所对应的时点，向右数出了55个点，结果得到的时点就落在1937年2月13日的那一周（注：在这个周线图的时间轴上，每个格对应的是8周，也就是8个点，所以55个点就相当于55周，也就是在图中"56"左侧的虚线位置），江恩就以1937年2月13日的那一周为"0"点，向上画一条45度角的趋势线。

从"0"点开始，股价与时间走出了完美的正方，当从"0"点发出的这条趋势线被跌破的时候，他就知道，这波向上的行情结束了。

江恩在图中使用了他所有的重要的趋势线，当从"0"点发出的趋势线被跌破的时候，这可能就是他判断市场走弱的最后一个信号了。

在江恩晚年的时候，他一直都在频繁地使用1.44这个比值，对于这一点，很多的江恩原图背面的文字和数学算式都可以为证。

江恩的笔记让人不禁相信，1.44这个比值与他的时间主因（MASTER TIME FACTOR），或者是MOF公式，有着很大的关联。

目前，我们还在对江恩的时间主因进行研究，我们总感觉江恩在这个问题上把什么东西藏得挺严实，按照我们的猜测，1.44这个比值一定还有着我们不知道的用法。

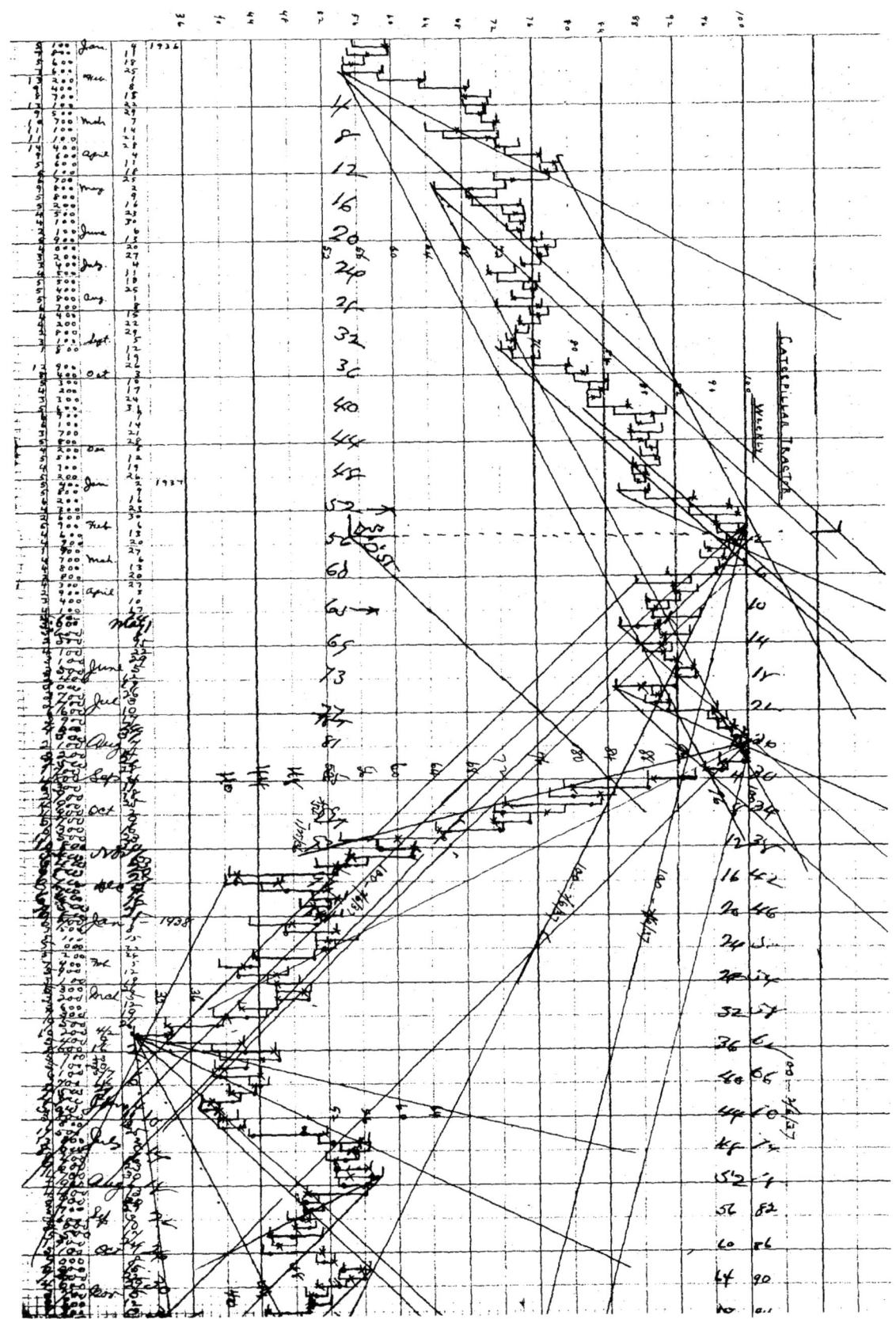

图 4-6　卡特皮勒拖拉机周线图，1936 年 1 月至 1938 年 12 月

第四章 鲜为人知的江恩用过的技术手段

● **主方图**（CARDINAL SQUARE CHARTS）

（选自1982年9月刊）

很多人对江恩的主方图感兴趣，它也被称为价格与时间主图（MASTER PRICE AND TIME CHARTS，简称"江恩主图"）。

下面的这张图是奇数平方图（ODD SQUARES），见图4-7。

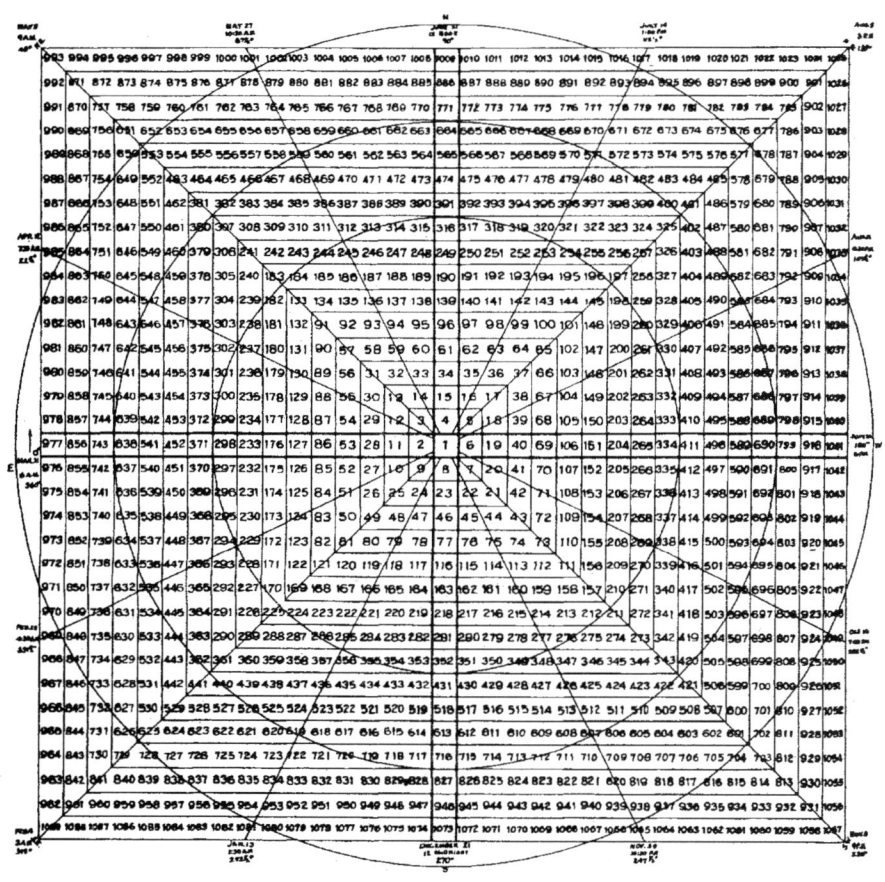

图4-7 奇数平方图

在江恩的研究资料中，我发现了有很多这样的平方图，这些年来，我花了很大的工夫去研究它们，努力找出它们的用途。

我发现了一个最有意思的技术手段，江恩在牛市行情中用它来判断何时见顶，它就是价格与时间的比值。我将会用小麦的上一波牛市行情来演示它的使用方法，这个例子采用的是1981年小麦5

江恩技术研究（精华本）

月合约。

小麦 5 月合约在 1980 年 4 月 21 日见到低点后开始上行，这个低点为 4.41 美元（实际上它是 4.405 美元，这里采用 4.41 是为了方便解释），这个低点在图 4-8 中已经做了标记。

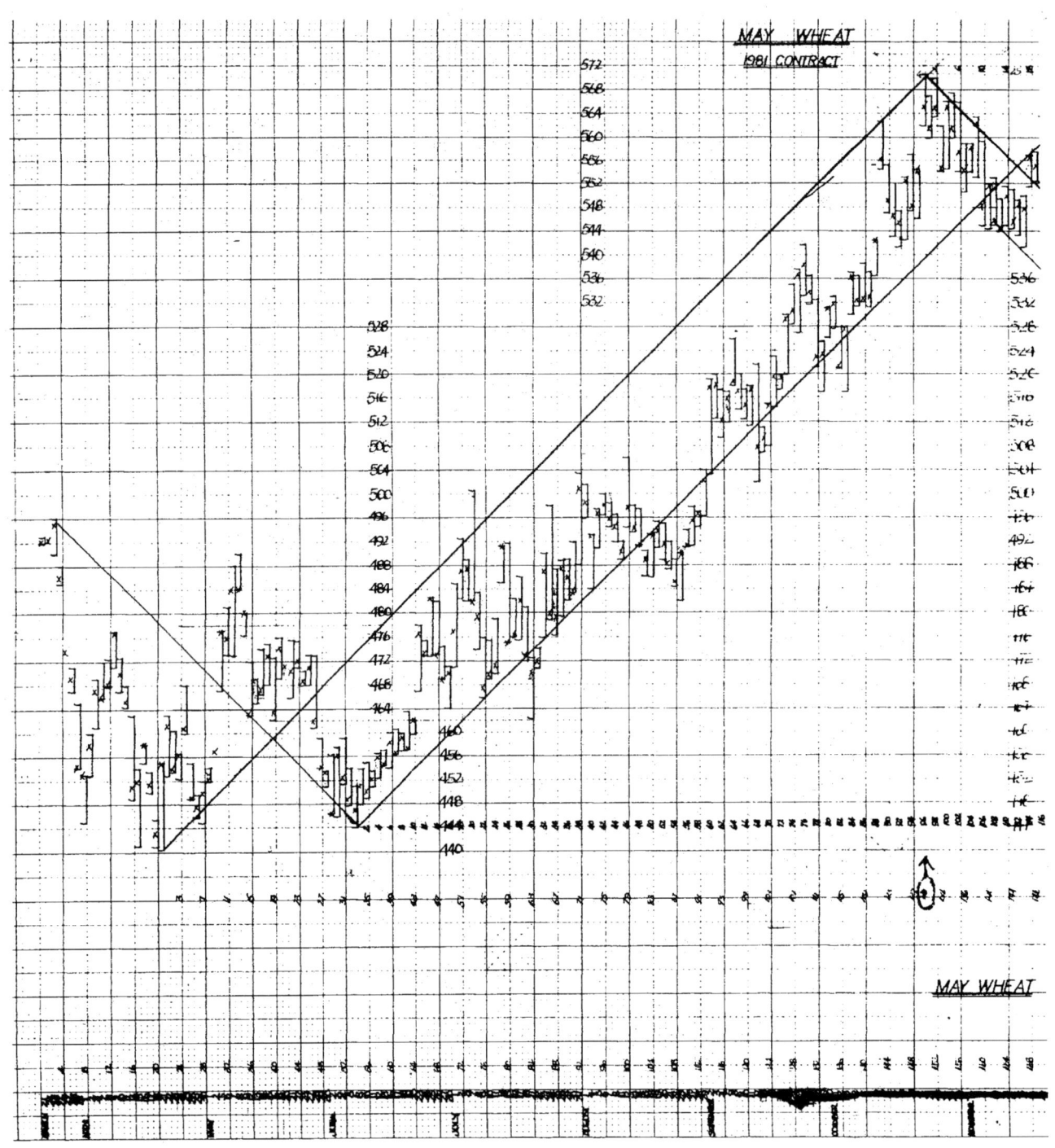

图 4-8　小麦 5 月合约，时间为 1981 年 3 月到 11 月

第四章 鲜为人知的江恩用过的技术手段

从这波行情启动之后的一些点来看，我们可以肯定这的确是一波牛市行情，人们想知道的是，这波行情究竟能走多高，而这恰恰是江恩的奇数平方图可以帮到你的地方。

在图4-9中，我从奇数平方图的中心开始填上了数字。在"1"这个中心位置，我填上的是440和441，它们代表了小麦5月合约在1980年4月21日的低点。接下来，我就格子里按照其原有的顺序依次填上数字，直至在130这个数的格子里填上570为止。

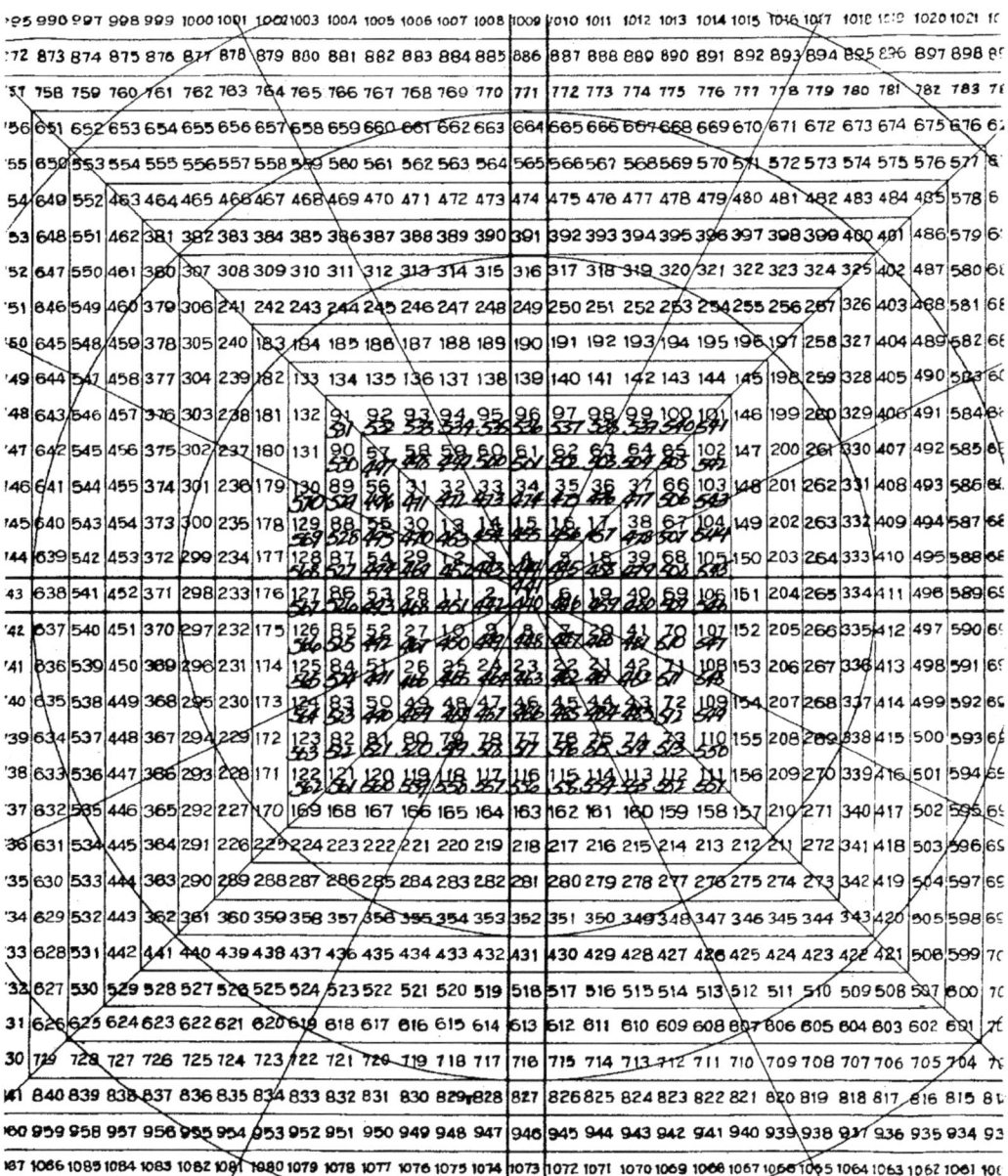

图4-9 奇数平方图

在这个例子中，从中心的 1 到外围的 130，指的是见底之后的第 1 个交易日到第 130 个交易日。

而我填上的从 440、441 到 570，指的是价格，单位是美分（440 指的就是 440 美分）。

现在你注意看一下图 4-10，该图就是在计算价格与时间的比值。

	PRICE		TIME			PRICE		TIME			PRICE		TIME			PRICE		TIME			
1	441	÷	1	=	441	480	÷	40	=	12	519	÷	79	=	6.56	558	÷	118	=	4.72	1
2	442		2		221	481		41		11.73	520		80		6.5	559		119		4.69	2
3	443		3		147.66	482		42		11.47	521		81		6.43	560		120		4.66	3
4	444		4		111	483		43		11.23	522		82		6.36	561		121		4.63	4
5	445		5		89	484		44		11	523		83		6.30	562		122		4.60	5
6	446		6		74.33	485		45		10.77	524		84		6.23	563		123		4.57	6
7	447		7		63.85	486		46		10.56	525		85		6.17	564		124		4.54	7
8	448		8		56	487		47		10.36	526		86		6.11	565		125		4.52	8
9	449		9		49.88	488		48		10.16	527		87		6.05	566		126		4.49	9
10	450		10		45	489		49		9.97	528		88		6.0	567		127		4.46	10
11	451		11		41	490		50		9.8	529		89		5.94	568		128		4.43	11
12	452		12		37.66	491		51		9.62	530		90		5.88	569		129		4.41	12
13	453		13		34.84	492		52		9.46	531		91		5.83	570		130		4.38	13
14	454		14		32.42	493		53		9.30	532		92		5.78						14
15	455		15		30.33	494		54		9.14	533		93		5.73						15
16	456		16		28.5	495		55		9.0	534		94		5.68						16
17	457		17		26.88	496		56		8.85	535		95		5.63						17
18	458		18		25.44	497		57		8.71	536		96		5.58						18
19	459		19		24.15	498		58		8.58	537		97		5.53						19
20	460		20		23	499		59		8.45	538		98		5.48						20
21	461		21		21.95	500		60		8.33	539		99		5.44						21
22	462		22		21	501		61		8.21	540		100		5.4						22
23	463		23		20.13	502		62		8.09	541		101		5.35						23
24	464		24		19.33	503		63		7.98	542		102		5.31						24
25	465		25		18.6	504		64		7.87	543		103		5.27						25
26	466		26		17.92	505		65		7.76	544		104		5.23						26
27	467		27		17.29	506		66		7.66	545		105		5.19						27
28	468		28		16.71	507		67		7.56	546		106		5.15						28
29	469		29		16.17	508		68		7.47	547		107		5.11						29
30	470		30		15.66	509		69		7.37	548		108		5.07						30
31	471		31		15.19	510		70		7.28	549		109		5.03						31
32	472		32		14.75	511		71		7.19	550		110		5.0						32
33	473		33		14.33	512		72		7.11	551		111		4.96						33
34	474		34		13.94	513		73		7.02	552		112		4.92						34
35	475		35		13.57	514		74		6.94	553		113		4.89						35
36	476		36		13.22	515		75		6.86	554		114		4.85						36
37	477		37		12.89	516		76		6.78	555		115		4.82						37
38	478		38		12.57	517		77		6.71	556		116		4.79						38
39	479		39		12.28	518		78		6.64	557		117		4.76						39

图 4-10　价格与时间之比

首先我们填入的价格是 441 美分，与之对应的时间是 1，也就是指见底后的第 1 个交易日，那么这个价格与时间的比值是 441，每一组价格和时间的对应关系都是与图 4-9 一致的。

在这个图表的结尾处，你会注意到，它的倒数第二个价格是 569 美分，时间是 129，它的价格与时间之比是 4.41。

而最后一个价格是 570 美分，时间是 130，它的价格与时间之比是 4.38。

让我们回去看图 4-8，它就是在见到 4.41 美元之后的第 130 个交易日见顶的，而见顶的价格为 570 美分（实际上，在第 130 个交易日，它的价格已经开始掉头向下了）。

这样把价格与时间的比值，与之前的低点价格相对照，你会得到见顶的价格。有时，它在日期上不会像这个例子那样精确，但是你所得到的日期，总会在见到第一个顶部的日期附近。

我在用这个技术手段时，也遇到过一些问题，那就是它不适用于双重顶或三重顶的情况，我发现，它通常只适用于行情在见底之后，见到的第一个顶部。

● 江恩研究

（选自 1983 年 3 月刊）

江恩在研究市场行情时，有了一些新发现，这些发现能帮助他判断出一波行情可以持续多长时间。

比方说，他发现，在一波行情中，它的基底部分（BASE）的时间和价差，决定了这波行情以后的高度。

也就是说，在牛市行情中，期货或股票价格基底部分的宽度和高度决定了这波行情接下来能走多远，走多高。

有一些底部是比较清晰的，比如通过缺口与其他部分的行情分得很开，或者是一段非常明显的底部蓄势行情。

江恩说过，将基底部分的价差乘以 7，就可以判定出这波行情以后会走到什么样的高度。

这里有一张 5 月小麦的日线图，它的基底部分都由虚线给画了出来。你可以看到，它的基底部分刚好是 17 天，价差是 18 美分。这样的宽度和高度分别乘以 7 的话，我们就得到了 119 天和 126 美分。那么从底部日期算起，加上 119 天，就得到了接近见到这波行情最后一个顶部的日期，而把底部价格 444 美分，加上 126 美分，就得到了 570 美分，这也是对最后一个顶部价位的预测。

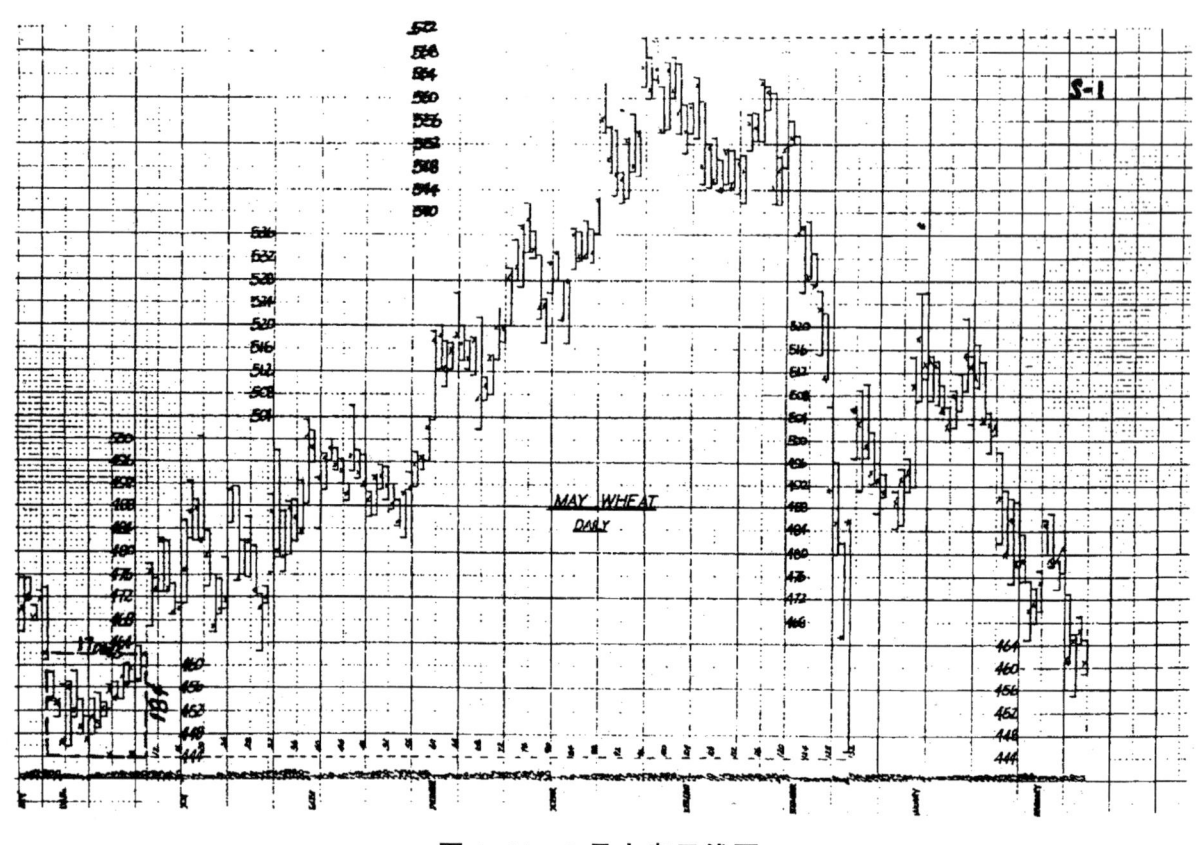

图 4-11　5 月小麦日线图

在基底部分比较清晰的情况下，对未来顶部预测就会比较准确，而在其他时候，预测与最终的结果会不像这个例子中这样接近。

当然，如果你所见到的基底部分也像这个例子中这么清晰的话，那么你的预测就会相当准确。

在下面这张 5 月大豆的周线图中，它的基底部分不是那么明显，而且合约的变化也会给预测带来一些麻烦，如果基底部分可以清楚地数出来是 5 周的话，那么就预示这波上涨行情将会持续 35 周（在 5 月大豆的日线图中，可以清晰地辨别出，基底部分有 26 天，那么就可以预测出，接下来的这波上涨行情会持续 182 天，而这与上面预估的 35 周是比较接近的）。

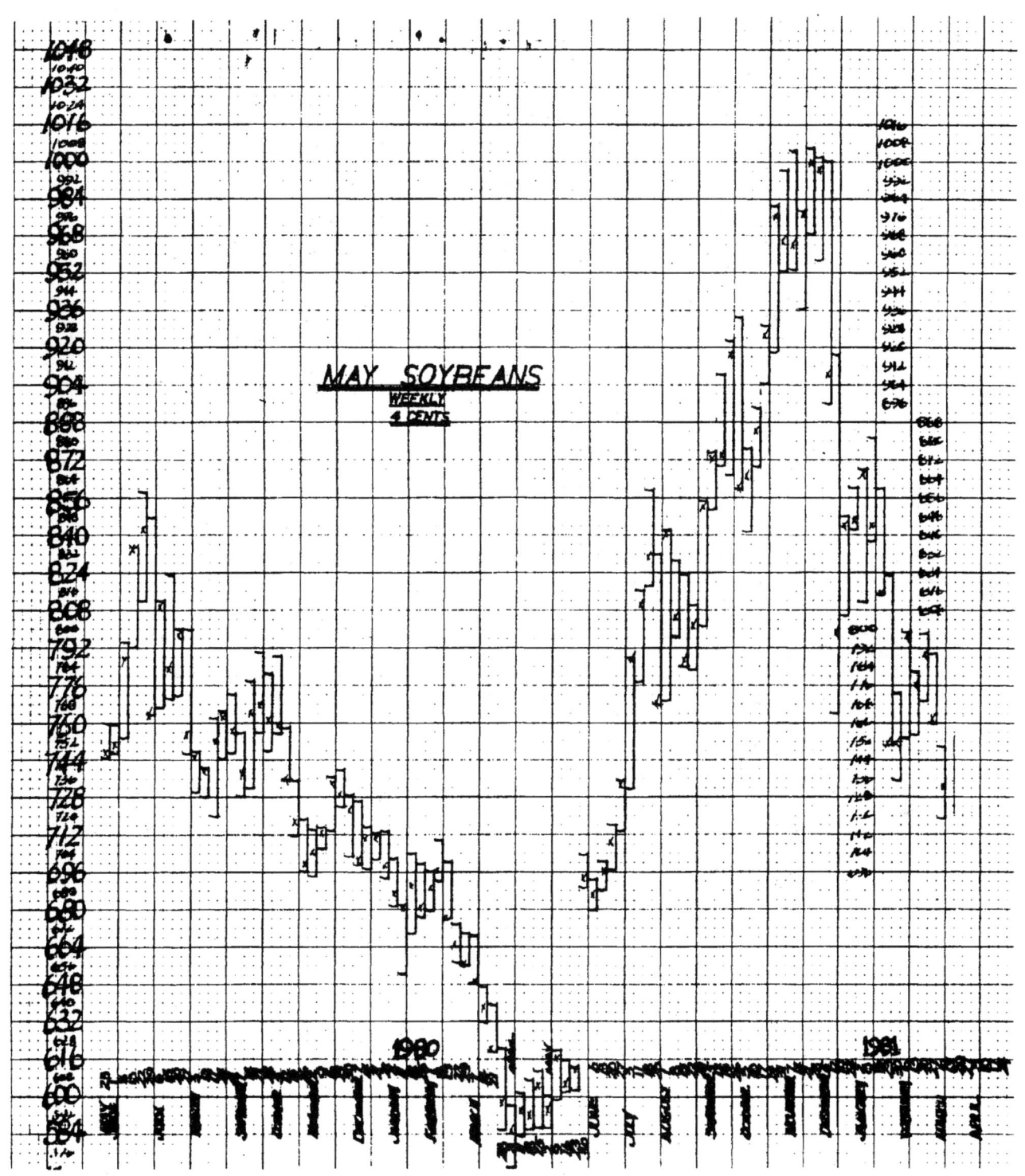

图 4-12 5 月大豆周线图，每个小方格的价格单位为 4 美分

江恩在他的教程和著作中，一直都有提到这个 7 倍法则。这样的数字是不应该被忽视的，它其实比我们所认为的要更有价值。

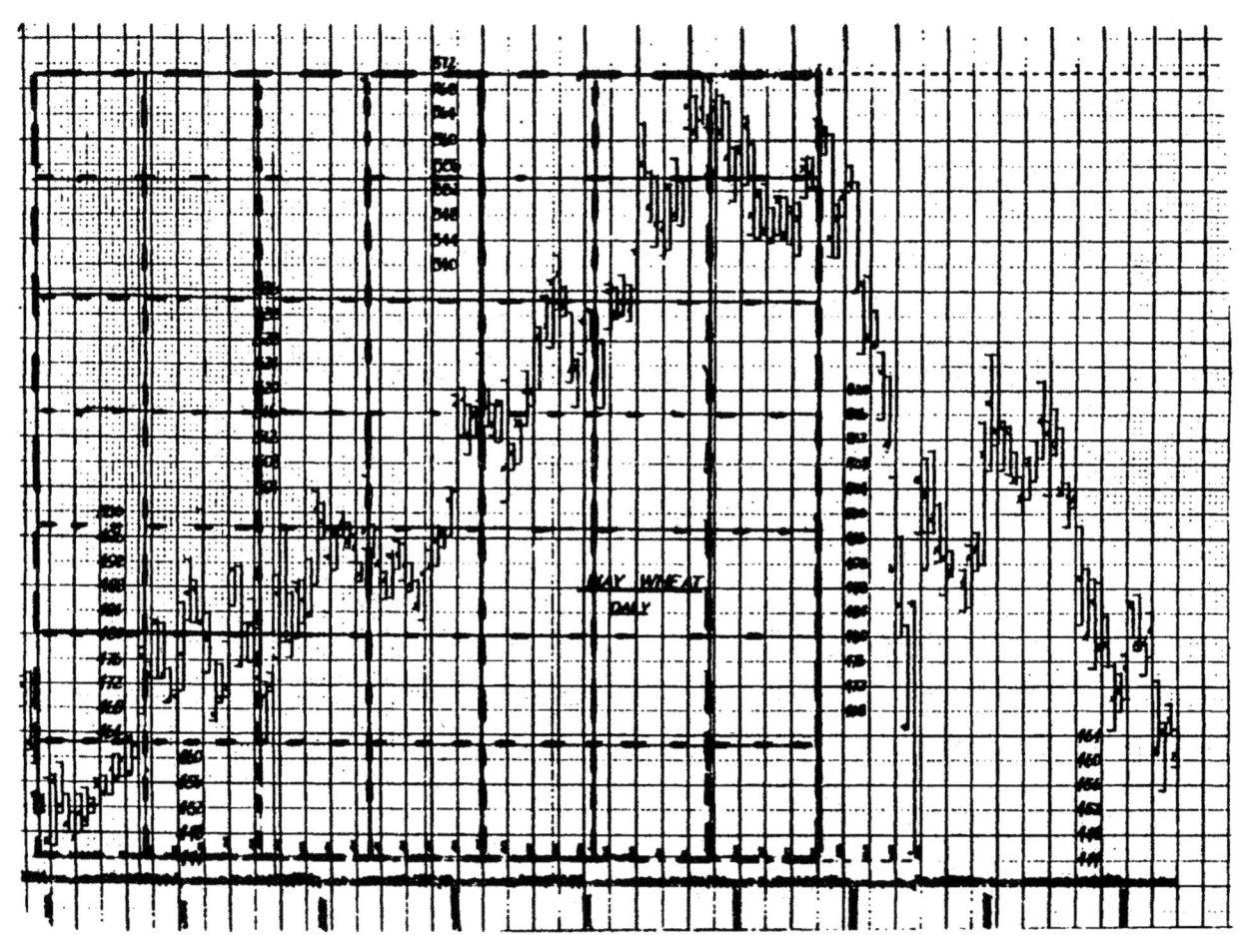

图 4-13 7 倍法则演示图

还有，江恩的一些表述是比较隐晦的，我们只要仔细去研读它，就一定可以揭开其中的奥妙。

江恩的另一个发现就是昼夜等分点，它对预测行情的变盘也是非常有帮助的。当太阳在 3 月 21 日、6 月 21 日、9 月 22 日和 12 月 21 日穿越赤道的时候，要看行情在这些昼夜等分点是否会发生趋势的改变。

实际上，当太阳在 3 月 21 日处于赤道上方的时候，与之相关的是，这一天也是春天的开始。6 月 21 日，太阳达到了在北半球的最高点，开始向南移。9 月 22 日标志着太阳穿过赤道，移到南半球去了。12 月 21 日是太阳与赤道距离最远的日子，我们的冬天开始了。

在一年之中，行情在 3 月 21 日附近这个时间段，应该是比其他任何时间见底的次数都要多，而 9 月 22 日附近就是一年之中，行情见顶次数最多的时候。

所以，我们可以这样说，3 月 21 日、6 月 21 日、9 月 22 日和 12 月 21 日都是趋势有可能发生重大变化的时点，而那些级别小一些的趋势变化，会发生在其他月份的 21 日附近。

黄金和白银是在 1982 年 6 月 21 日见底的，而见顶的日期是在 2 月 22 日。

在小麦和大豆的上一波牛市行情中，它们见底的时间是在 4 月 21 日，而见顶的日期是在 11 月 21 日。

当你在翻看你手头那些走势图的历史行情时，要关注这些月份中 21 日的行情，看一下市场行情在 21 日都有什么表现。你会确认，行情在这些日子里，或者是发生了趋势的变化，或者是出现了缺口，而这个缺口就标志着上涨或下跌行情即将加速展开。

在江恩看来，他还发现了一样重要的东西，那就是我们之前说过的，时间与价格区间会达成正方。江恩说过，目前行情中的每一个顶部或底部都是出自于之前的某一个底部或顶部与时间走出的正方。

事实上，再也没有其他任何的方法，可以像这个方法那样明确地预判出变盘会发生在未来某个具体的时间。

在下面这张 10 月棉花的日线图中，我们看到了一个从 3580 上涨到 3880 的价格区间，这个区间用上下两条水平的虚线给框出来了，在出现新高或者新低之前，这个价格区间都是有效的。

我们在图中的底部和顶部分别画出向上和向下的 45 度角的趋势线，这些趋势线可以说是连接了这个区间内的高点和低点，它们可以帮我们预测出将来的趋势拐点。

只要我们坚持不懈地练习使用江恩的这些技术手段，交易就会变得更容易操控。

有一件事是肯定的，江恩已经开发出了足够多的技术手段，而我们要做的就是选择其中最适合我们的那些方法，制定自己的交易法则，我们都能成为更棒的交易者。

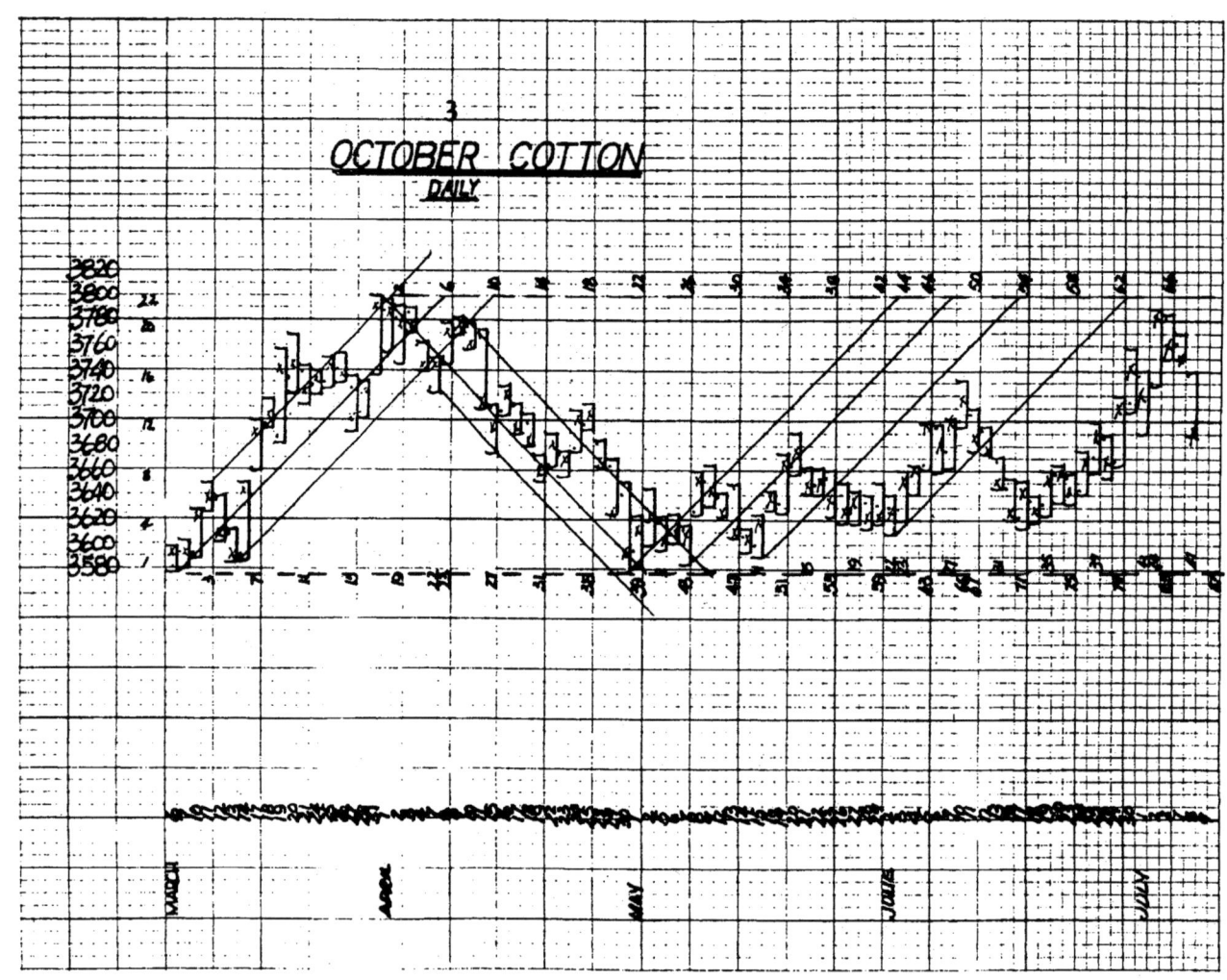

图 4-14　10 月棉花日线图

第五章　如何综合运用江恩技术手段来进行交易

5.1 从下面的这两篇文章可以看出，在比利的眼中，他肯定是更偏好长线交易。当然，对于日内交易，他也给出了相应的交易方案。在这一章里，你不但可以把江恩原图看个够，还可以了解到江恩主测仪的来龙去脉。另外，比利还与他人合作，一起开发出了江恩交易者软件，这个软件可以说是计算机时代的交易利器。

● **找到一个切实可行的交易方案**

（选自1982年7月刊）

从事期货和股票的交易，就像你决定要从事的任何其他行业一样，想要成为交易中的赢家，你就必须要有一个很好的交易方案，而且，至关重要的是，你要能够落实好这个方案。

我们所有的人都知道这一点，但在执行时，又总是要偏离这些方案中的交易法则，而这就注定了我们可能会落得亏损收场。

我们都很爱满世界去找完美的交易系统，但在找到了一个行之有效的方案后，却又不能遵守其中的法则，要知道，就是因为有了这些法则，交易方案才会有作用。而当人们不遵循法则来操作，亏了钱以后，却反过来说是这个交易方案或交易系统出了问题。

人性就是这样，总是让人做出一些匪夷所思的事情来。它的表现之一就是：我们总能看到别人的缺点和错误，但是同样的事情发生在我们自己身上时，就视而不见了。

对于我们来说，找出交易系统或指标中的错处，比起承认错误是因为我们自己的原因而造成的往往要容易得多。

经验都是从我们这些大大小小的错误中汲取的，如果你习惯于一转脸就把你犯的错误给忘了，就会一次又一次地重复同样的错误。

就从现在开始，把你的期货和股票交易当成是一个迈向成功的事业，坚持对你的交易情况进行记录。对于你在市场中的每个交易行为，都要有一个理由。当你在交易中犯错时，要承认它，并去改正它，还要坚持记录下每次错误操作，认识到它们错在哪里，你就不会再犯同样的错误了。

我知道，关于这个话题，你们中的大多数以前都听过，并且认为这个话题其实并没有什么实际的意义。像大多数人一样，你们宁愿听一些更让人兴奋的东西，比如对市场顶部和底部的判断方法，不用说，我自然也是宁愿去写一些从技术层面去分析市场的文章。

运用江恩的市场分析方法，当你的系统给出了信号的时候，就可以入市交易了。在交易时要设好止损单，并且一直拿住你的仓位，直到你有很好的理由离场为止。实际上，你在交易中赚了一点钱，并不意味着你就要因此而离场了。

你有过多少次这样的经历，在离场之后，一转身，就又要马上回来交易？

要记住，牛市中的回调就像熊市中的反弹一样，都是很平常的。

长时间地坚守住你手中的筹码，并且不断加仓，应该是对所有人来说，都是最难做到的事情之一，因为人的本性会不停地告诉你，不管盈利有少，都赶紧落袋为安。

对长线交易游刃有余，并可以适时加仓，而不担心其间会出现回调的交易者，可谓是凤毛麟角。

你有过多少次这样的经历，在看之前的牛市行情的走势图时，总是想如果当时能在其中交易一把，增加你的仓位，在接近顶部的时候卖出，那该有多轻松呀！交易其实是再容易不过的了。

你有过多少次这样的经历，当你没有真正去进行交易，只是绘制日线图和周线图，但是你做出的买入或卖出的交易决策，与你实际交易时所做的决策是一模一样的？

第五章　如何综合运用江恩技术手段来进行交易

你又一次发现，在交易中做出正确的判断有多容易，在交易中赚钱有多容易。

那么接下来，当你把钱放入你的账户，并入场交易的时候，难道就是为了犯那些你认为自己从来也不可能犯的错误？

如果在你的交易中，总是存在着一些问题，那你可能就需要用另外一种不同的交易方法来进行交易。

你在入场交易时，脑子里一定要有一个交易方案，要离你交易的股票或期货的报价机远一些，或者说，至少不要跟市场行情贴得太近。

事先就要定好如何交易，包括止损单的价位，把行情收录机、报价机和经纪人都放在一边。如果你的判断出错了，你的止损单就会成交，让你顺利出局。如果你当初对交易的分析和判断是对的，你的盈利会照顾好它们自己的，你下的那些单子会处理好所有的事情。

你要记住一件事，如果你对市场进行的长线分析，你的判断通常会是对的。正是那些短线行情中的波动，让你过早地从一笔好买卖中离场。

如果你在那里盯着短线行情的话，你也就不会早早地跑掉。当你看到长线交易的收成之后，也就永远不会去做短线交易了。到最后，你在一年中的交易次数会越来越少，而你的盈利会越来越多。

正如我以前所说的那样，我们无论如何都要经历牛市和熊市行情，不管现在情况看上去有多困难，该来的总是会来的。

当它们真的来了，你要像江恩一样，已经做好了应对它们的充分准备。那些在过去那么多年都行之有效的分析方法，在将来的交易中，还会依然很管用。制定好你的交易方案，根据具体情况做些修正，然后就做好准备，迎接胜利吧！

这一期杂志中的江恩原图，不用我再去做过多的解释，江恩要说的，都在图上标注得很清楚了。它是一张趋势线指标图，江恩对于如何交易，都一一做了标注。这张图其实很长，我们只印了其中的一小部分。在江恩的所有原图中，它应该可以算是比较有意思的一张。

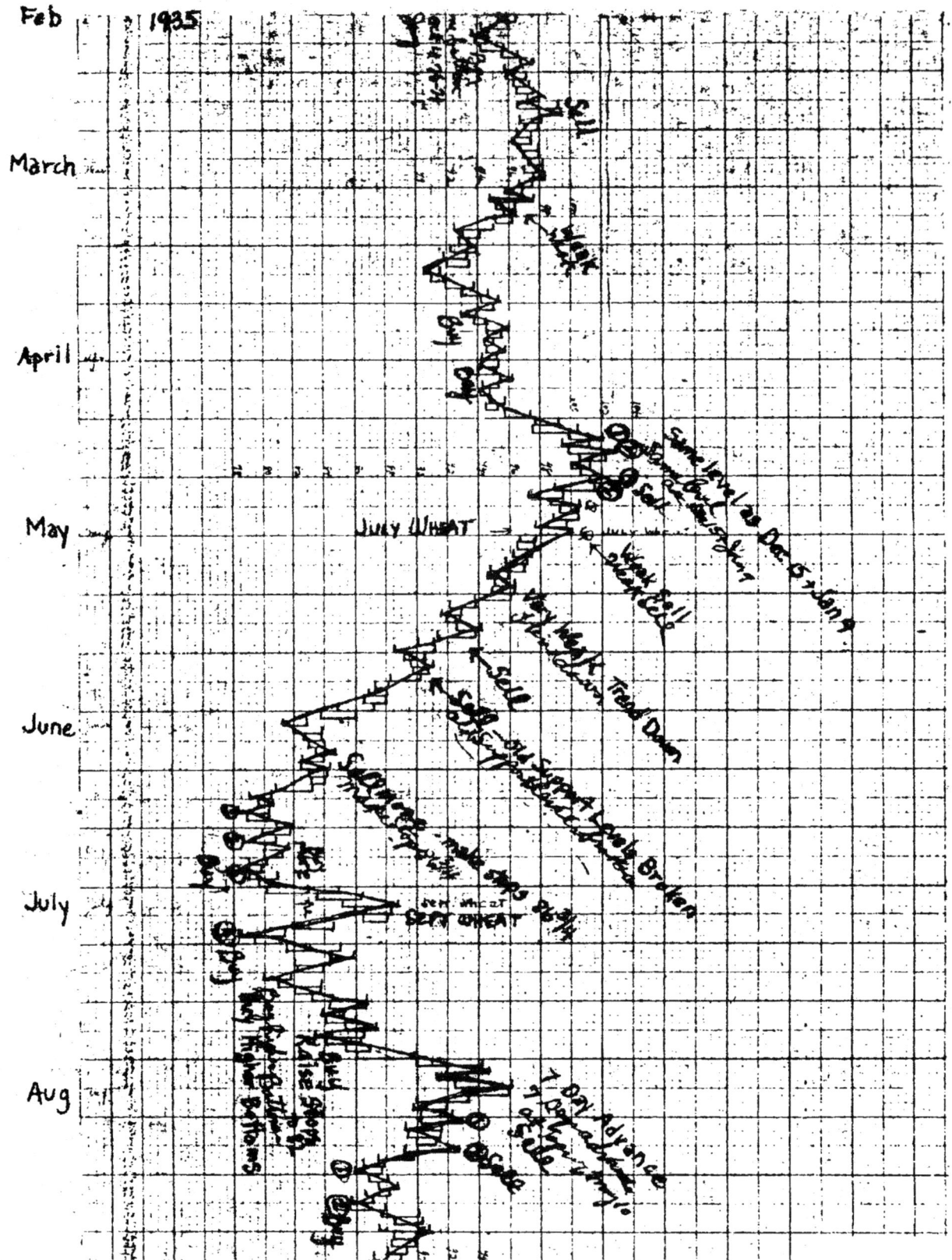

图 5-1-1 江恩交易原图

第五章 如何综合运用江恩技术手段来进行交易

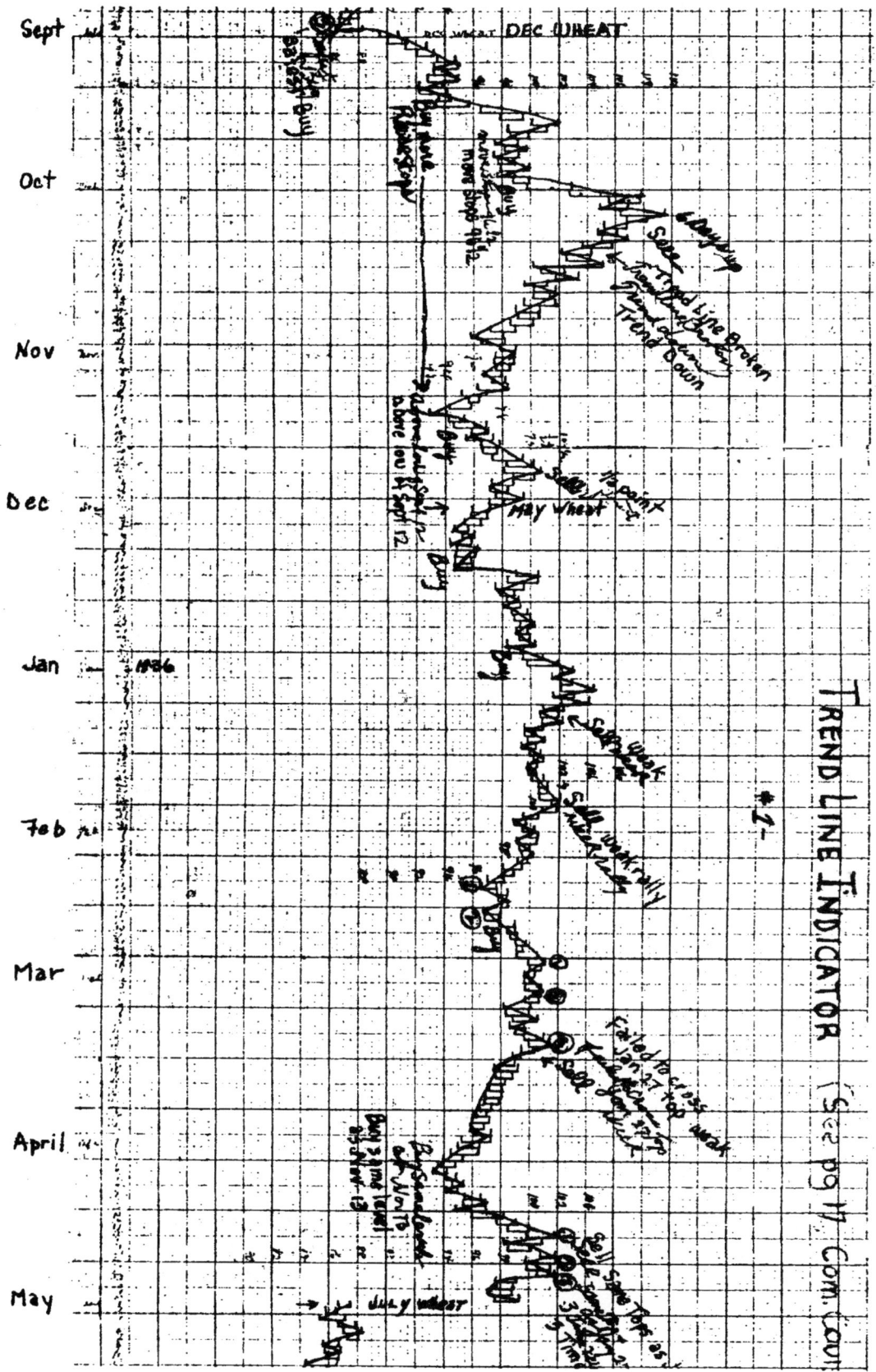

图 5-1-2 江恩交易原图

1935年2月（Feb），Sell：卖出。

1935年3月（March），Weak Week：走势弱的一周；Buy：买入。

1935年4月（April），Buy：买入；Same level as Dec. 15+ Jan. 19：与去年12月15日和今年1月19日相同的价位；JULY WHEAT：7月小麦合约；Sell：卖出；Weak Week：走势弱的一周；Sell：卖出。

1935年5月（May），Very Weak：走势非常弱的一周；Trend Down：趋势向下；Sell：卖出 Sell—Old Support Levels Broken：当跌破了之前的支撑位时，卖出。

1935年6月（June），Sell more — make stop 86¾：加仓卖出，止损单设在86¾美分；Buy：买入。

1935年7月（July），SEPT WHEAT：9月小麦合约；Buy：买入；Buye Higher Bottoms Buy Raise Stop to 82：当底部不断抬高时，买入，将止损单设在82美分。

1935年8月（Aug），7-Day Advance at Top on May 10：价格上涨了7天，达到了5月10日的顶部价位；Sell：卖出；Buy：买入；Safest Buy：最安全的买入点位。

1935年9月（Sept）DEC WHEAT：12月小麦合约；Buy more：加仓买入；Raise stops：抬高止损单的点位；Buy Move stops 96½：买入，止损单的点位调到96½美分。

1935年10月（Oct），6 days up：上涨了6天；Sell：卖出；Trend Line Broken：跌破趋势线；Trend Down：趋势向下。

1935年11月（Nov），above low of Sept 12：高于9月12日的低点。

1935年12月（Dec），Buy：买入。

1936年1月（Jan），Weak Week：走势弱的一周；Sell：卖出，Rally：反弹。

1936年2月（Feb），Buy：买入。

1936年3月（March），Faied to cross Jan. 27 top：没能突破1月27日的高点；weak：走弱；sell：卖出。

1936年4月（April），Same level as Nov 13：与去年11月13日相同的价位；Buy：买入。

1936年5月（May），Same top as Jan. 3：与1月3日高点的价位相同；Sell：卖出。

● 交易方案与趋势变化的指标：一般性反转与关键性反转

(选自1985年7月刊)

对于一个成功的交易者来说，没有比持之以恒地执行一个好的交易方案更重要的事情了。好的交易方案在制定时，要考虑到你的个性，要包括一些最基本的内容，如什么时候交易，什么点位入场，什么点位止损出局和什么点位获利离场等。

第五章　如何综合运用江恩技术手段来进行交易

如果你的交易方案是这样制定出来的，并且能够坚持去执行它，那么可以说它就把一些情绪方面的因素排除了，而这对于交易成功来说，是至关重要的。

相对来说，预测市场的波动还算是最容易的事情，而执行交易方案本身是最难的，它要求你像一台机器那样运作，在交易过程中不带一点个人的情绪。

你要尝试不在市场交易时间去做交易决策，按照之前市场的运行情况，在安静的非交易时间做出交易决策，为你定下入场点。

一旦你做出了决策，在实践中就要努力坚持做好你的资金管理，控制好你的风险。只有在盈利以后，才会加仓，并设好止损单。

最重要的一步是学习什么时候交易，什么时候不交易。有很多时候，当你在旁边站着看的时候，正是你手中的仓位赚钱最多的时候。

预测对了市场行情的顶部和底部是一回事，如何有效把握入场和离场时机就是另外一回事了。这里有一些简单的法则，会帮助你选择入场和离场的时点。

在短期和中期的趋势发生变化时，最有用的指标之一就是看它是一般性反转，还是关键性反转。这个简单的指标是我知道的最有效，也是最实用的指标之一。

对于任何一波行情，不论它是上涨还是下跌，要关注它是否可以持续上涨或下跌三天，或者更多天。在这个例子里，我们看到的这波行情是下跌的，它有三天或更多天，都走出了低点和高点不断下移的走势，那么在接下来的一天，如果开盘后，它又走出了新低，但是接下来，行情出现了反转，收盘比前一天的收盘价要高，这就预示着趋势发生了变化。这就是一个关键性的反转，一般来说，这一天的收盘价收在当天的高点时，后市看多。如果它在这一天没有走出新低，但也出现了收盘比前一天收盘价高的情况，我们也把它看成是反转，不过是一般性反转，至少表明当时趋势发生了变化。在周线图上，如果出现这样的关键性反转信号，预示着后面的行情会更牛。

在日线图上，要有三天低点和高点不断下移的走势出现，这是要发生反转的最低的先决条件了，在周线图上，就要求有三周。而如果这样的情况能保持三天（或三周）以上，那接下来的牛市行情就更可观了，也就是说，之前跌的时间越长，接下来的反弹就会越强，反之亦然。

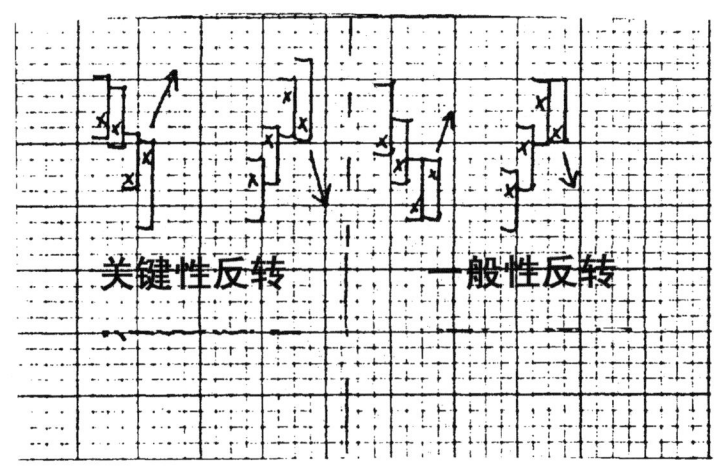

图 5-2 反转示意图

让我们来看下面这张图，它是牛市的走势图。5月6日，在经过了几天的下跌之后，你终于看到了一个关键性反转的信号，接下来，它的反弹持续了两周。

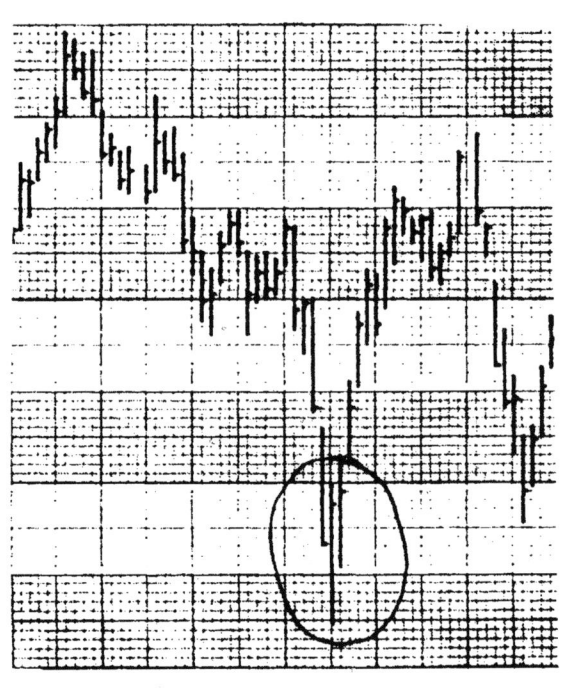

图 5-3 牛的走势图：关键性反转

如果你可以跟着反转信号进行操作，不论它是一般性反转，还是关键性反转，你都是在顺势而为。我提到的这些反转信号，在实战中，行情有90%的机会将出现趋势的变化。

跟着趋势走，是唯一正确的操作方法，不管你认为自己有多机灵，逆势而为都会给你带来灾难性的后果。

只要市场的底部和顶部在不断抬高，行情就处在上升趋势中。

江恩还有一个方法，可以用来判断趋势是否发生变化。那就是在长期熊市行情后，关注出现的第一次反弹，看它的幅度是否超过之前的回调，如果超过了，那么就是一个关键性反转的信号。同样，对于一波长期牛市行情，如果出现的第一次回调，其幅度超过了之前的反弹，那么这也是一个关键性反转的信号。

● **采用江恩理论的短期交易系统**
（选自1986年1月和2月刊）

对于短期交易系统，或者是日内交易系统，都很难持之以恒地去执行它们，这主要是因为你经常会关注全局中的一小部分，而错过了大波段行情。

要想让你的日内交易系统发挥作用，首先就要求找到那个让日内行情出现正方的时段。这就是说，如果你要交易大豆，你首先必须算出一个交易日里有多少分钟。当你知道在一个大豆交易日包含225分钟，接下来，你就要将找到一个可以将225均分的时间段。

我发现，15分钟可以很好地满足这个条件，$15 \times 15 = 225$。这样，在全天中，我将有了整数的时段来达成正方。如果你选了另外一个时间段，到一天结束的时候发现225分钟不能被整除，那就把那个分钟图扔了吧。

那些每天的交易时间为360分钟的交易品种，可以分为18个20分钟，36个10分钟，还有其他可以整除360分钟的时段也是可以的。这一点很重要，比方说，在开始的时候，是15个20分钟的时段，而到了最后一个时段，只剩5分钟了。

在日线图和周线图中，你也完全可以用到在15分钟图中一样的方法，那些趋势线，不断抬高的底部或顶部，或者是不断走低的底部或顶部等指标，都是可以用的。

重要的是，你要计算所交易的期货的每天交易多少分钟，然后将它均分为等长的时段。

还有一件事也很重要，一定要记住，那就是买弱卖强。这应该是交易者最难做到事情之一了，因为它要求你在别人都在卖出的时候买入，而在别人都在买入的时候却要卖出，但是你会发现，如果你能这样做的话，在大多数的时间里，你是与市场站在一起的。

当市场缓慢下行时，那些做多的人会看着他们的钱一点点被蚕食，而经过了这样长时间的煎熬后，人性会让我们把手里的股票都卖光，而过后我们通常会发现，我们是在市场的底部卖出了股票，精明的交易者正是在等待这样的机会来买入股票。

而当市场在缓步上移的时候，我们就会倾向于在市场走强时进行买入，这也是人性使然。一般来说，这能让你赚到几个点，不过，更多时候，我们会在市场接下来出现的技术性的回调时，在恐慌中把股票亏本卖掉了。

对于短期交易来说，你是可以做很多笔的交易，也能比其他交易方式更多地感觉到市场的变动，但是我宁愿去看比较长期的走势，做个长线的持仓者。

此外，你还要记住：在上升的行情中，关注那些不断抬高的底部和顶部，在下跌的行情中，关注那些不断下移的底部和顶部。你很快就能从行情波动中找到感觉，总能捕捉到行情中的机会。你还不得不记住的是，当大多数人在卖出时，你要进行买进的操作，反过来，也是这样。

最重要的是，要牢记价格和时间达成正方的时点是预测拐点的依据，这也包括时间与价格区间达成的正方。

图5-4就告诉你如何来关注和判定进场或离场的时机。

通常情况下，短期交易者会错失很大的长期波段行情，那才是真能赚到大钱的时候。我知道，没有太多一直从事日内交易的短线客能大赚特赚，当然除了那些以此为职业的场内交易员。

江恩的方法更适合于长期持仓的交易者。当市场处在上升或下降的趋势中，如果你站对了队，持仓者可以从隔夜的波动中获利。日内交易者总是会错过隔夜的波动行情，有时，如果长期来看，趋势都是保持不变的，最好的办法还是一直持股。

江恩的交易地带理论是你判断是否持仓，和什么时候获利了结的好方法。市场通常是这样在彼此平行的通道中来回波动。你只要在给定的点位上买入和卖出即可，当市场上行时，买入和卖出的点位也随之上移。

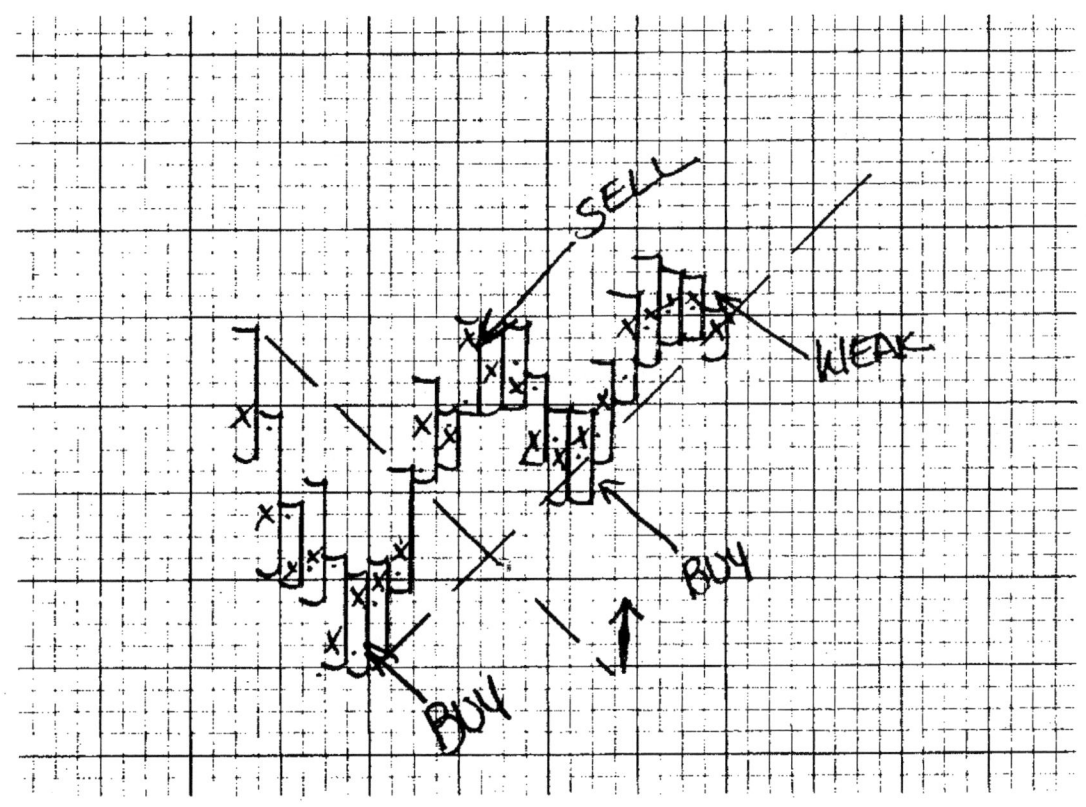

图 5-4 （BUY：买入；SELL：卖出；WEAK：弱市）

这些地带都是由市场中的趋势形成的。你可以自行设置适合你的各个地带，但在这里，主要是让你感知到市场的强弱情况。我发现，当市场向上运行，进入到买入地带时，你就会感到应该进行空头回补，并开始做多了。

对于卖出地带的顶部，要多加注意，看是否出现高点下移，是否会发生反转。同理，对于买入地带的底部也要多加关注。

在图 5-5 上，标出了标普指数的 20 分钟图的买入地带和卖出地带，你可以去体会一下，具体该如何根据这些不同的地带去操作。

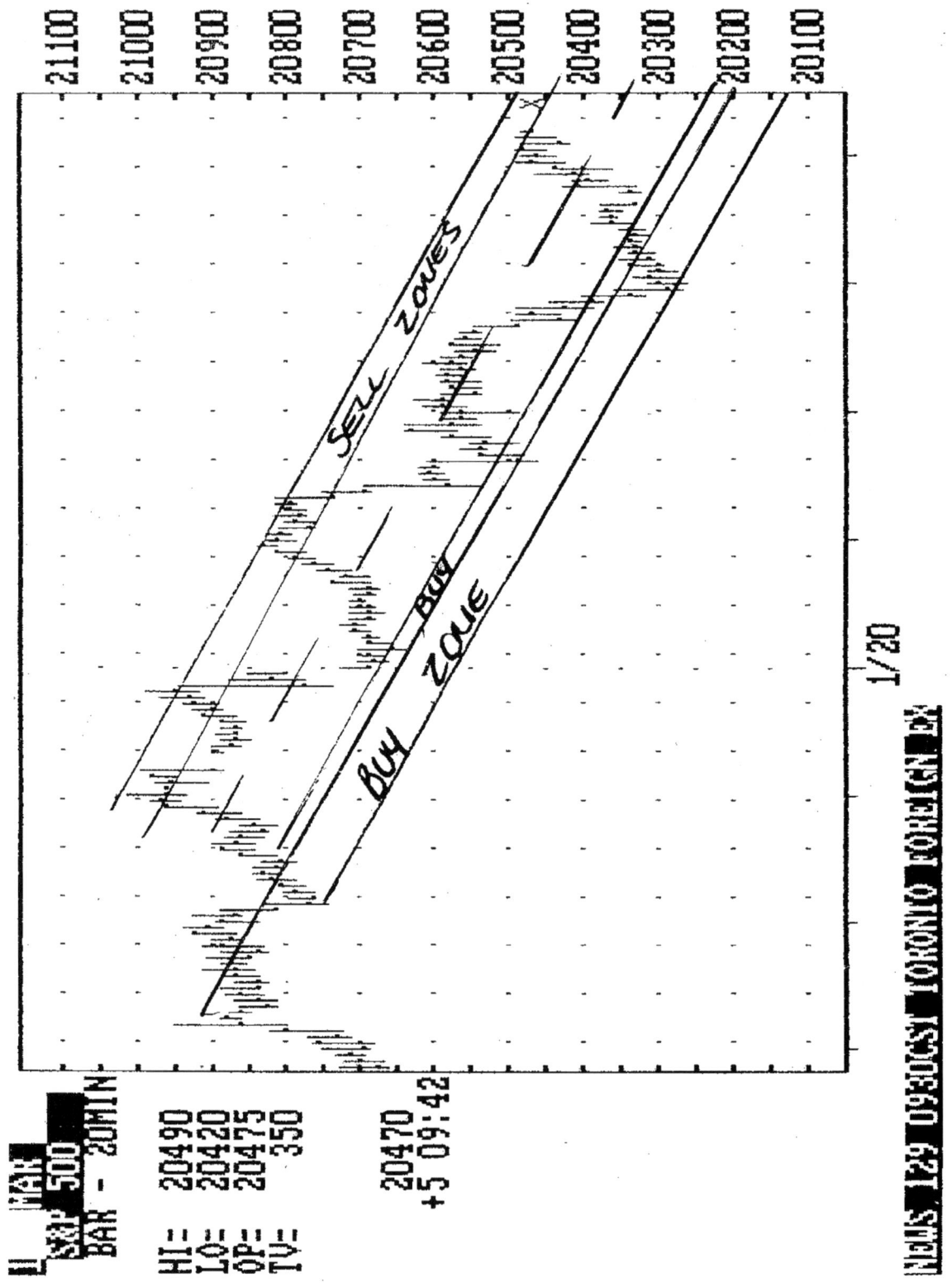

图 5-5 标普指数的 20 分钟图：BUY ZONE：买入地带；SELL ZONE：卖出地带

第五章　如何综合运用江恩技术手段来进行交易

● **预测底部与趋势变盘时点的判别因素一览表**

（选自 1984 年 8 月刊）

1. 从上一个顶部算起到现在，经过了多少天（几周或者几个月）？
2. 从上一个底部算起，到现在，走过了几个时间周期？
3. 现在的价格是处在从顶部发出的趋势线的上方还是下方？
4. 目前的交易价，与见顶后出现第一次急跌的底部发出的趋势线，相对来说处在线的上方还是下方？与见顶后出现第二次急跌的底部发出的趋势线，相对位置又如何？
5. 以上这些趋势线是否可以预测出底部？
6. 在周线图上，价格的底部是否开始不断抬高？
7. 在周线图上，价格的顶部是否开始不断抬高？
8. 在月线图上，这个月的低点是否比上个月的低点高？
9. 目前的交易价是否高于上个月的收盘价？
10. 目前的交易价是否高于上个月的高点？
11. 在月线图上，价格的底部是否开始不断抬高？
12. 时间到了吗？（目前的交易价，是在从顶部发出的趋势线的上方还是下方？对于那些从次级顶部发出的趋势线，是否也有同样的相对位置？）

● **江恩的昼夜等分点绘图法**

（选自 1983 年 7 月刊）

如果你看那些走势图中好多年以前的历史行情，你会发现，市场行情最倾向于在四个昼夜平分日附近形成底部或顶部，这四个日期分别是 3 月 21 日、6 月 21 日、9 月 22 日和 12 月 21 日。

这些日期在江恩的研究资料和笔记中经常可以见到，既然 9 月 22 日离现在也不远了，那么这期杂志来谈论这个话题，看起来还是挺合适的。

江恩曾经说过，在一年当中，9 月 22 日左右形成顶部的机会比任何其他时候都要多，同样，行情在 3 月 21 日形成底部的次数也最多。

按照江恩的说法，每年期货交易的起始时间，其实是 3 月 21 日。在他所有的江恩主图中，3 月 21 日对应的都是 0 度，而 9 月 22 日对应的是 180 度，或者说是 180 天之后，这样看来，在这个时点发生趋势的改变也是顺理成章的。

奇怪的是，每个月的 21 号往往是大多数的期货品种开始交易或是结束交易的日子。比如说，5 月大豆合约是在 3 月 21 日开始交易，在 5 月 21 日结束交易。

这四个昼夜平分日标志着一年的四季，也表明太阳在赤道上来来回回的运行。

在众多季节测算的方法中，这些日期早就成为研究对象，恐怕都可以追溯到 3000 年前了。

江恩开发出了一套独特的绘图方法，在绘图时把昼夜等分点考虑了进去。

用了江恩的这个方法，你就可以指出未来趋势将会在何时发生变化。在日线图上，一般是在之前见顶或见底后的第 45 天、第 90 天、第 135 天和第 180 天，趋势会发生变化。这些数值，也可以用在周线图、月线图和年线图上。

换句话说，如果是在日线图上，你可以预期趋势会在 180 天之后发生变化，如果你看的是月线图，那么就可以预期趋势在 180 个月以后发生变化。

江恩曾说过，如果你绘制期货的走势图，就把 3 月 21 日定为时间上的起始位置，这是非常重要的，因为这样的话，价格与时间上的比例就一致了。比如，3 月 21 日的价格为 1.7，那么就可以标记为 170，与 0～180 或者 180～360 的比例尺相符合。当价格走高的时候，下一个 180 度圆周图就会与上一张图的顶部相配套。这就是说，如果需要的话，可以从 0～180、180～360、360～540、540～720，这样一直接下去。

这个月杂志中刊登出的小麦月线图，运用的就是江恩的这些方法，你可以参考一下。

你要注意的是第 45 个月、第 90 个月、第 135 个月和第 180 个月，它们的位置与正方图的 1/4、1/2、3/4 等分位和整个正方一一对应。

第五章 如何综合运用江恩技术手段来进行交易

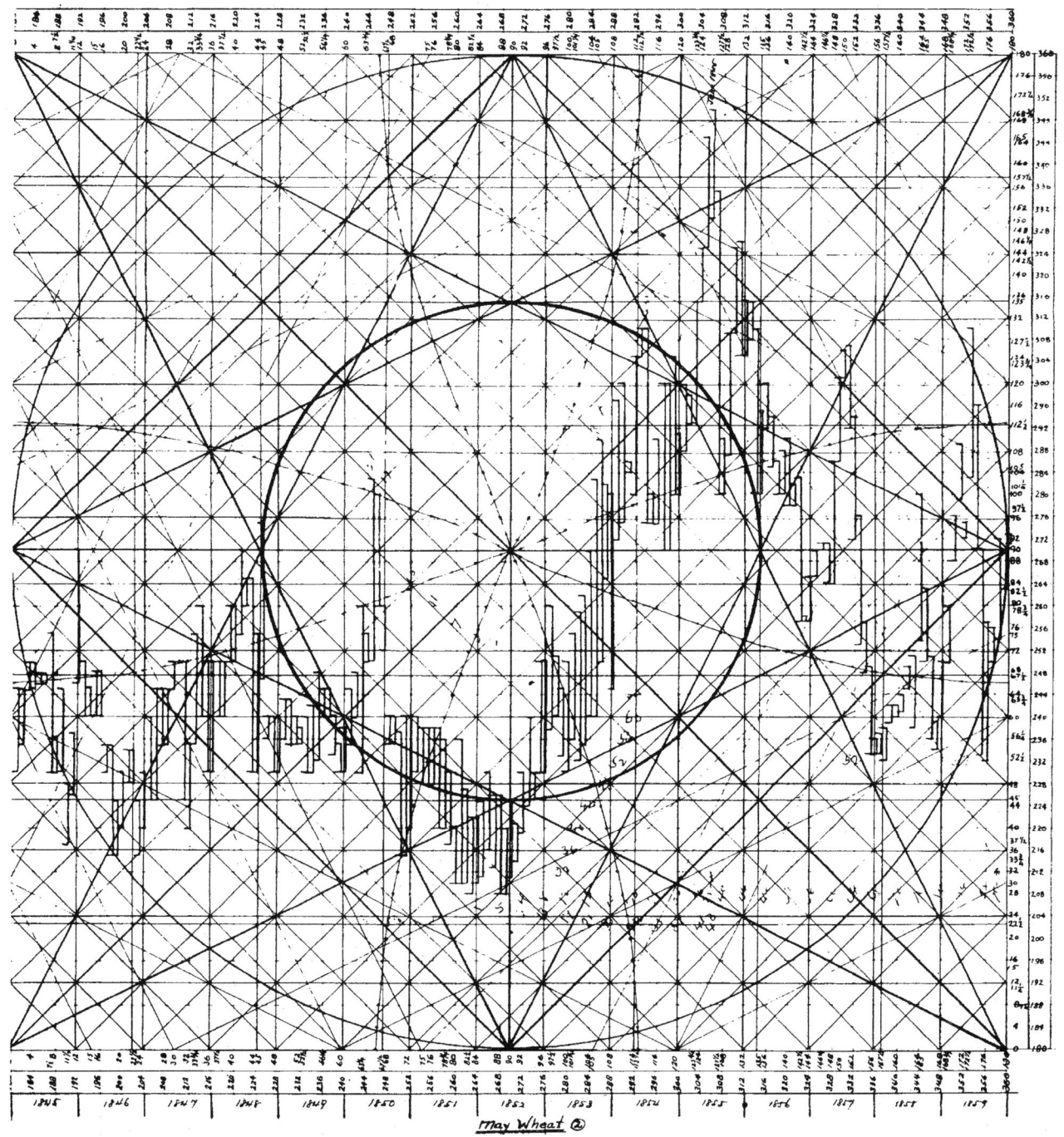

图 5-6 小麦 5 月合约的月线图

● 江恩原图

(选自 1983 年 2 月和 4 月刊)

在这个月的杂志中,我们从巨量的江恩研究资料中选出了几张形态各异的江恩原图,因为我们

江恩技术研究（精华本）

收到了很多读者的来信和电话，他们都要求看到江恩的原始图表。

现在我们把不同样式的江恩原图复印在这里，供你研究之用，以后还会有更多不同类别的江恩原图在杂志中出现。

大多数的图，它们自身就可以告诉你，它们是干什么用的。

如果你还需要哪些方面的图，我可以保证，它们将来都会出现在这个杂志里，我们希望以后会出版一本书，专门来讲讲江恩原图。

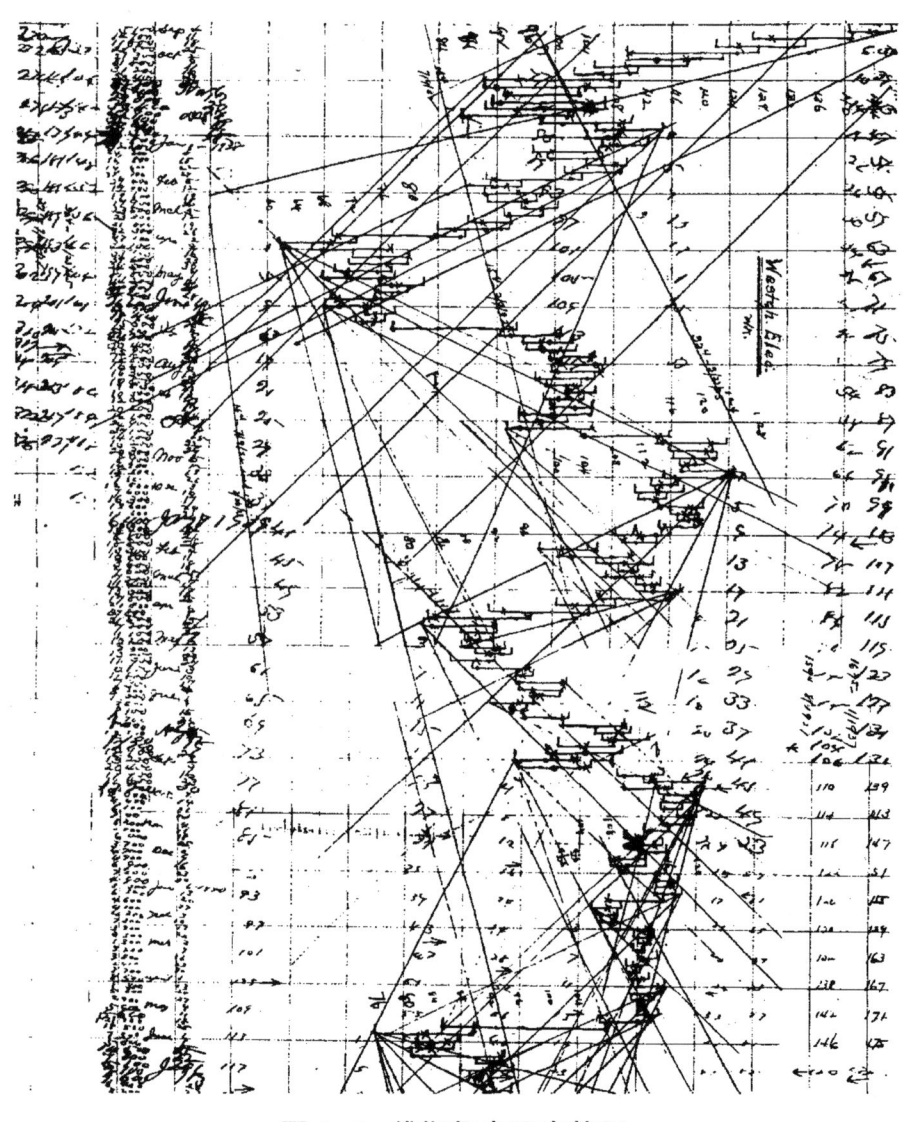

图 5-7 维斯顿电子走势图

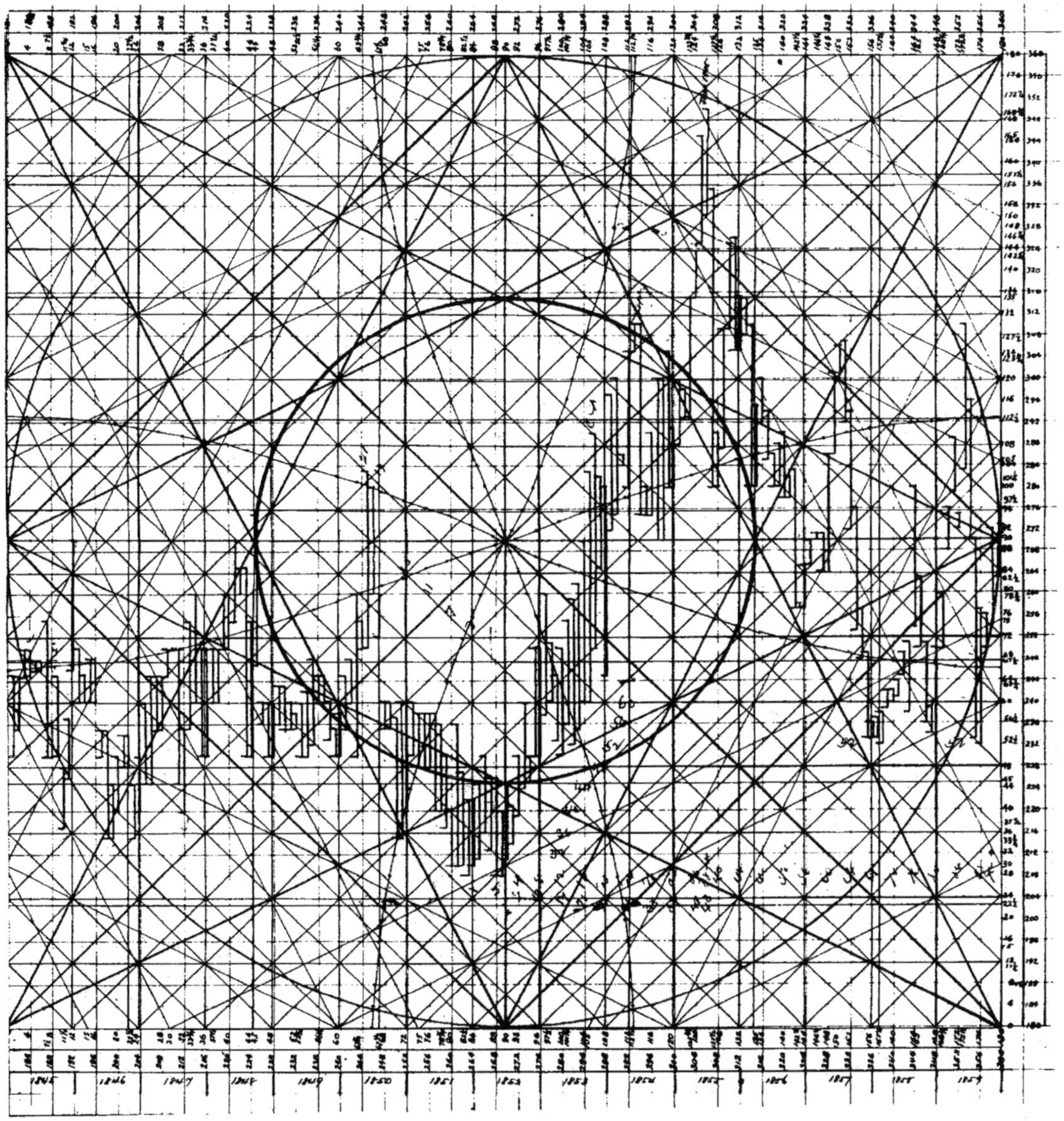

图5-8 5月小麦走势图

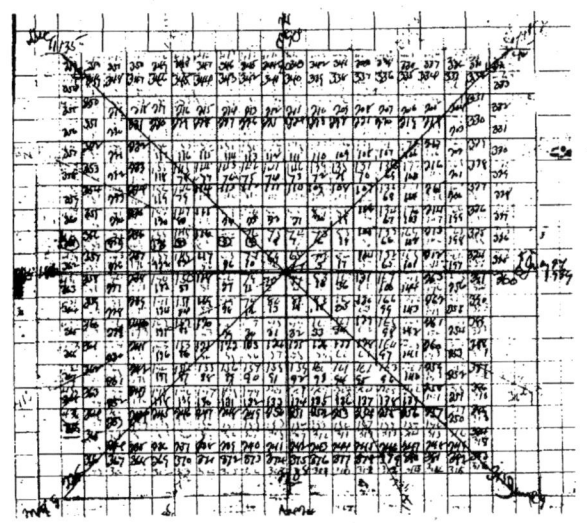

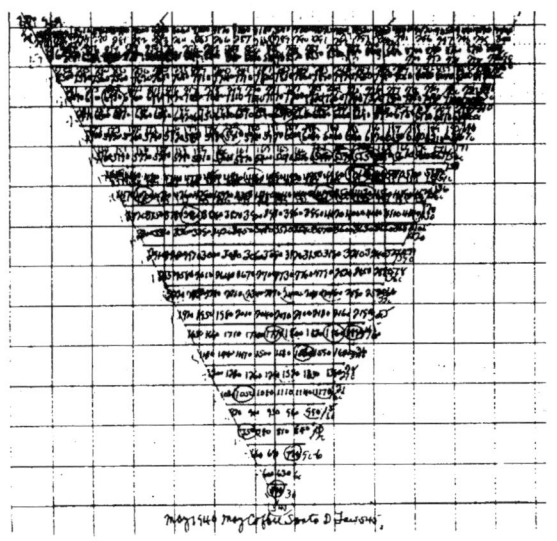

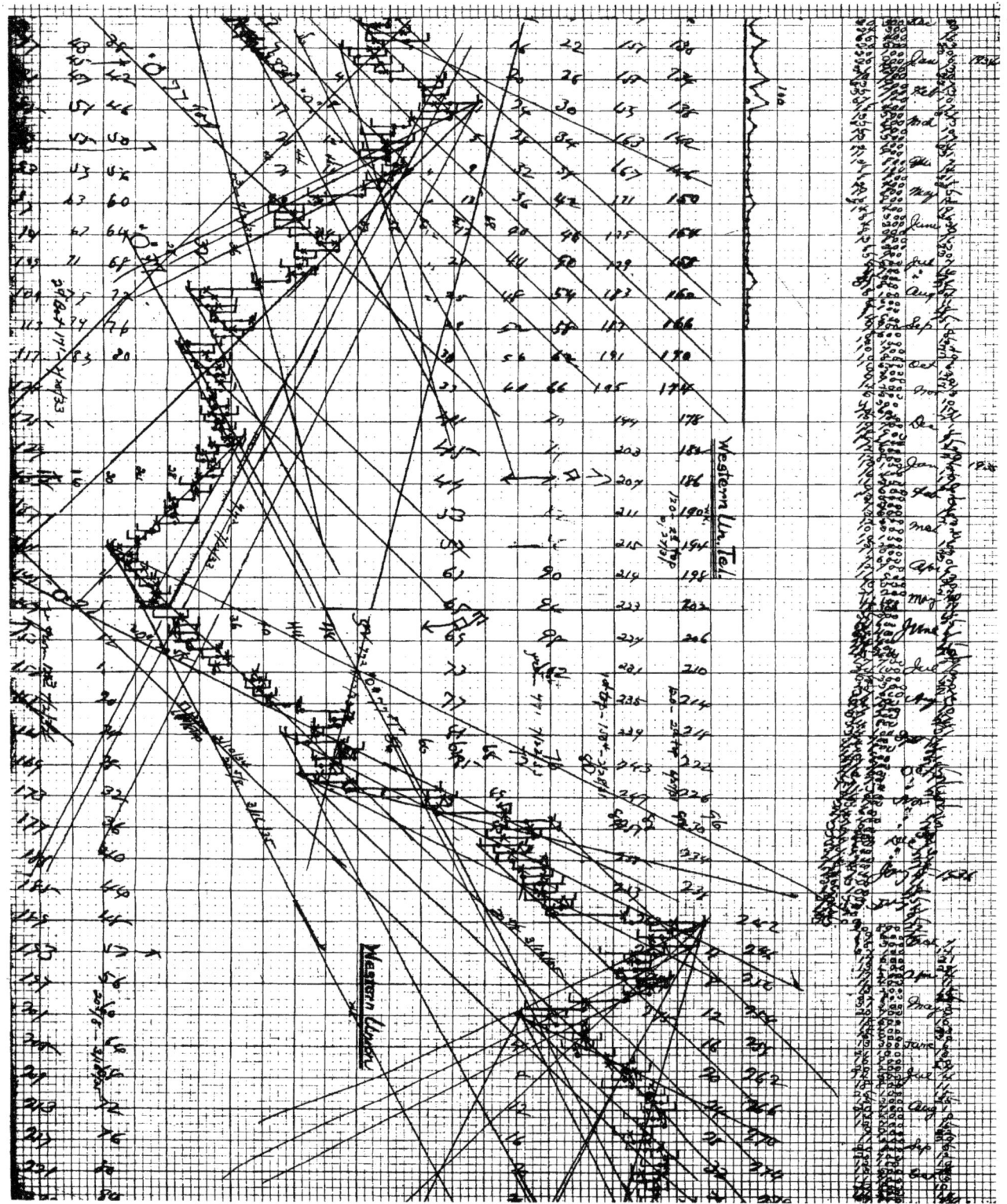

图 5-9 西部联合走势图

第五章 如何综合运用江恩技术手段来进行交易

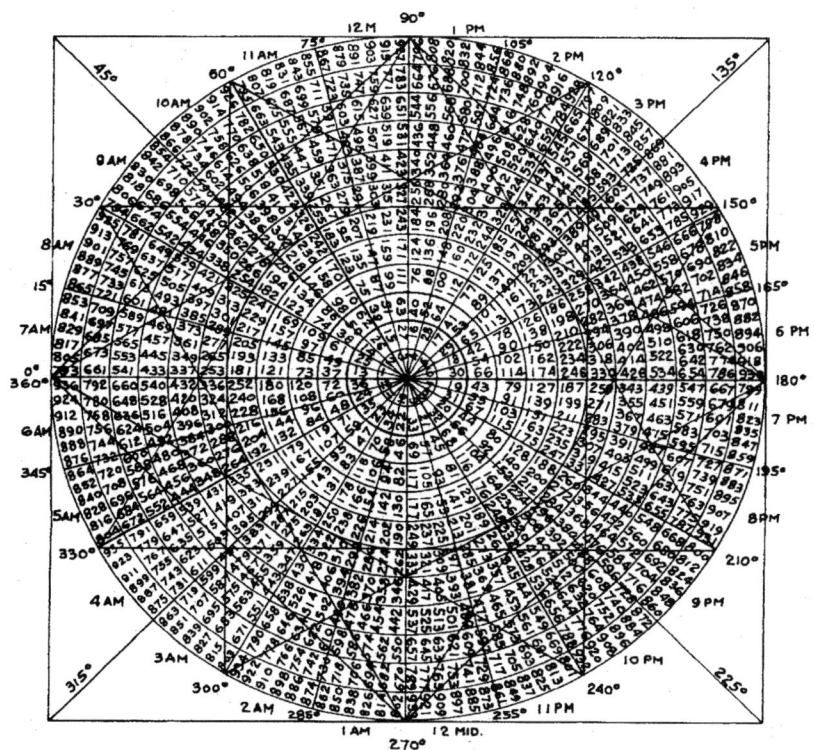

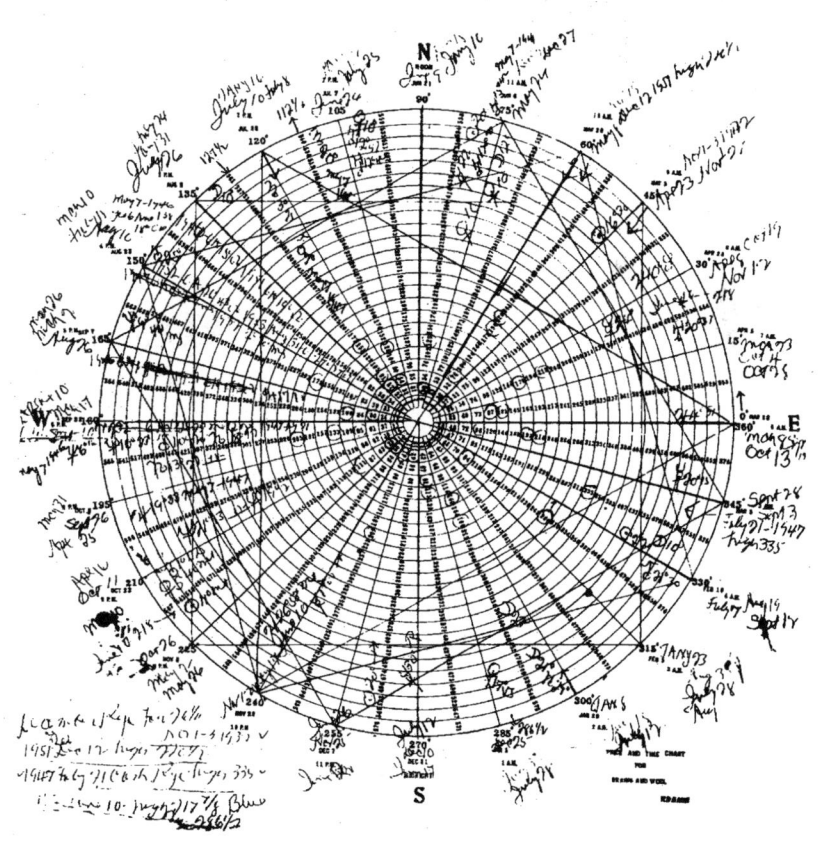

图 5-10 360 度圆周图

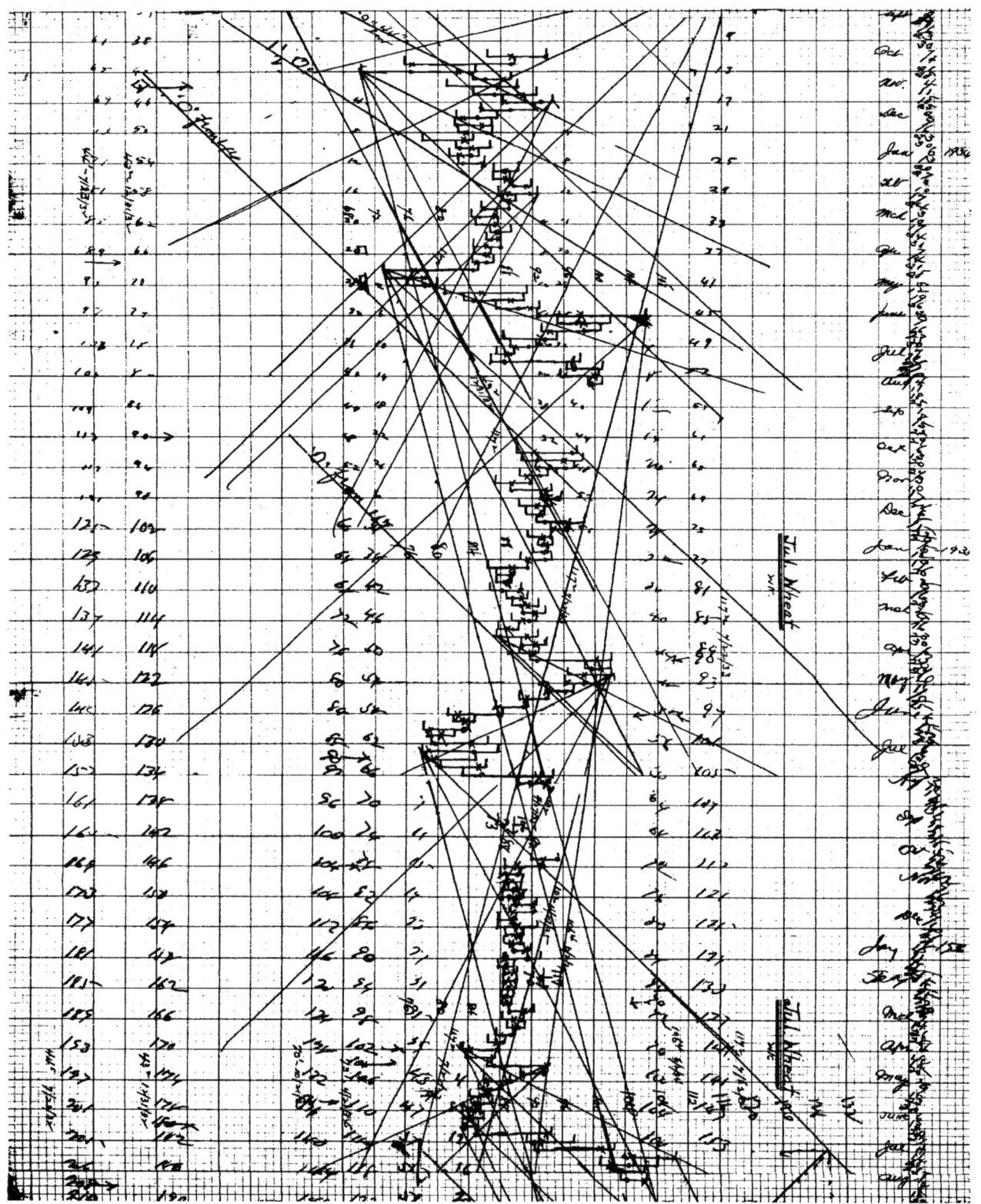

图 5-11 7月小麦走势图

第五章 如何综合运用江恩技术手段来进行交易

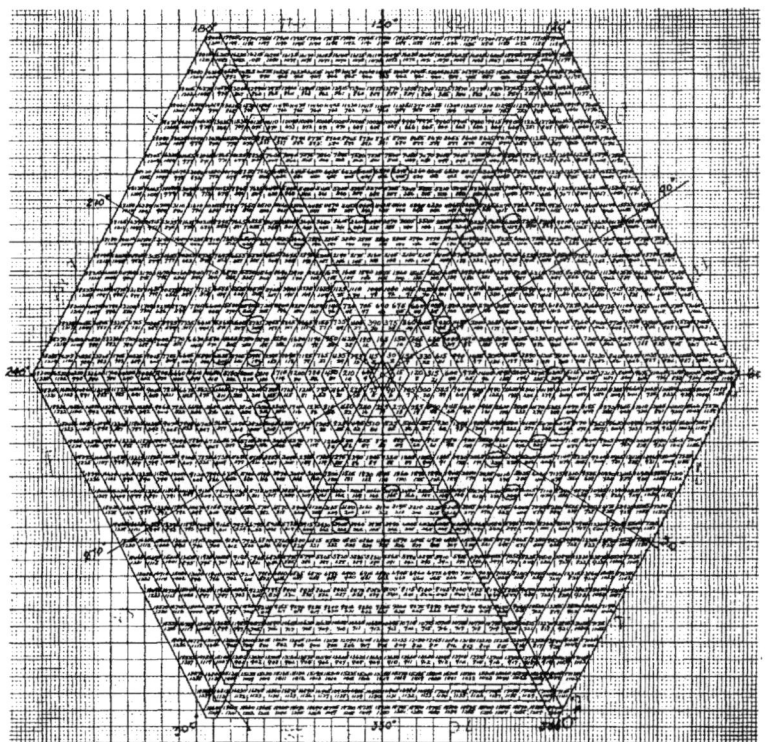

图5-12 六边形图

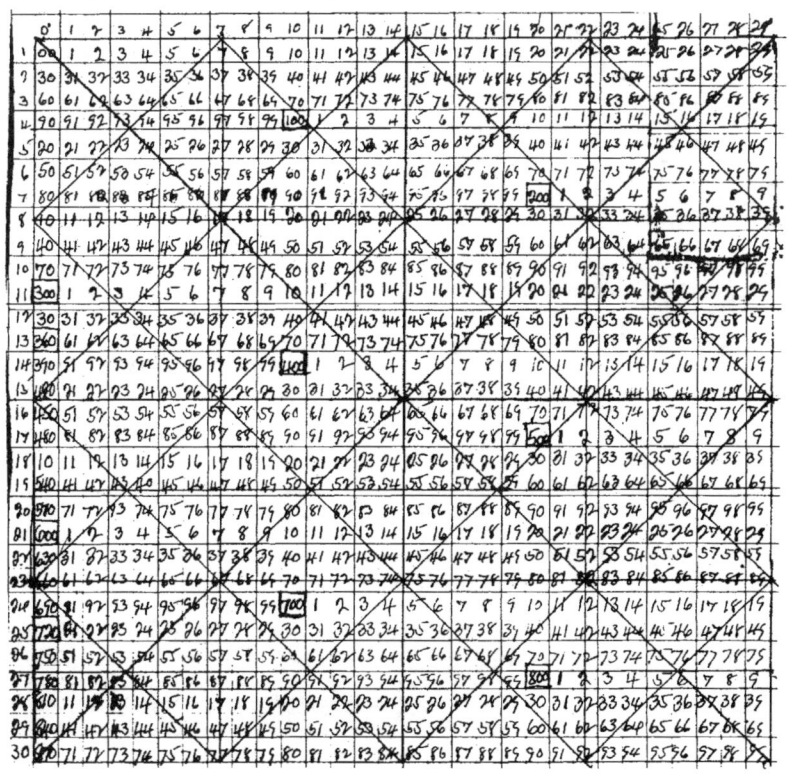

江恩技术研究（精华本）

江恩最重要的技术工具之一，就要算是江恩绘制的各种走势图了，从绘制的各种走势图的数量上来说，没有人能够赶得上江恩。

他的55年的交易生涯经历了很多次的牛市和熊市行情，他把所有这些市场运行的情况，都用日线图、周线图、月线图、季线图、年线图和其他各式各样的图记录了下来。

他的各种走势图和交易记录从1900年一直延续到了1955年，他在绘图时都非常用心，每一张图看上去都像是艺术品。

按天、周和月来算的时间周期用紫色表示，按日历日来算的时间周期用红色，价格的比例尺用绿色，趋势线用红色，从"0"点发出的趋势线用绿色。

他一直都是用钢笔来绘制走势图的，从来也没有用过铅笔。

江恩认为，绘图是一门艺术，如果你能读懂图中的每一样东西，就会对你预测明天、下一周或者是下个月的走势，非常有帮助。

对于在这一期杂志中登出的江恩原图，你应该会很有兴趣去研究它们。

这里有一个6月IMM黄金的例子，它在1982年6月21日于336美元见底，它的高点在528美元，是2月份见到的。

从336美元处向上画一条45度角的趋势线，这条线到达528美元这个价位所对应的日期是1983年3月23日，所以，3月23日预计就会出现趋势的变化。

这里还可以用另一种办法，用高点528减去低点336，得到192。从1982年6月21日算起，它的第192个交易日刚好是1983年3月23日。江恩的走势图是按照交易日来画的，你在绘图时，也不必为周末或节假日留出空格。

在这期杂志中选用的这几张棉花周线图，是从一本江恩早年的期货图册上节选的。类似这样的图被分成了好多卷，光是卷的编号就排到了好几百。每个图上都有一些技术点，会让江恩的粉丝们非常感兴趣。

第五章 如何综合运用江恩技术手段来进行交易

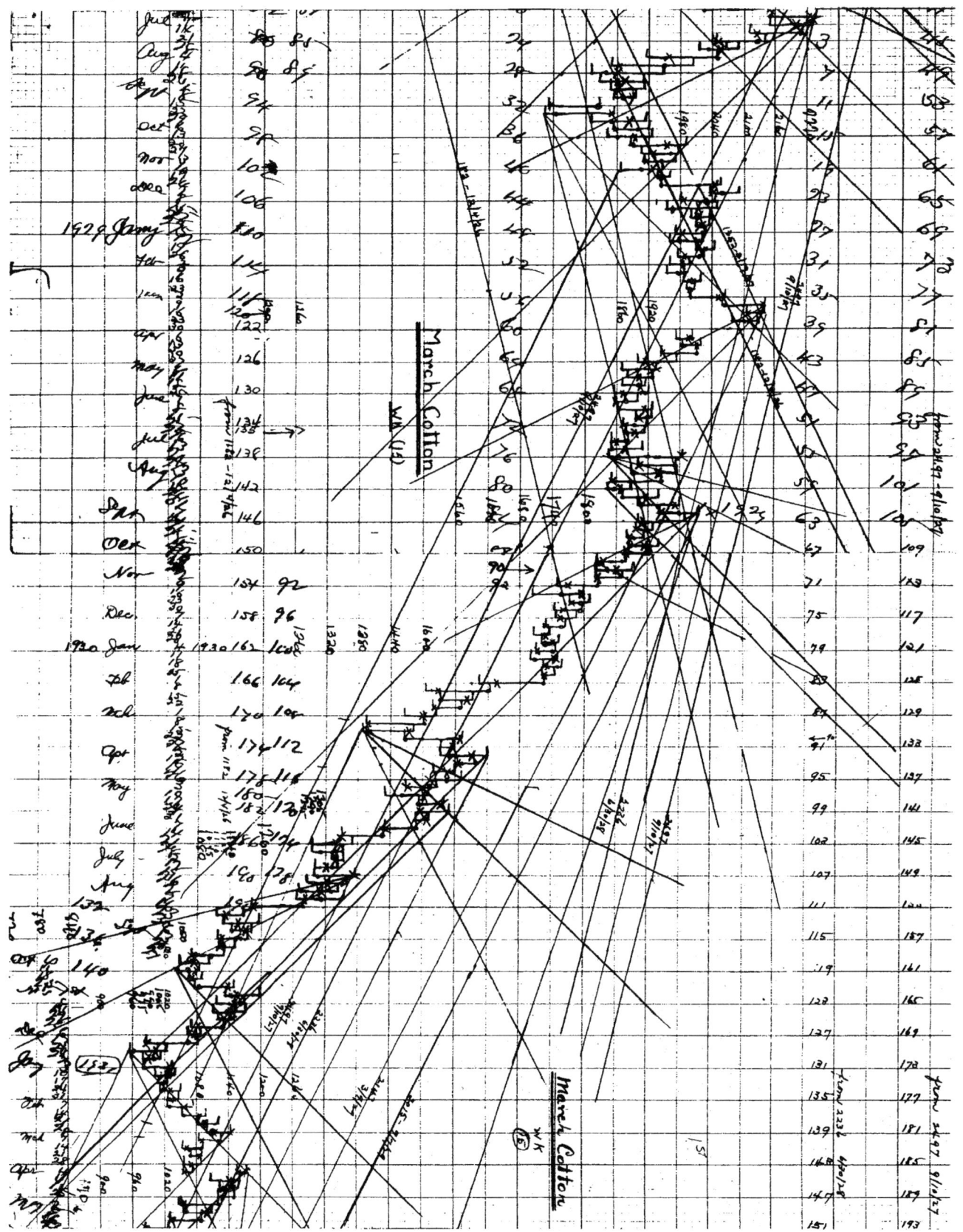

图 5-13 3月棉花周线图

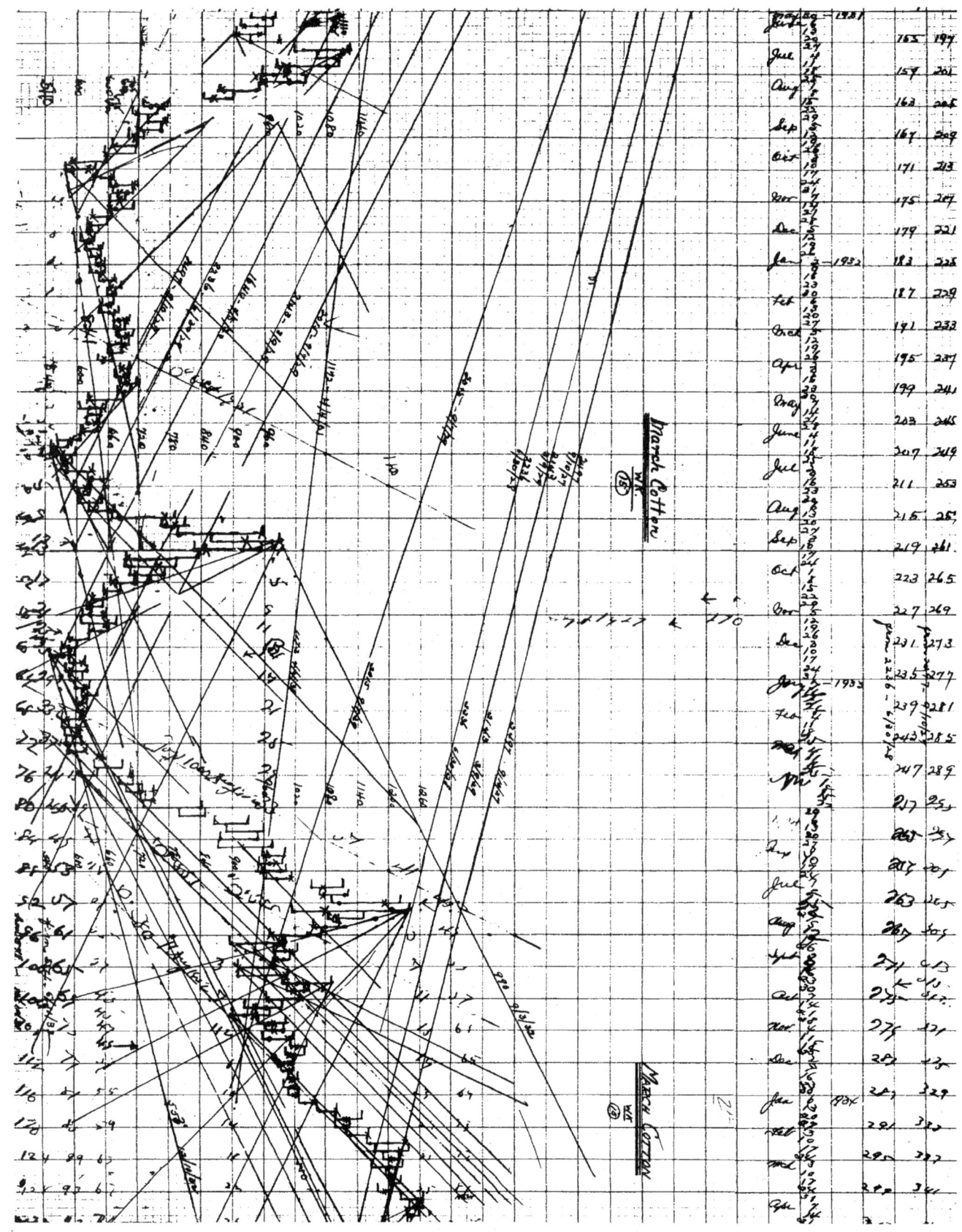

图 5-14　3 月棉花周线图

第五章　如何综合运用江恩技术手段来进行交易

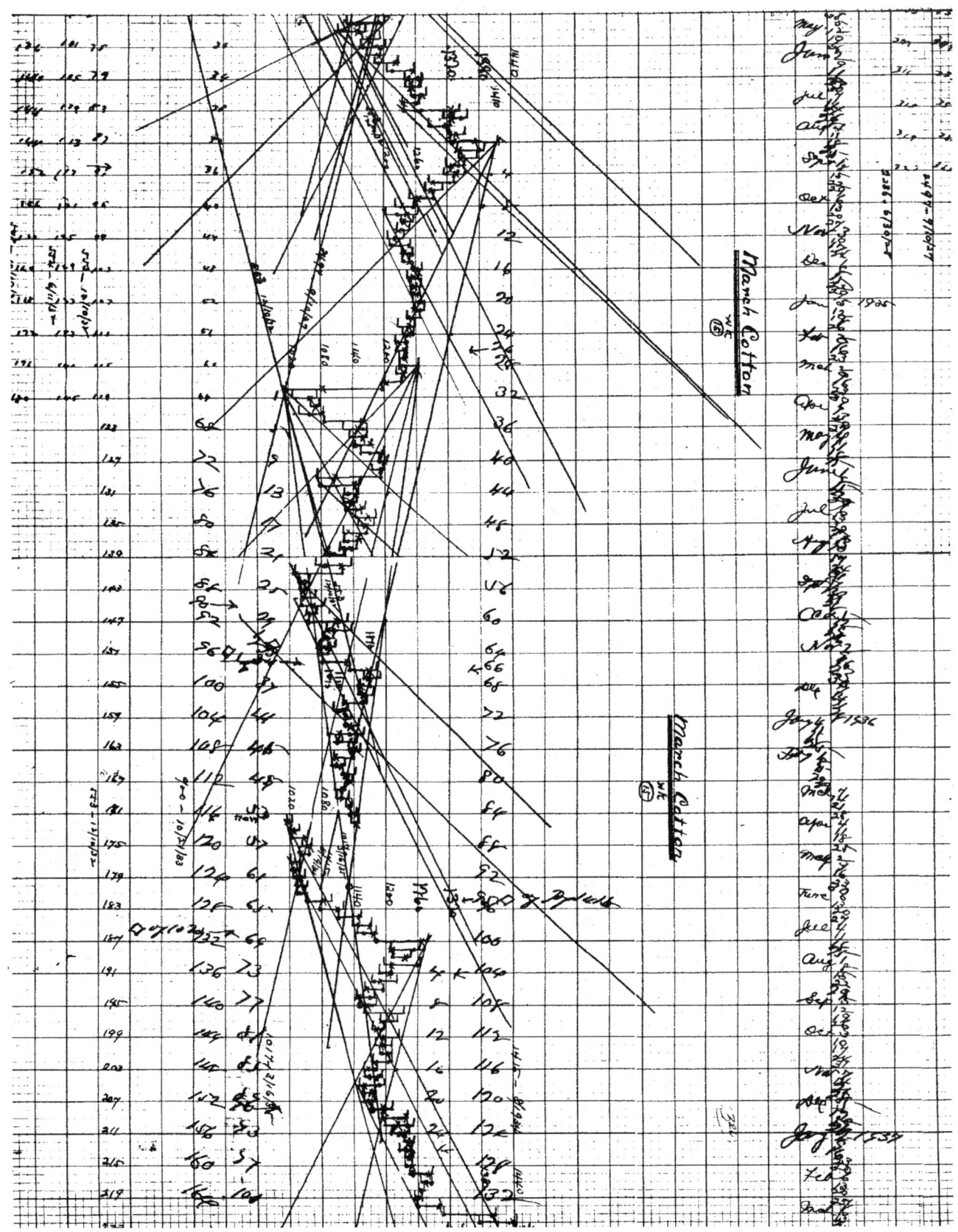

图 5-15　3 月棉花周线图

江恩技术研究（精华本）

江恩说过，一张走势图，胜过千言万语，对于技术分析人士来说，走势图是无价之宝。

● 江恩的360度圆周图
（选自1985年1月刊）

在近期的一次江恩技术培训中，当我问与会者，最想在《江恩技术研究》中看到什么样的文章，得到的答案是，大家最想看到把江恩原图配上如何使用的说明文字，然后一起登出来。所以，在接下来的几期杂志中，我们将会偏重于这方面的内容。

在这一期杂志中，我们列出的这4张江恩原图，它们是国民钢铁（NATIONAL STEEL）从1931年到1942年的周线图。

江恩原图中，最让人感兴趣的就要算是奇数平方图和偶数平方图了。而当我买下了兰伯特—江恩出版公司，把江恩所有的原图搬回家之后，我还发现了江恩一直在用的其他的技术图形。

其中最有意思的就是360度圆周图了，它是把价格上的360美分或指数上的360点，转化为了圆周上的360度。我还不能很精确地得出，江恩具体是怎么用这个圆周图的。但是我确定，江恩有他固定的使用方法，因为江恩原图中有非常多的不同样式的圆周图，可以看出，江恩是能够用它们来预测行情的。

通过不断研究，我发现在市场实际运行中，有很多高点和低点出现的时间与360度圆周图不谋而合。

比如1981年小麦5月合约，它的低点是在6月8日见到的444美分，而它的高点是在10月22日见到的570美分。

当你把价格转化为度数的时候，444美分就变成了444度，然后用444度减去360度，得到的是84度，那么在360度圆周图上，这就相当于是转一圈，再加上84度，而84度对应的日期就是在6月8日附近，你知道，6月21日对应的是90度。

现在我们再把570美分转化为570度，然后用570度减去360度，得到的是210度，那么在360度圆周图上，就相当于是转一圈，再加上210度，这刚好是落在10月23日上。

我们看到，小麦见到低点和高点的日期，都与其在360度圆周图上所对应的时点吻合得非常好。

它至少告诉我们，价格与360度圆周图上的度数是可以互相转化的。

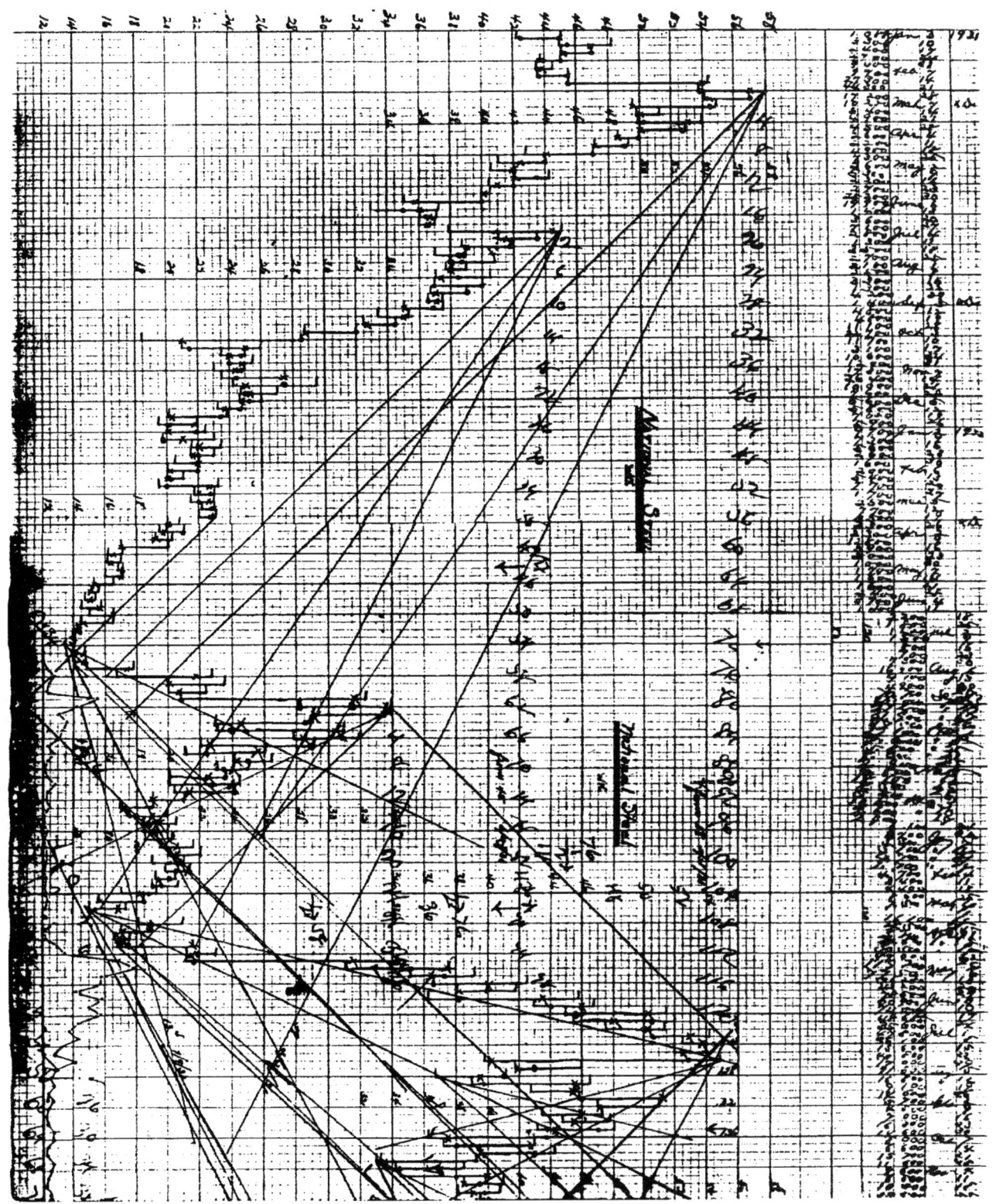

图 5-16-1　国民钢铁的周线

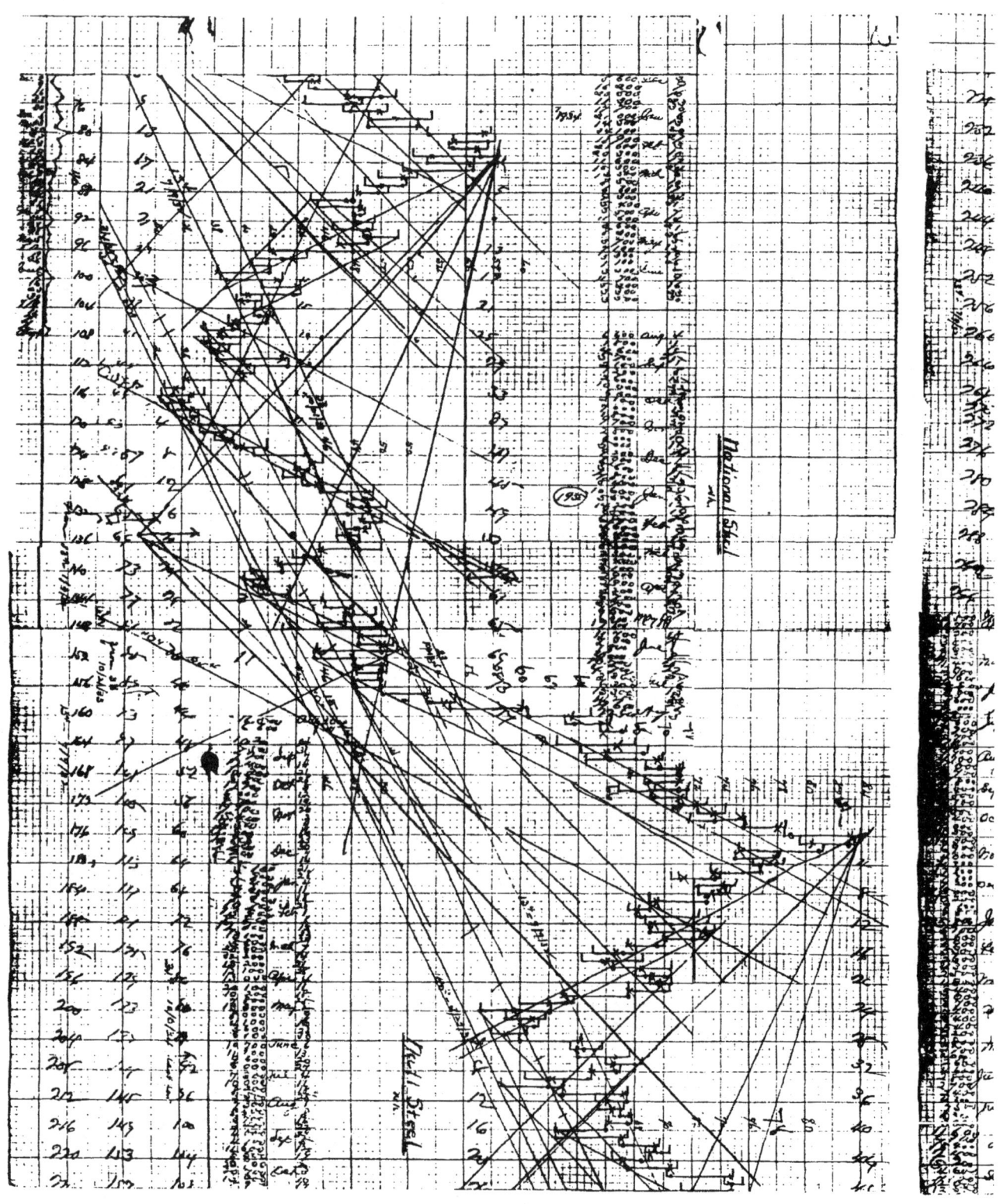

图 5-16-2　国民钢铁的周线

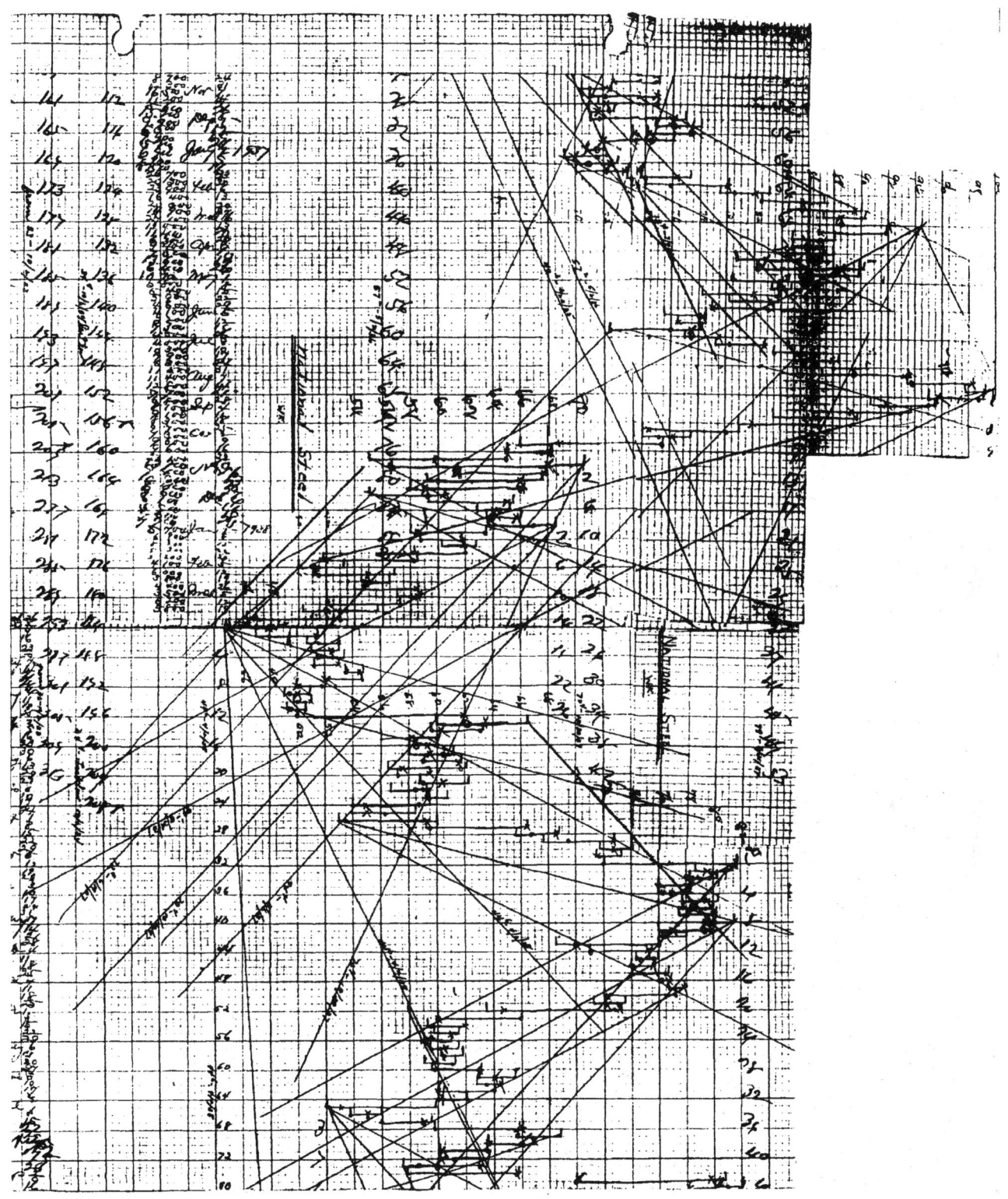

图 5-16-3　国民钢铁的周线

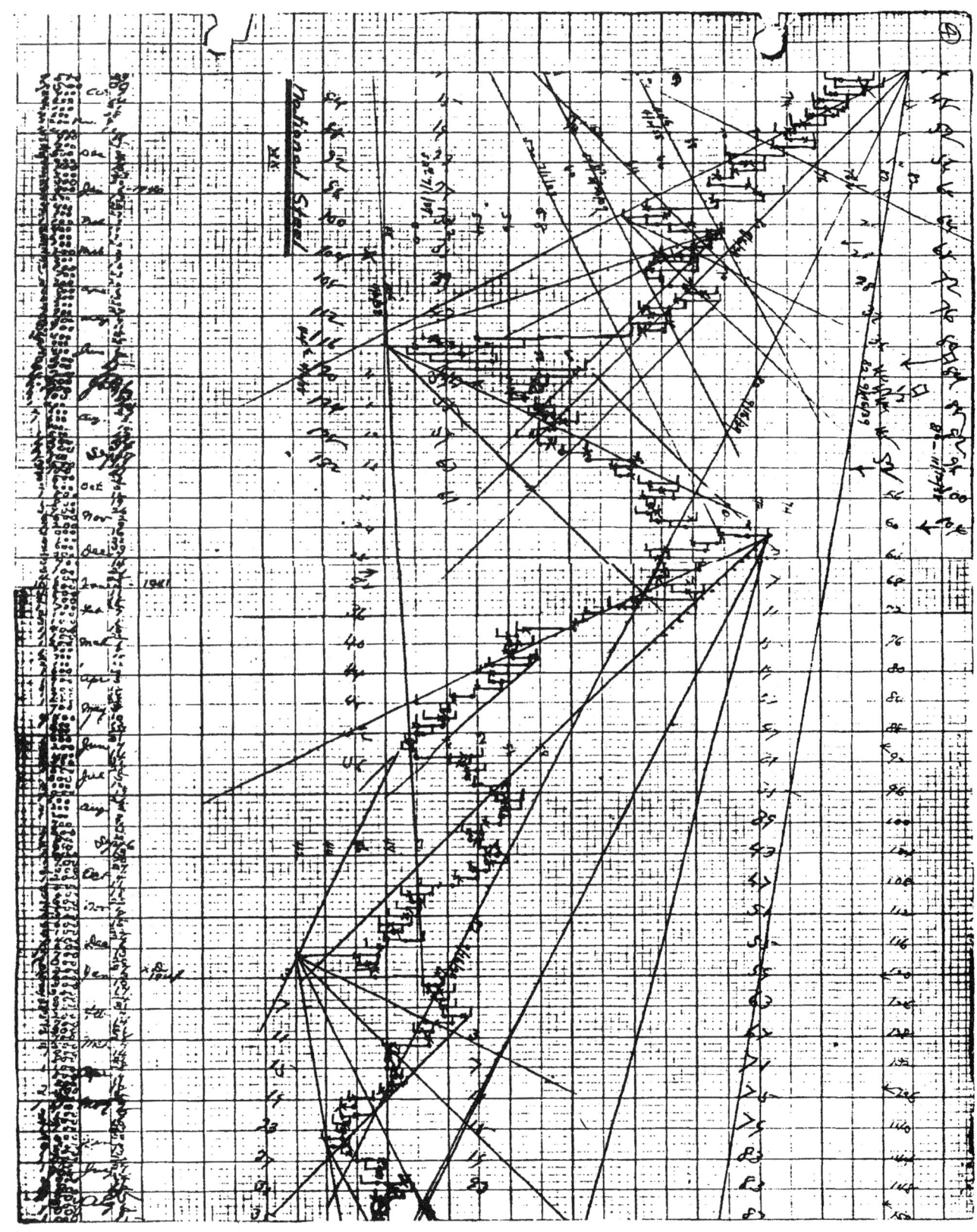

图 5-16-4　国民钢铁的周线

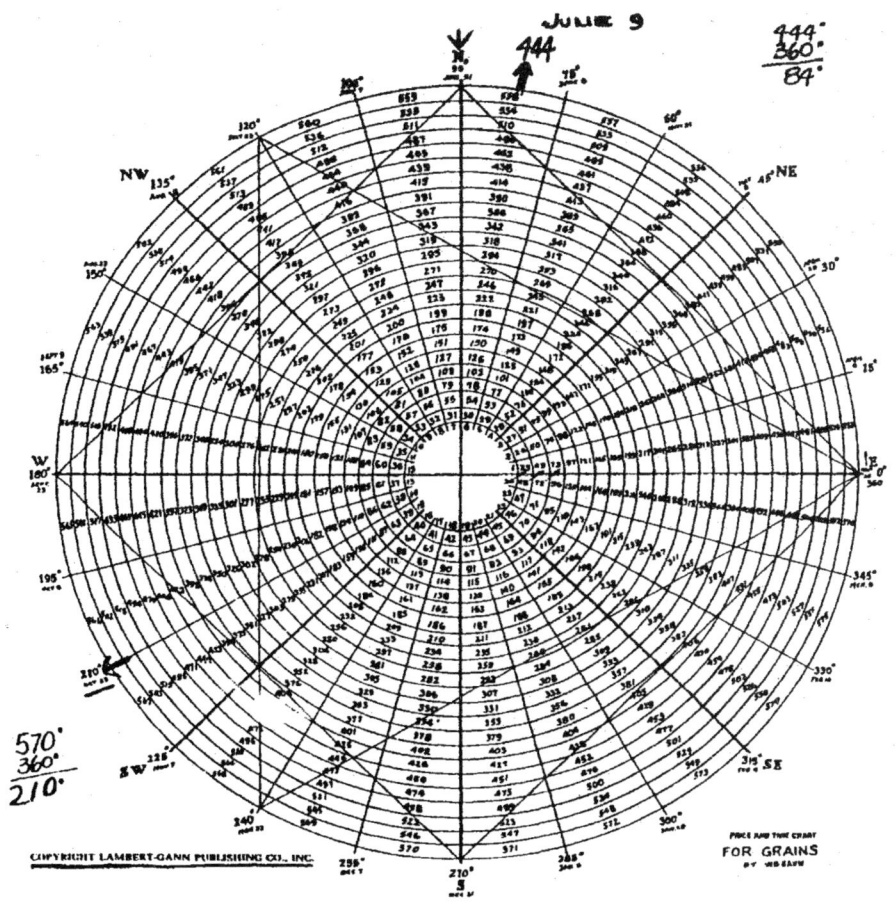

图 5-17　360 度圆周图

● 江恩原图

(选自 1985 年 2 月刊)

每次我在杂志上登出一些江恩原图，都会收到一些订户的来信，信中都是告诉我，他们真的很喜欢看这些原始图表。我相信，在学习江恩的技术手段时，我们必须要看到第一手的资料，应该说，没有比看江恩原图更好的办法了。实际上，当我们看到江恩是如何处理各种情况的时候，我们也会照着做。

我在看江恩原图时，可以一坐就是几个小时，盯着一张图看，然后把它留在那里，过一天，就又回来看它，只是为了去找一些我第一次没有看到的东西，说起来真是不可思议。

每次我发现这些杰作中哪一张在某些地方有不同寻常的时候，就会用个框把它装裱起来，挂在办公室的墙上，没事就站在墙边看，真是看了千遍也不厌倦。

这也是为什么我要把一些江恩原图刊登在杂志上的原因。学习江恩的技术手段，没有人比江恩更胜任做你的老师，而这些江恩原图，正是汇集了江恩多年对市场的认知和对操作的建议。

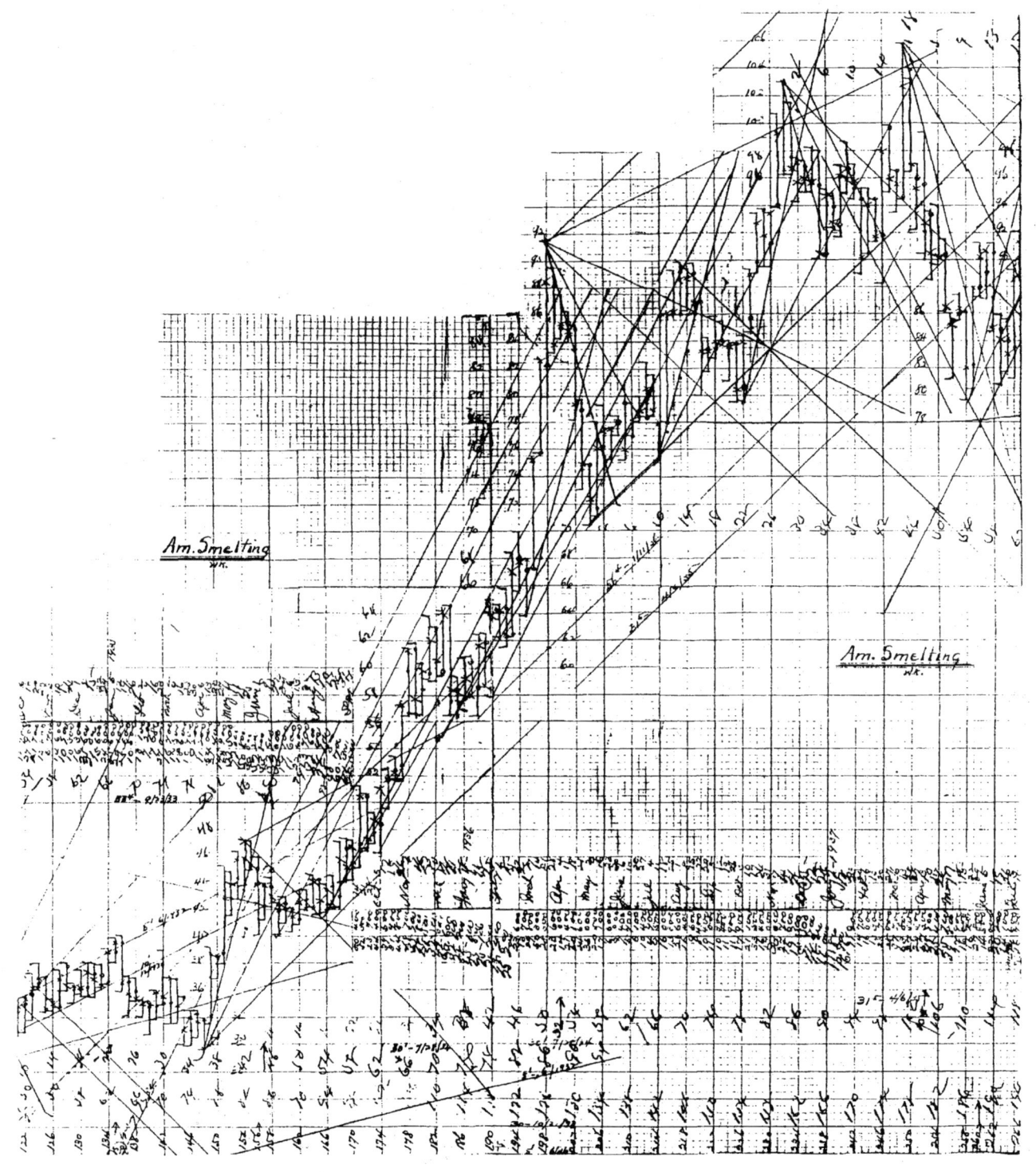

图 5-18-1　美国熔炼周线图：1934 年 8 月—1937 年 7 月

第五章 如何综合运用江恩技术手段来进行交易

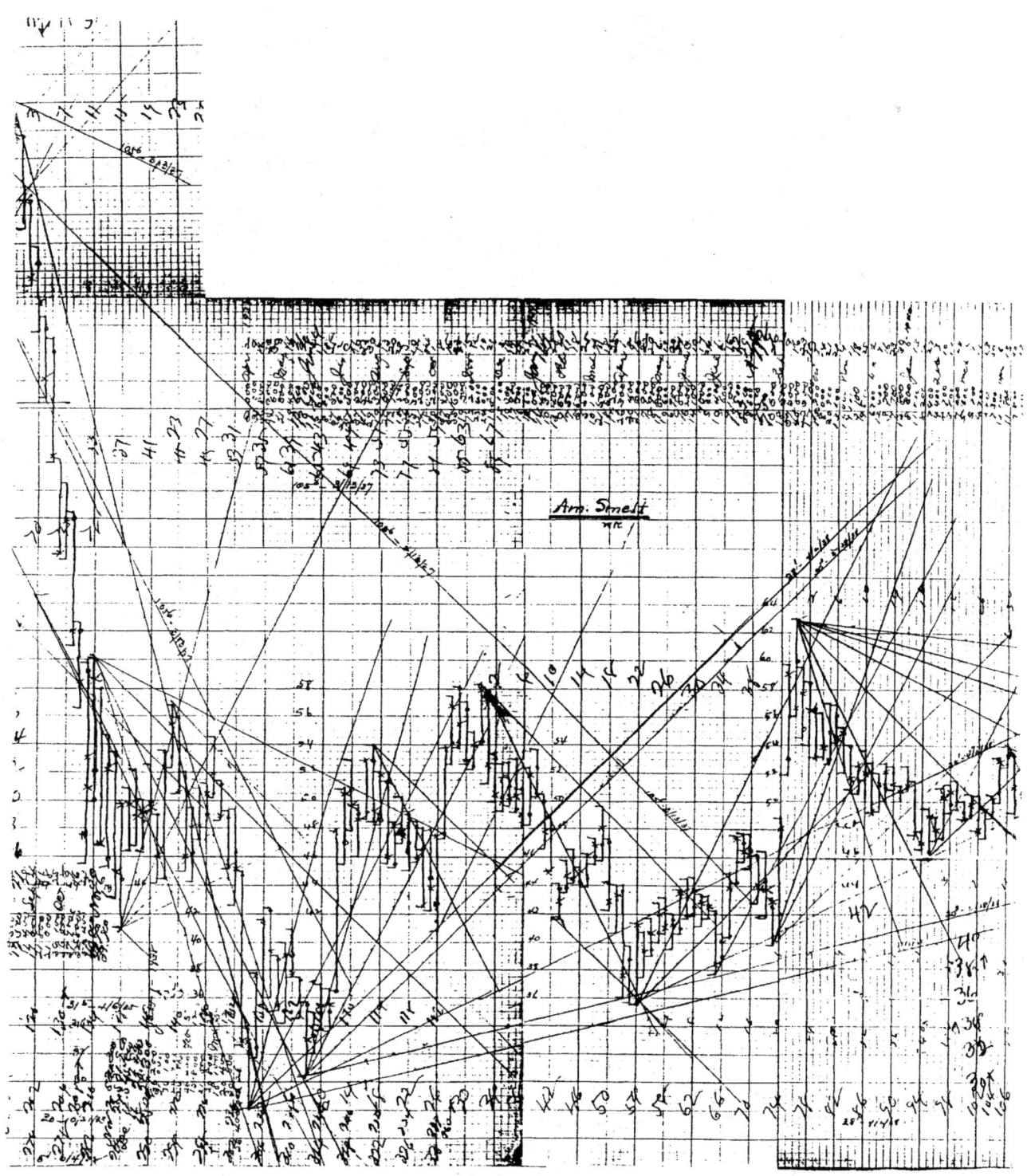

图 5-18-2 美国熔炼周线图：1937 年 7 月—1940 年 5 月

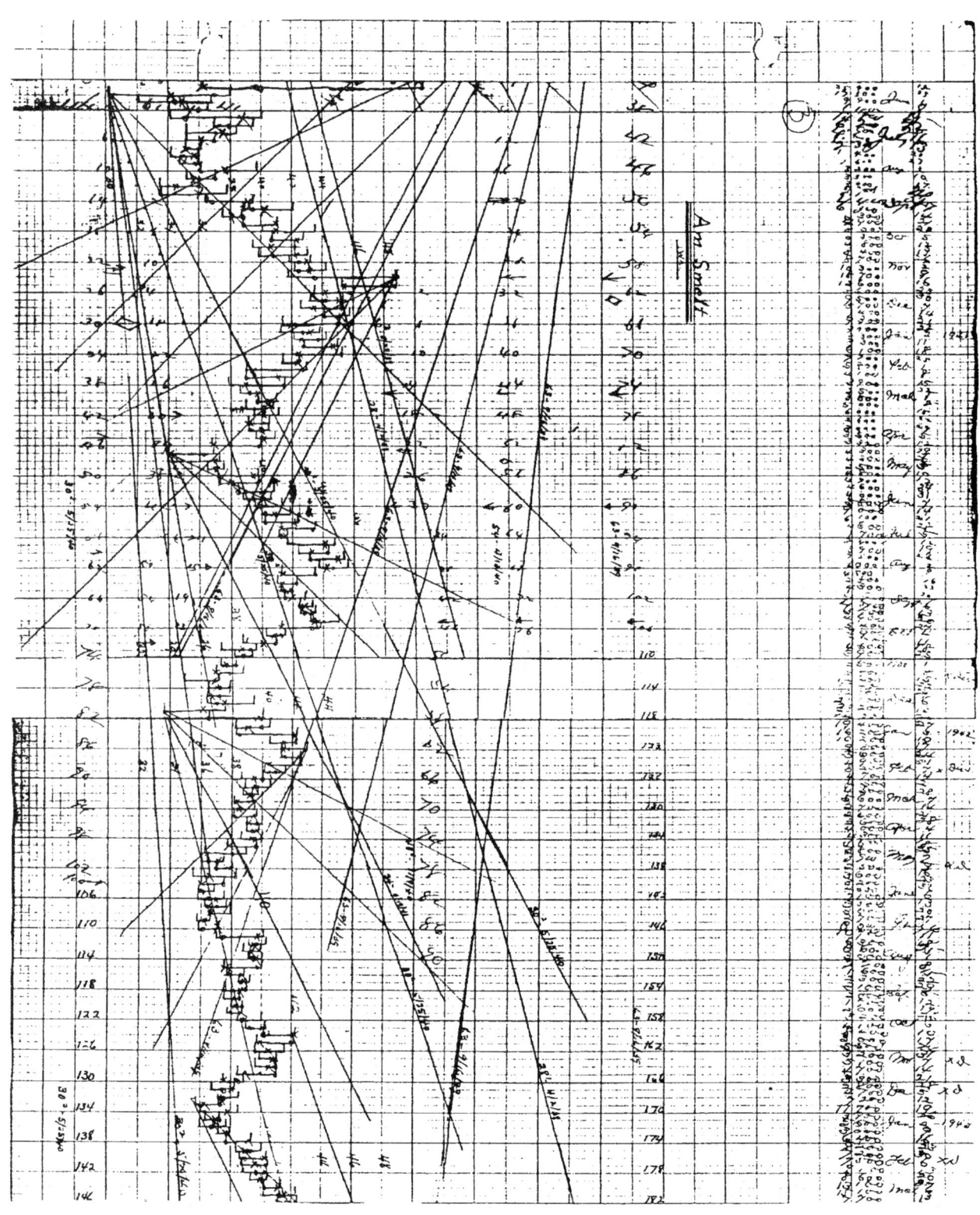

图 5-18-3　美国熔炼周线图：1940 年 7 月—1943 年 3 月

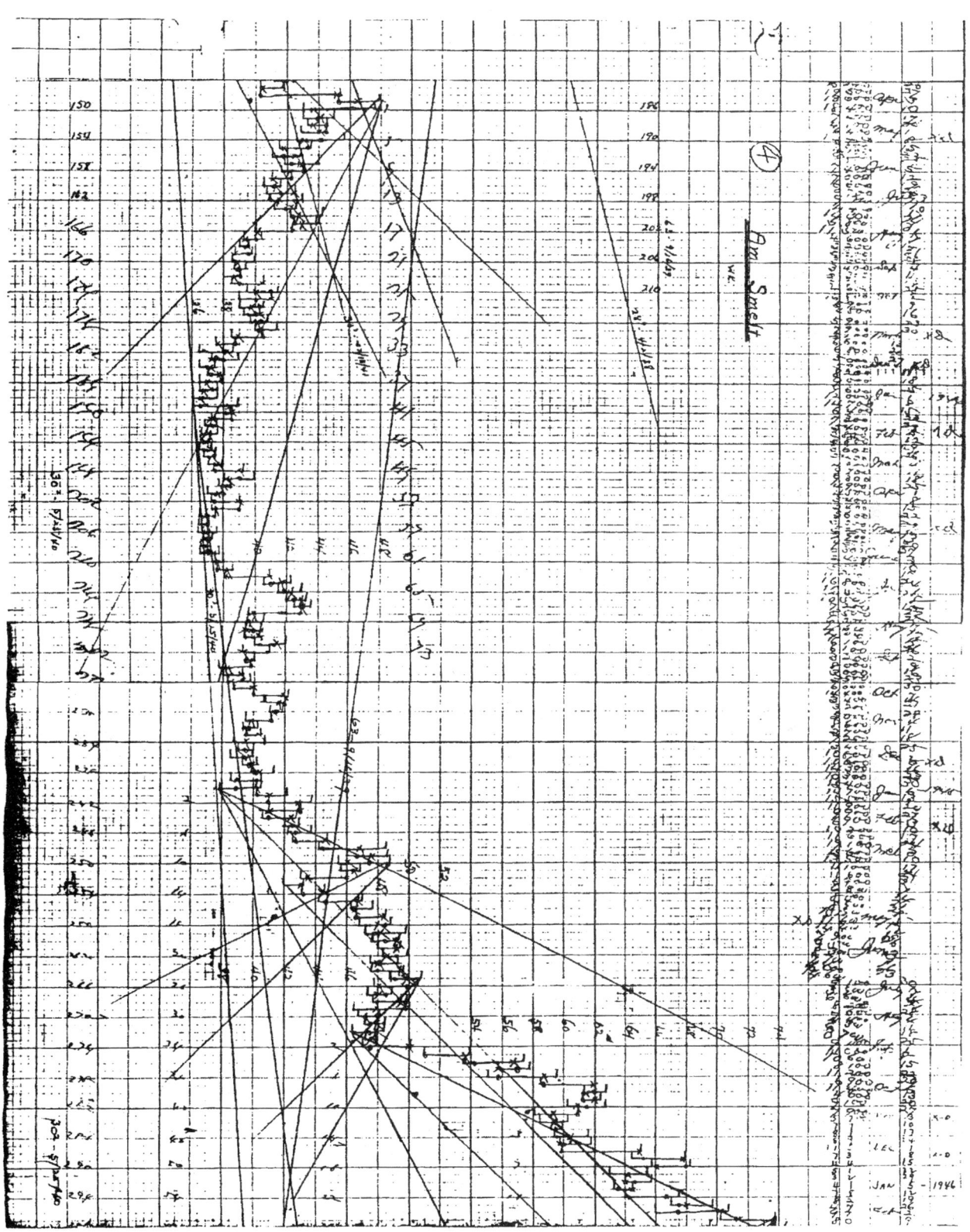

图 5-18-4　美国熔炼周线图：1943 年 3 月—1946 年 2 月

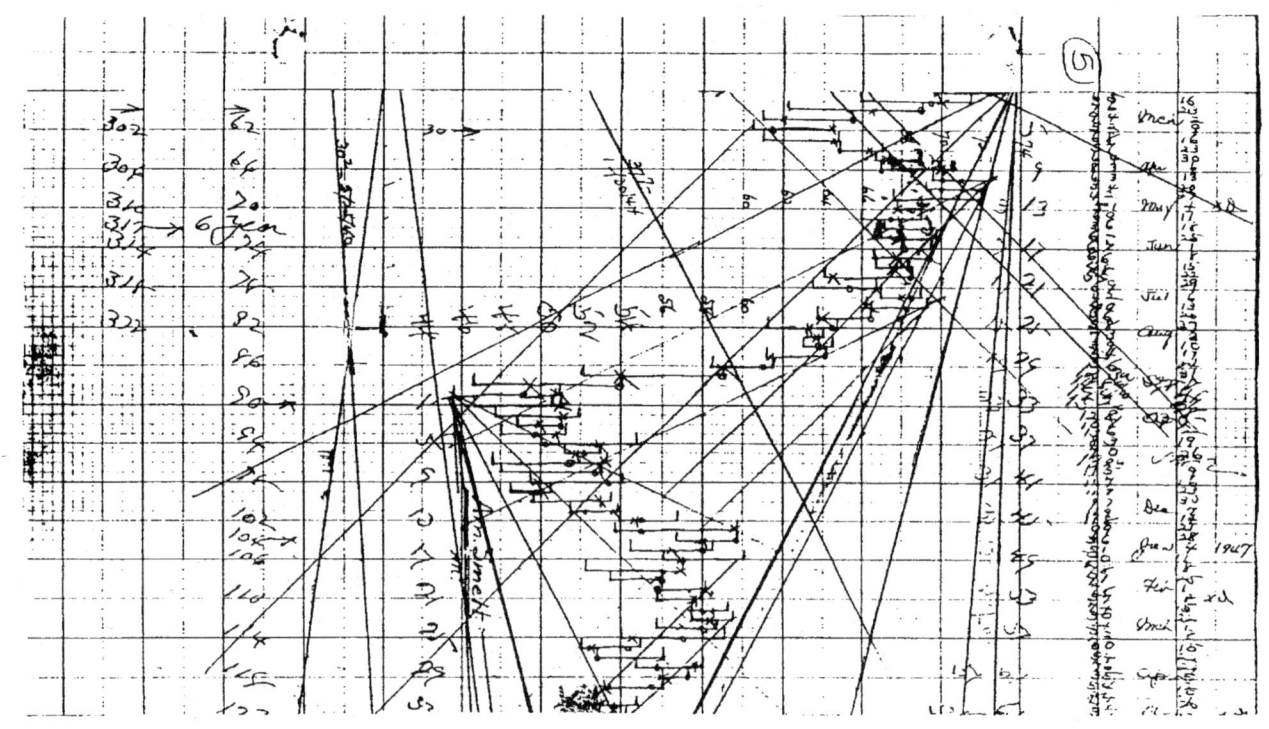

图 5-18-5　美国熔炼周线图：1946 年 2 月—1947 年 5 月

当你看江恩原图时，要关注以下几点，它们也是江恩在看图时关注的东西：

1. 当出现重要的顶部和底部时，从"0"点出发，画一条趋势线，这些趋势线不仅可以界定支撑位，还可以看出趋势变化的时点；

2. 从顶部和底部开始数时间，看时间与价格何时达成正方；

3. 是否到了达成自然正方（52×52 的正方、90×90 的正方或 144×144 的正方及其倍数的正方，如 288、432、576、720、864 和 1008 等）的时点，看实际达成正方的标注或是箭头；

4. 是否连续出现不断抬高或不断走低的具有转向性质的底部和顶部；

5. 是否到了某个支撑位和阻力位：在时间上要看自然角度对应的日期（详见附录 1），在价格或时间上，还要由之前的转向型的顶部和底部来确认；

6. 是否到了某个纪念日，如期货品种的"生日"（详见附录 1）；

7. 看一些重要的时间周期是否走完了，如以 13、26、52、104、156 和 208 天、星期或月来计的时间周期；

8. 也要去看从较低的一些反弹顶部发出的向上的趋势线；

9. 在见顶之后，要看从转向型底部发出的向下的趋势线；

10. 要看从见顶的那一周，从基底位置发出的向上的趋势线，这是一条相对真实的趋势线，当这根线被跌破时，价格一定还会继续走低。

11. 要考虑基底部分的时间长度，基底部分决定着接下来一波行情的高度。

第五章 如何综合运用江恩技术手段来进行交易

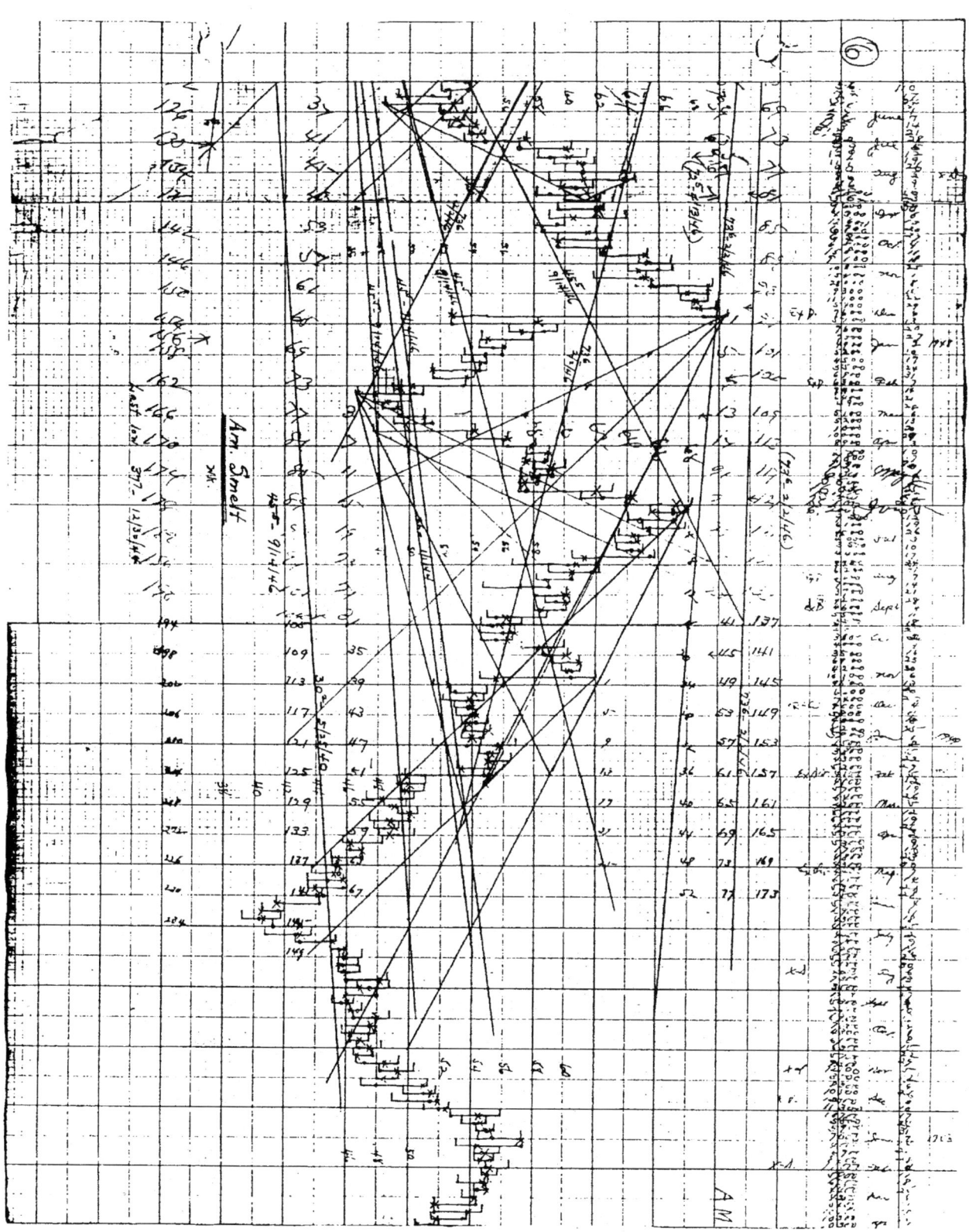

图 5-18-6 美国熔炼周线图：1947 年 5 月—1950 年 4 月

- **月线图和季线图的用处**

  （1983 年 12 月刊）

  在我们杂志的订阅者中，那些到兰伯特—江恩公司办公室参观过的人们都见识过，那里满世界都是股票和期货的图表。我们中的大多数人都有着这样或那样的爱好，而对江恩来说，绘制并保存各种图表就是他痴迷的一件事。

  在江恩保存的图表中，90%都是周线图、月线图、季线图或者是更长周期的图表。实际上，相比那些长周期的图表来说，日线图的数量就非常之少了。一些图表年代之久远，很让人吃惊，因为它们是从 20 世纪初就开始绘制的，那个时候江恩的事业才刚起步，而他从那以后都严格保留着这个习惯，直至去世。有一些图表中的最后交易日期，就是在江恩离世之前的两周。

  如果说所有这些是在传达一个信息的话，那就表明，月线图和季线图对分析市场是非常重要的。

  江恩曾一遍又一遍地重申过，月线图和季线图是最重要的技术分析手段，当然还有周线图。

  很多交易者总是一成不变地只绘制股票或期货交易的日线图，一旦他们看到了周线图、月线图和季线图的好处，就会开始认识到这些图的重要性。事实上，很多人都将会为这些图能在交易时帮到他们那么多而感到惊讶不已。

  在这里，我们会看到的一些月线图和季线图，请注意图中的各条趋势线。

- **月线图**

  （选自 1984 年 1 月刊）

  让我们来看一下大豆和猪五花肉的月线图，从中可以看出一些令人瞩目的长期趋势中的拐点，也可以看出它们的支撑位和阻力位在哪里。事实上，很多交易者并不绘制他们所交易的期货品种的月线图和季线图。如果你也是他们中的一个，在这里，你将会发现这些月线图和季线图是非常有用的。

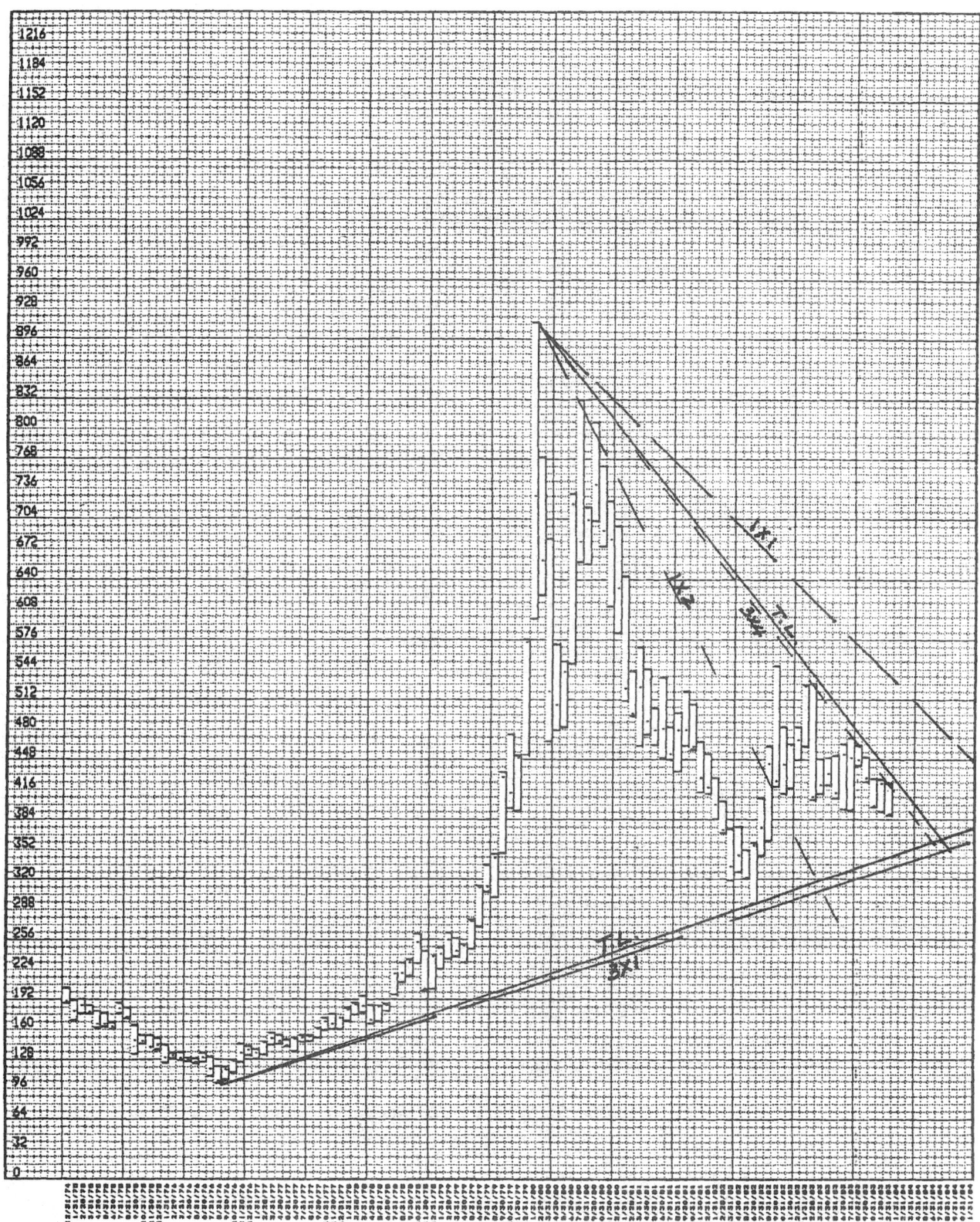

图 5-19-1　IMM 黄金的月线图，T.L.：趋势线

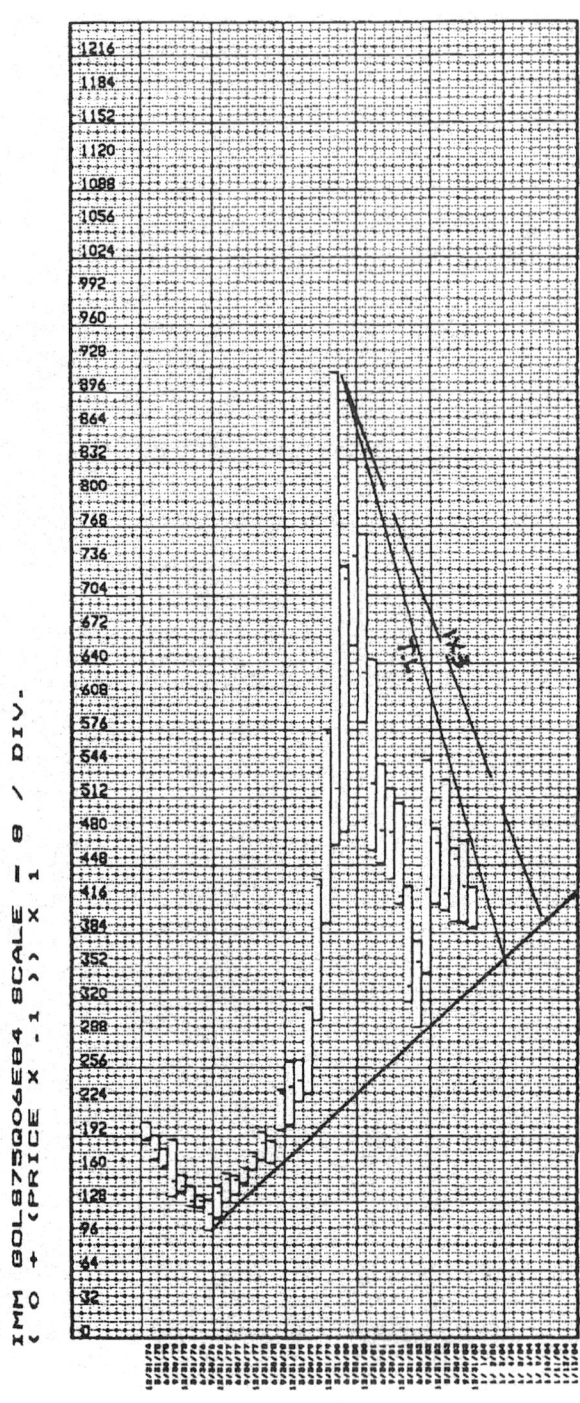

图 5-19-2 IMM 黄金的季线图，T.L.：趋势线

第五章 如何综合运用江恩技术手段来进行交易

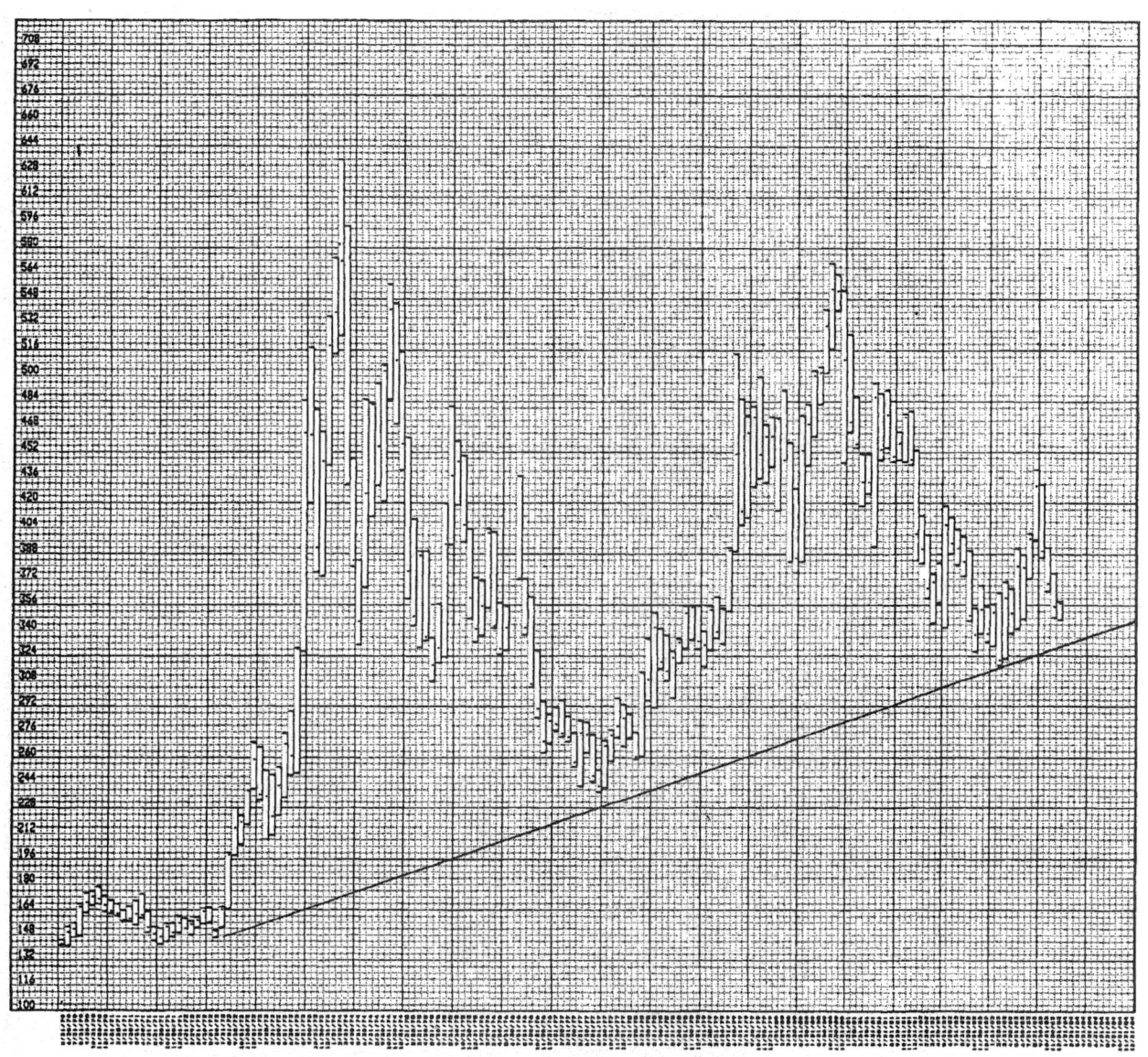

图 5-20 小麦的月线图

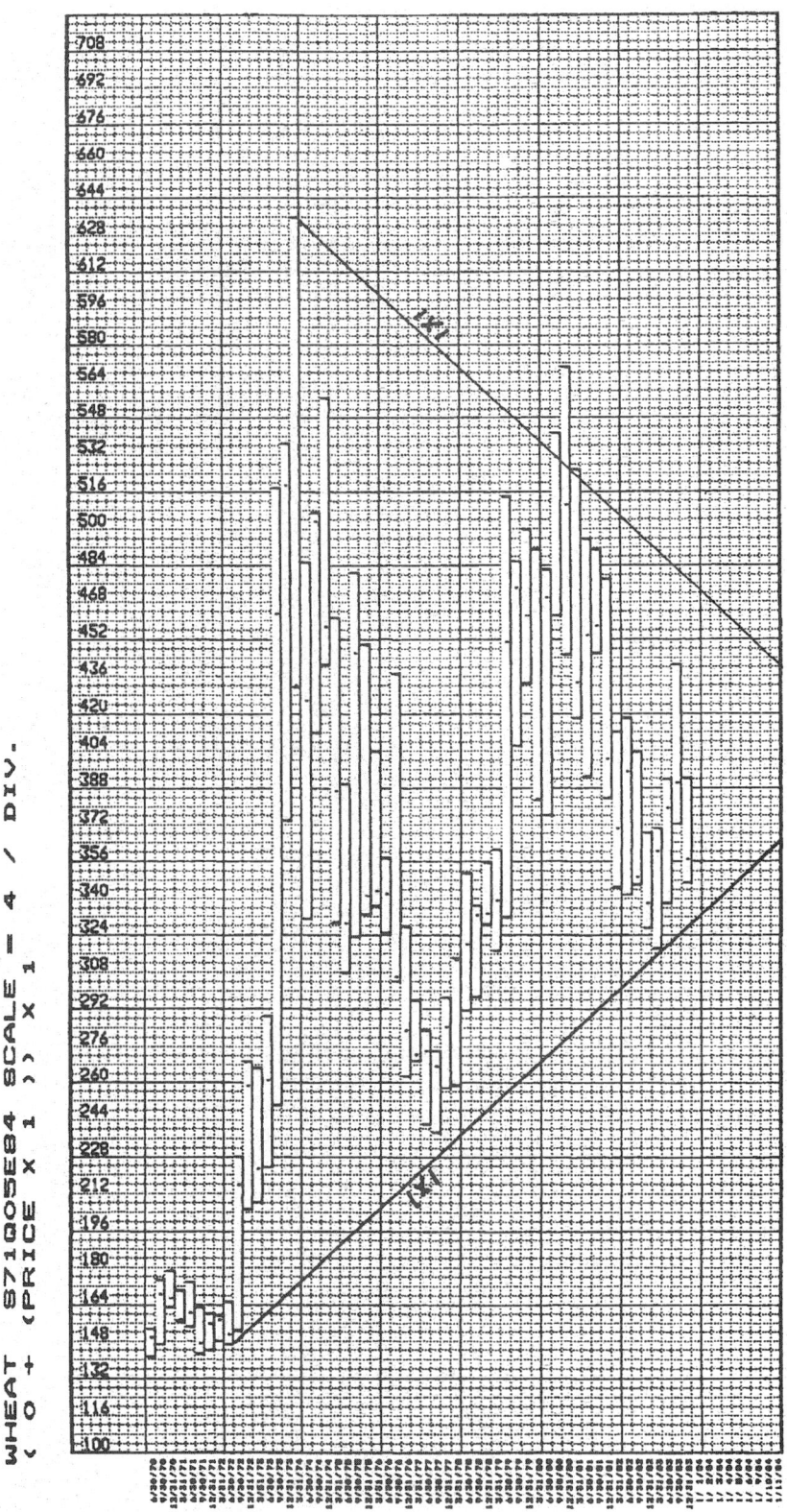

图 5-21 小麦的季线图

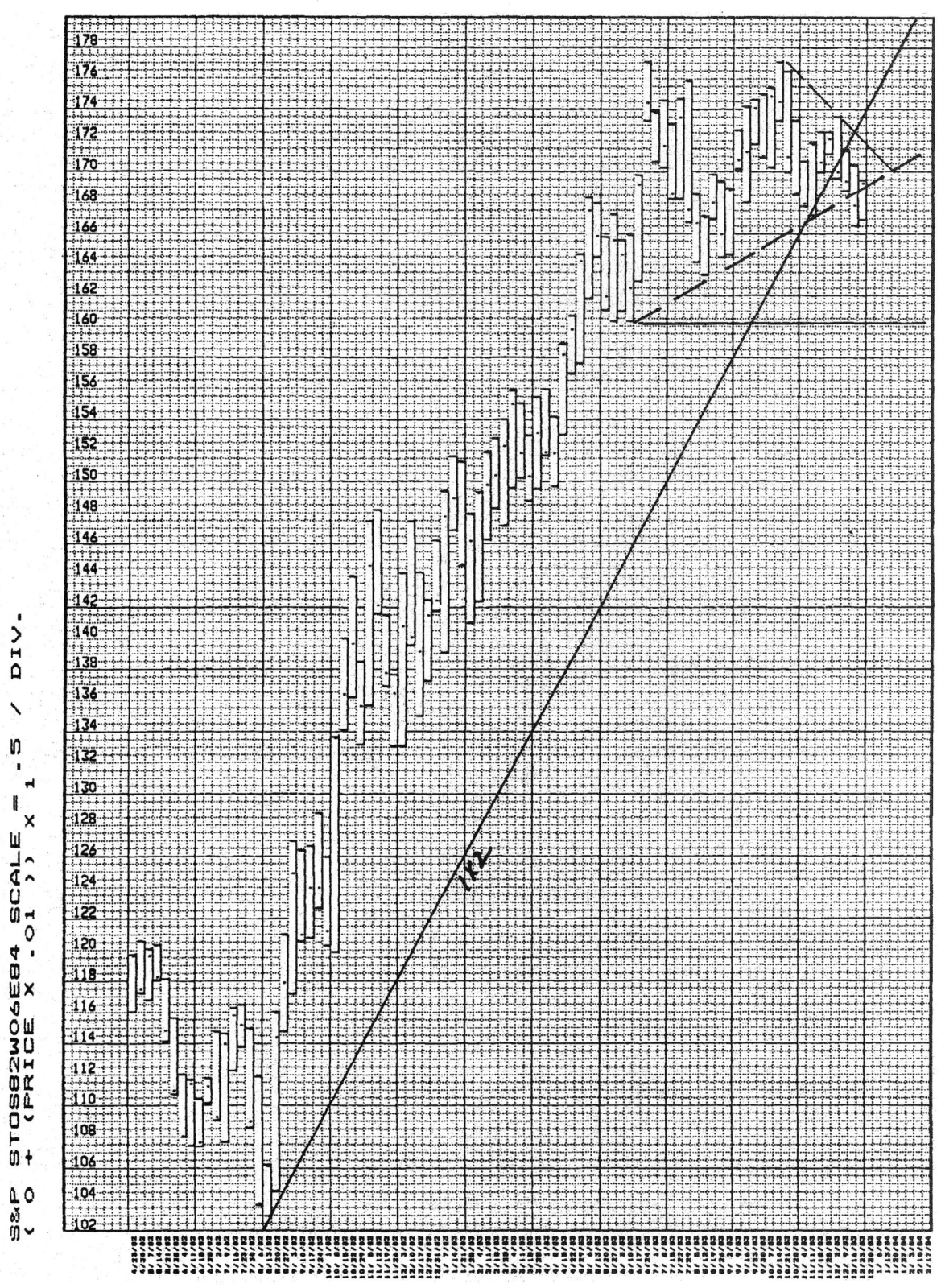

图 5-22 标普指数的周线图

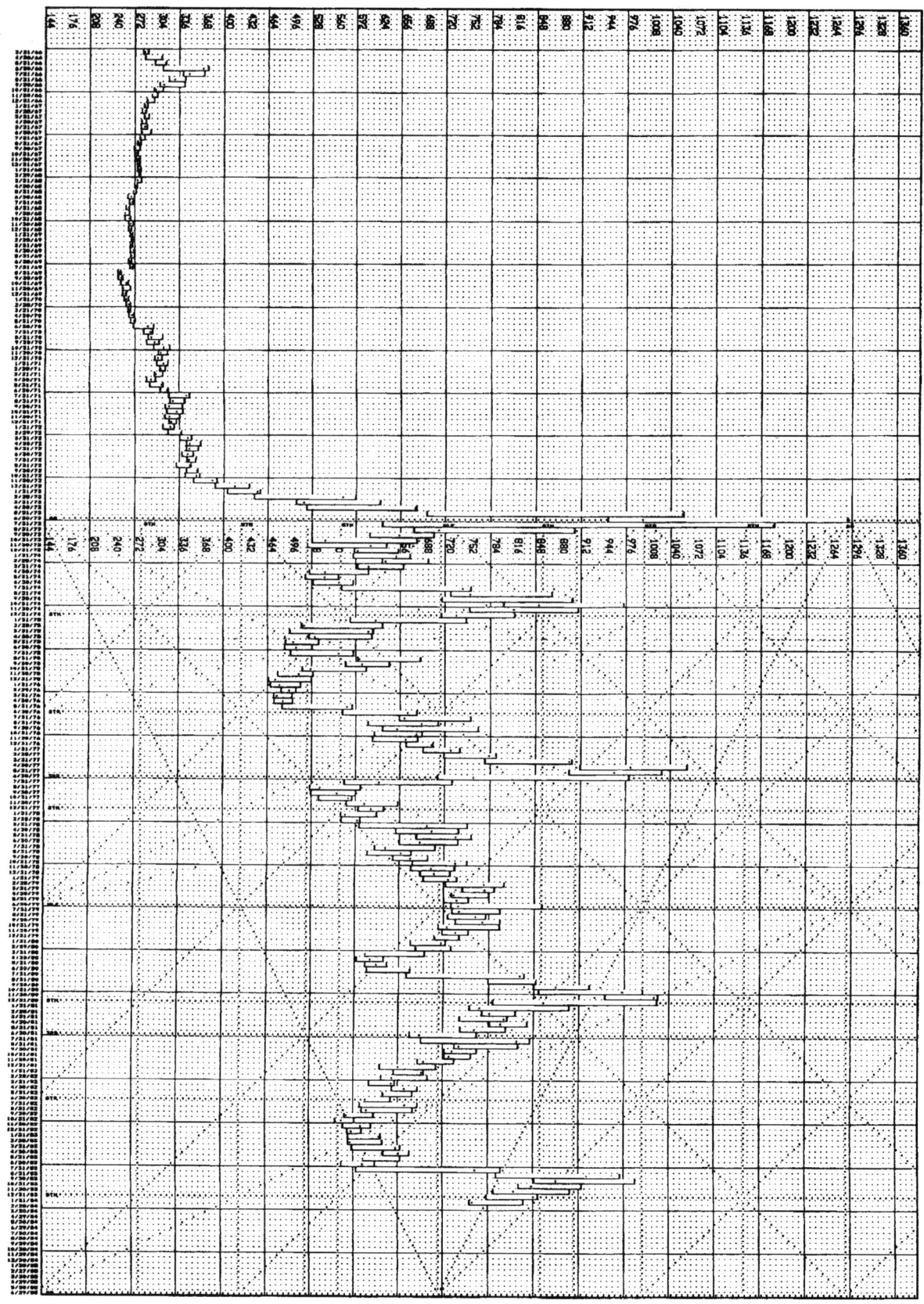

图 5-23 大豆月线图

第五章 如何综合运用江恩技术手段来进行交易

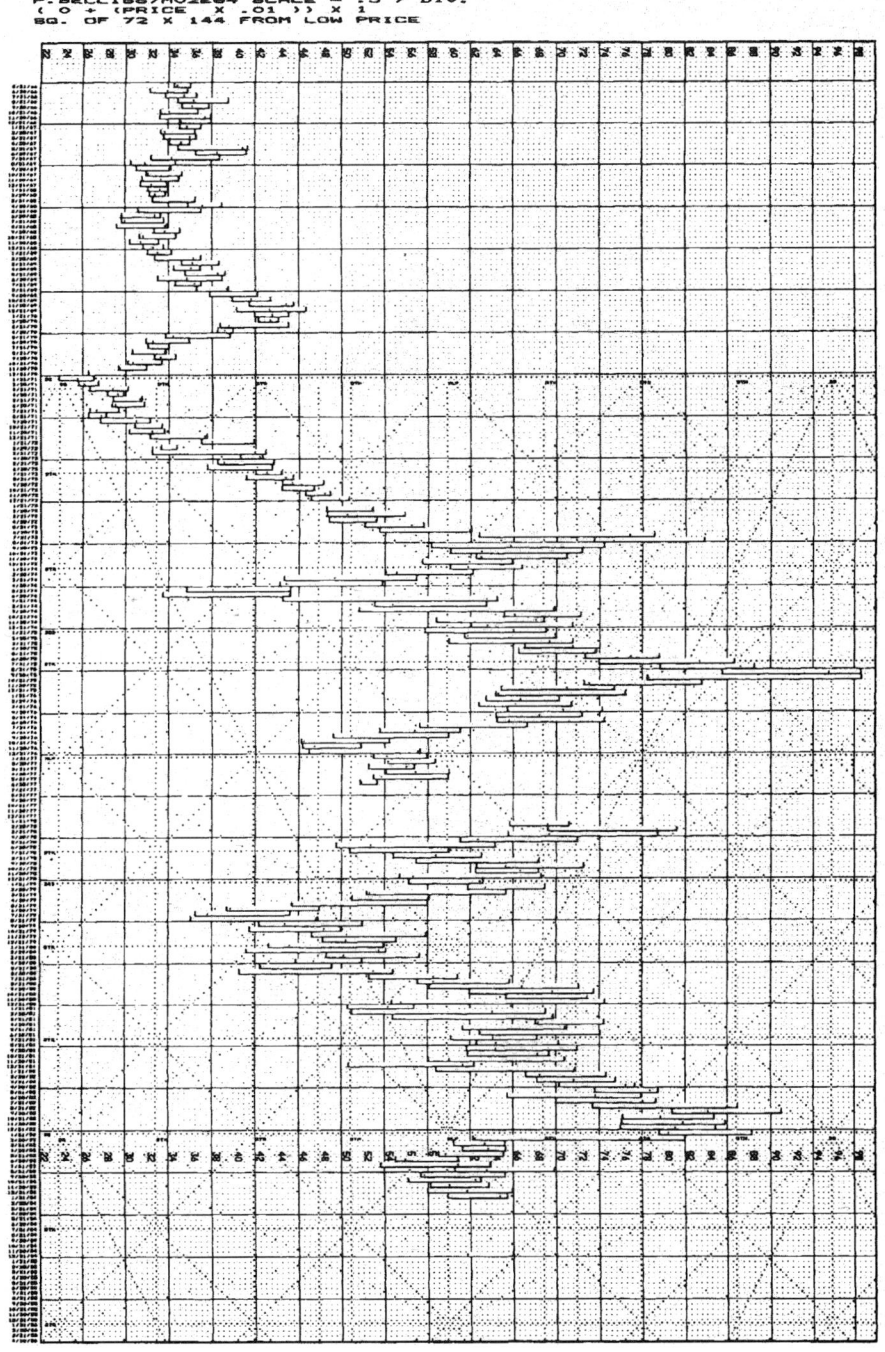

图 5-24 猪五花肉月线图

江恩技术研究（精华本）

- **期权交易**

（选自 1985 年 8 月刊）

对于那些喜欢抄底的交易者来说，期权可能是最好的交易品种了。实际上，很多人选择只做期权交易，而不是把期权和期货放在一起做。一个好的交易策略是，在市场行情处在历史低位时，买入看涨期权。这样一来，你在下一步交易之前就知道，如果看错方向，你会损失多少；如果你看对了方向，那就可以在期货合约上建仓了。

不去考虑时间与价格的分析，只是按照期货价格的周期和历史价来看的话，12 月和 3 月的玉米看涨期权（行权价：210 或 220）、11 月和 1 月的大豆看涨期权（行权价：500）和 12 月和 3 月的堪萨斯小麦看涨期权（行权价：300），看上去都很有吸引力。

如果江恩今天还健在的话，他应该会痛痛快快地把它们一口都吞下去。

在以后的杂志中，我会加入一些看涨和看跌期权的交易策略。

- **江恩的价格和时间"轮"**

（选自 1983 年 5 月刊）

江恩在对期货或股票进行分析时，采用了很多不同寻常的方法。在这一期的杂志中，你们看到的是江恩众多的价格和时间"轮"中的三个。

这些轮的外部一圈是时间，日期是贴在一个方板上的，中间这个部分代表价格，或者叫轮子，它是钉在方板上的，中心还有个轴，每个轮都能够围着中间的轴旋转，江恩做了好些这样的东西。

尽管我们还没有开始研究这部分内容，我却打心眼儿里相信，江恩对怎么用它们心知肚明，否则的话，他不会从 1932 年到 1954 年，一直在做这些价格和时间"轮"。

这些价格和时间"轮"非常有意思，它们很像是一个测算仪。

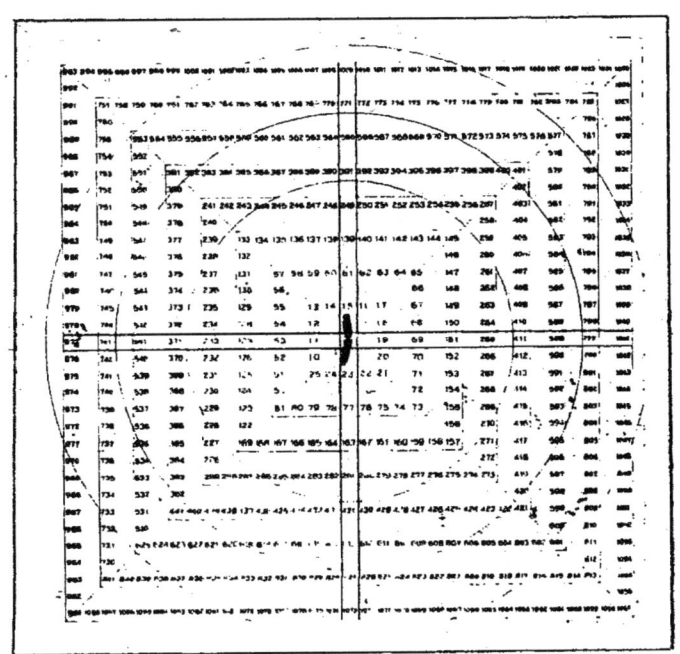

图 5-25　以奇数平方图为底板

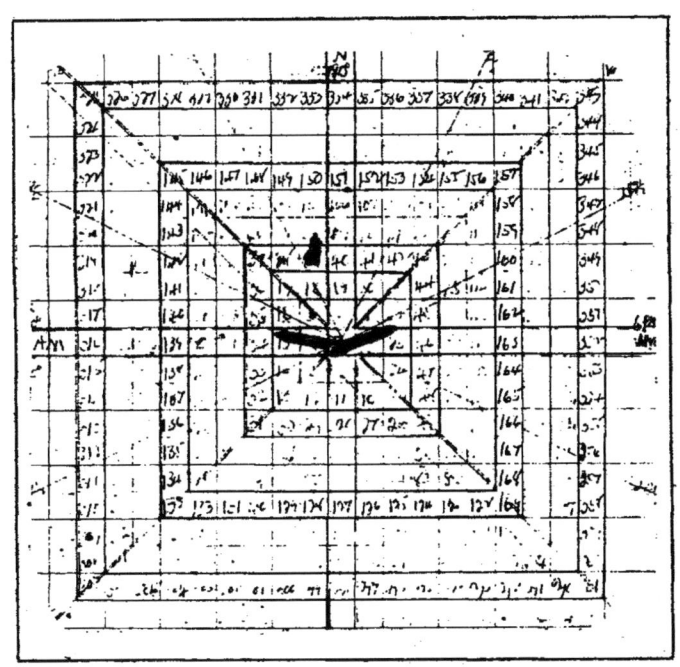

图 5-26　以奇数平方图为底板

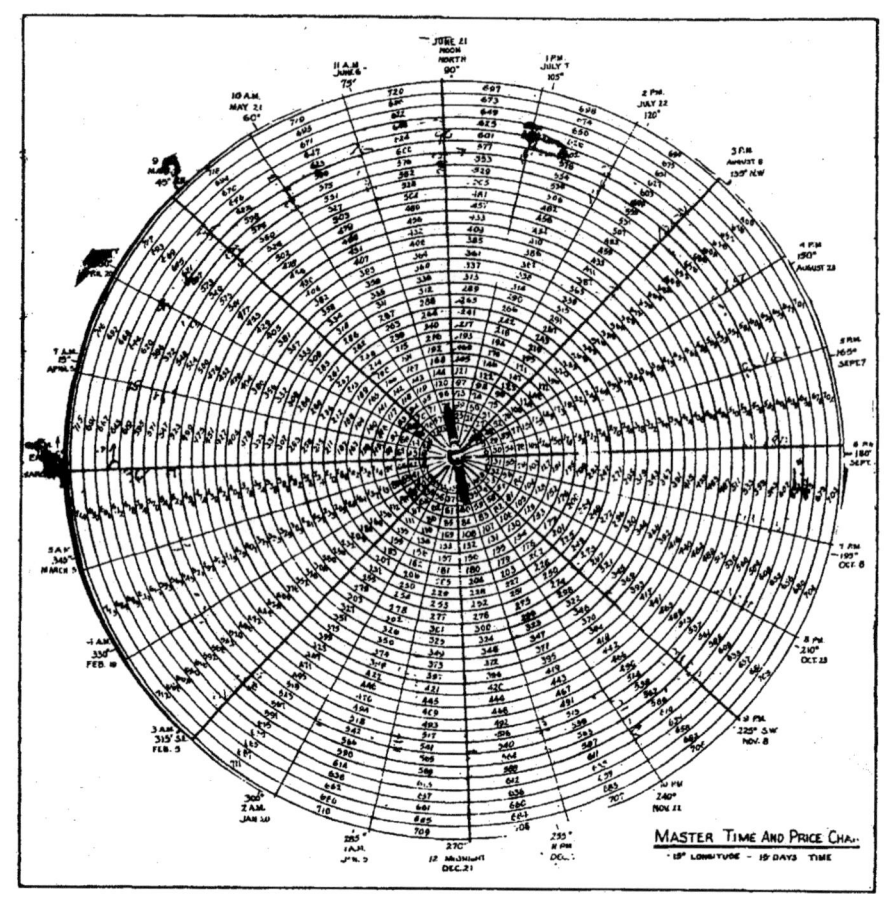

图 5-27　以 360 度圆周图为底板

抱歉，这些图印刷出来的效果比我们预想的要差，希望你能够抓住它的要旨就好。

● 江恩主测仪（Master Calculators）
（选自 1983 年 8 月刊）

江恩的时间与价格测算仪，是江恩开发出来的特别有意思的东西。

这些测算仪，或者说与它们类似的东西，可以追溯到古老历史的起源，实际上，它植根于人类历史的始祖时代，甚至早于古埃及王朝。

原来这套东西在很早以前就存在，而且人们也不知应用了多少年，可是到了中世纪，它突然神秘地消失了。

这样一个秘密被严守了好长时间，直到毕达哥拉斯（Pythagoras）在研究埃及神庙多年后，把这样一个秘密带回了家。他回希腊后，虽然开办了学校，传授一些几何理论，但对这个秘密却从不教给学生，这应该是他当初掌握到这个秘密时，对埃及大师有过承诺吧。

也许江恩几次去埃及和印度，就是去探寻埃及神庙中所蕴涵的某些几何分割方面的知识。

就人体来说，从一些早期的图可以看出，人伸开双臂，整个的长度与人的身高一致。在下面这个图里，可以看到人的脚等于人的身高的七分之一，注意，脚印是在他的左胳膊上方。

图 5-28 人体比例图

在下面这个图里，一个正方形，先是被两条垂直交叉的直线分成了四个小正方形，接着正方形里又加入了一个内接圆。正方形的分割图 2 中，一个正方形又被小正方形中的对角线，分成了更小的区域。

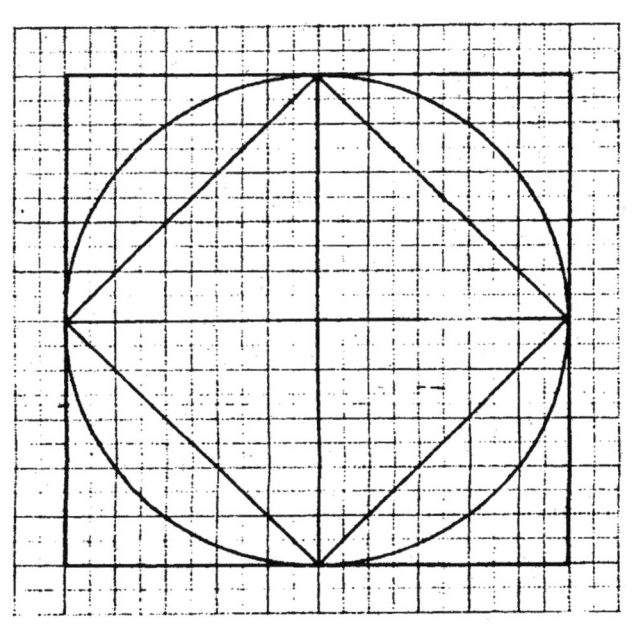

图 5-29 正方形的分割图 1

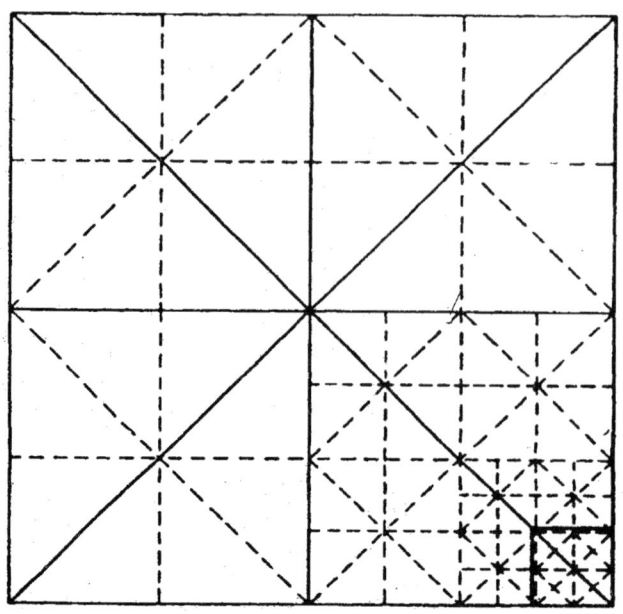

图 5-30 正方形的分割图 2

在下面这个正方形中，我们看到它用 1×1、1×2 和 2×1 这些趋势线，从横向和纵向把其边长都分成了八等份。

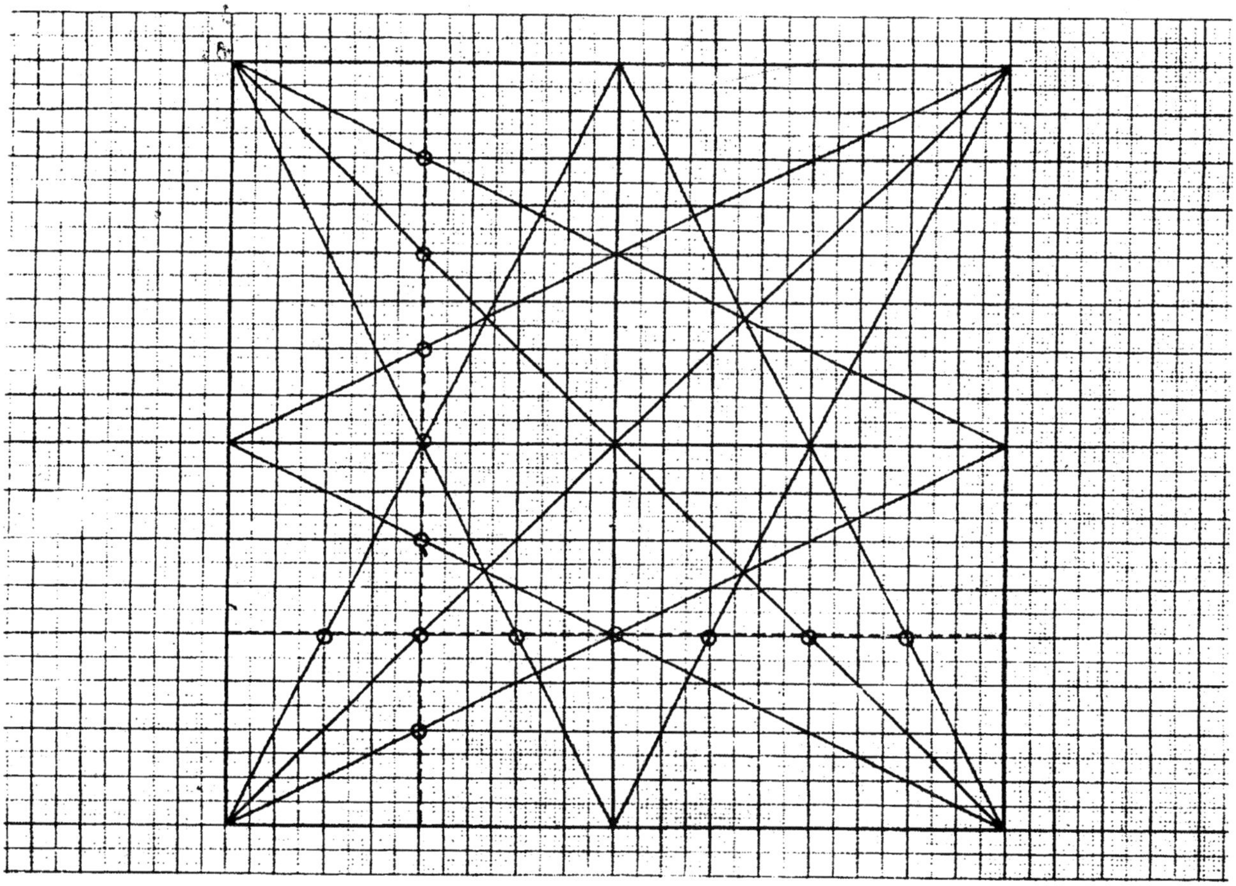

图 5-31 用趋势线来分割正方形

在圆周上，有四个昼夜等分点对应的日期，分别代表着四个季节的开始，它们是3月21日、6月21日、9月22日和12月21日，把这四个点连起来，就构成了一个圆内接正方形。

另外，我们把圆周上的120度、240度和360度这三个点连起来，构成了一个圆内接三角形，而这样对一个圆周进行三等分，江恩称之为"时间分割主单元（MASTER TIME DIVISIONS）"。

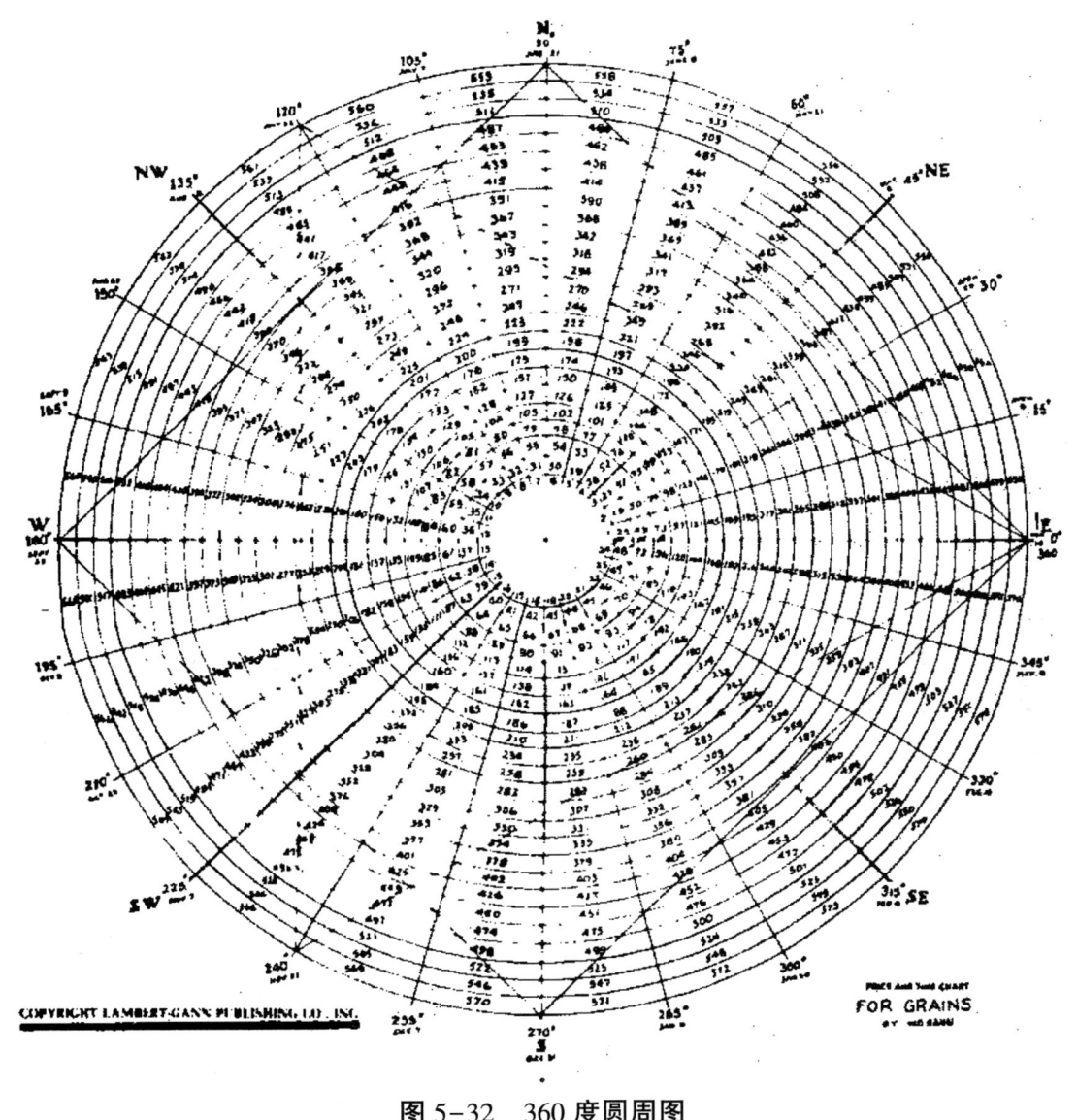

图 5-32　360 度圆周图

下面这个图是兰伯特—江恩出版公司的公司标志。

图 5-33 江恩出版公司的 LOGO

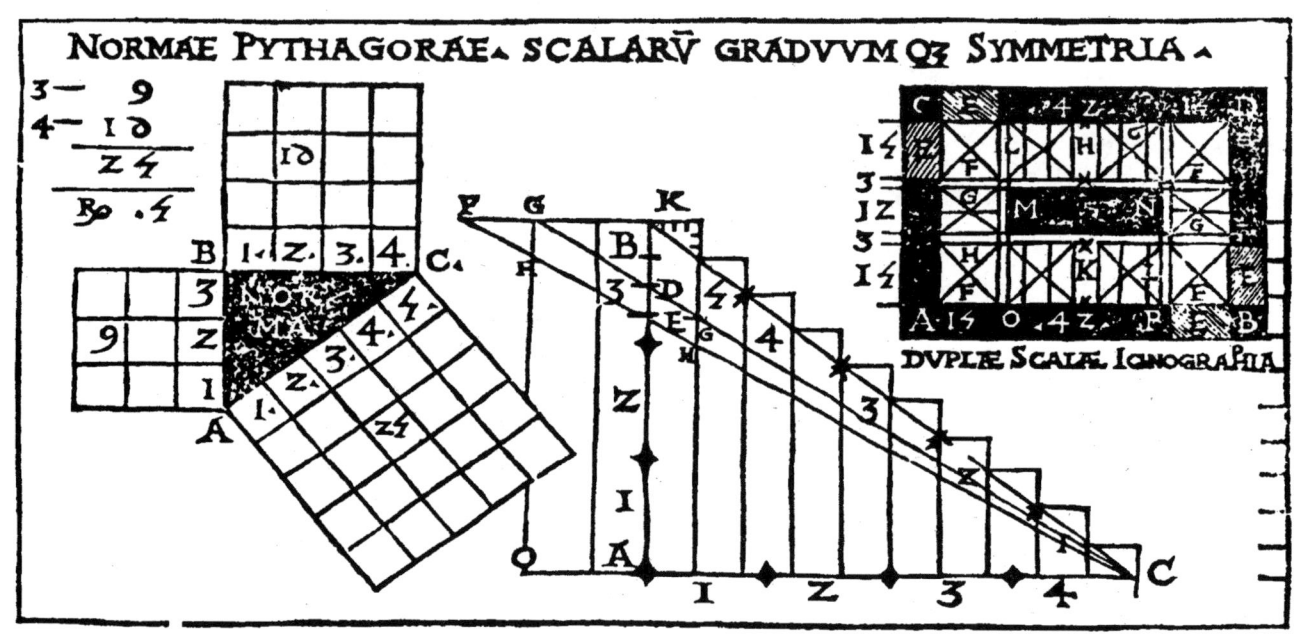

图 5-34-1 参考用图

第五章　如何综合运用江恩技术手段来进行交易

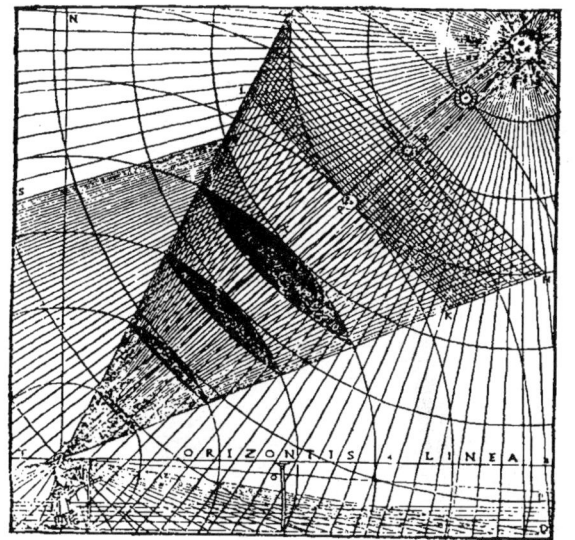
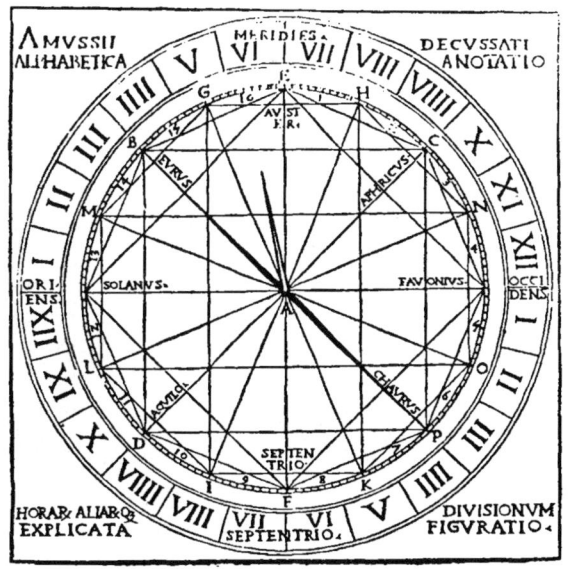
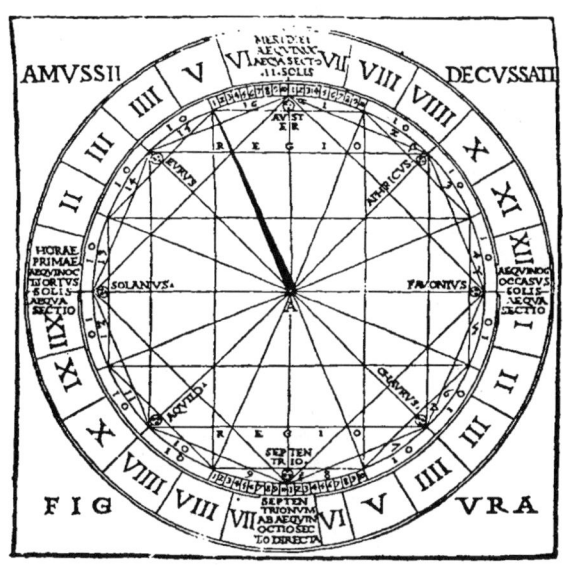
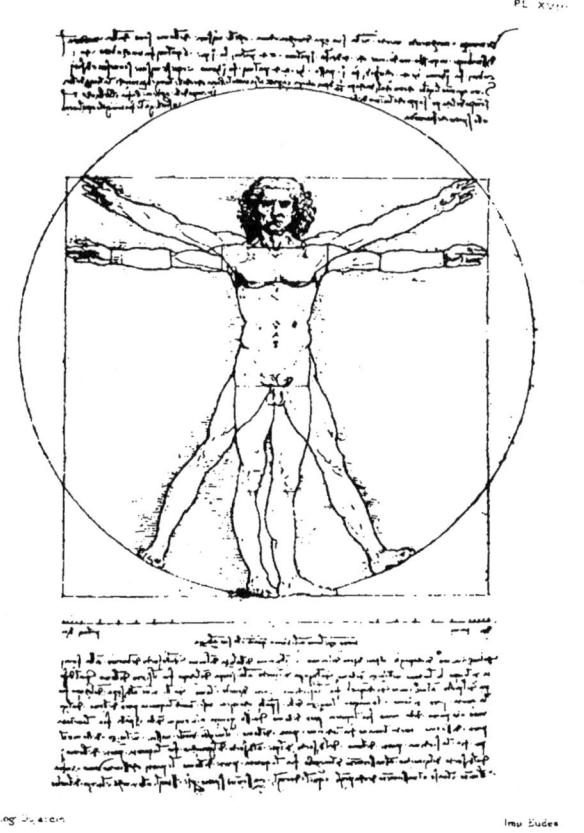
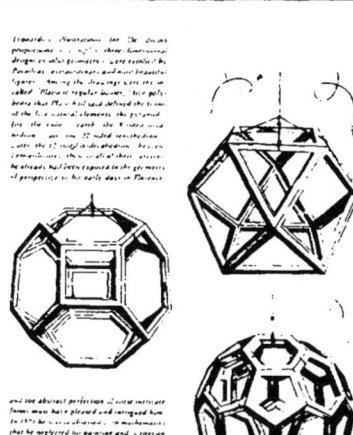

图 5-34-2　参考用图

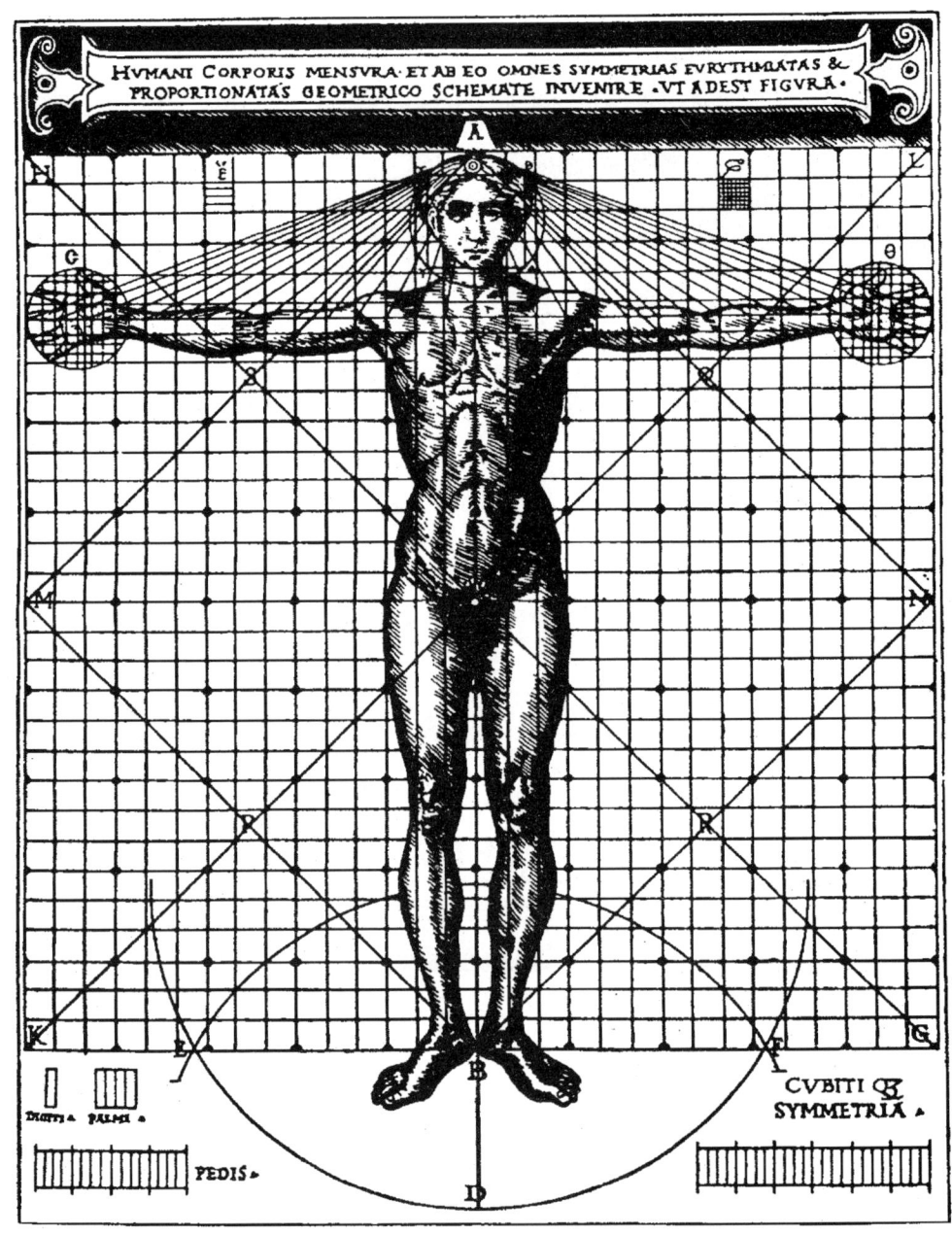

图 5-34-3　参考用图

我们看到了这些与主测仪类似的图逐渐的演变过程,江恩在晚年开发出了用于投机市场的主测仪。

第五章 如何综合运用江恩技术手段来进行交易

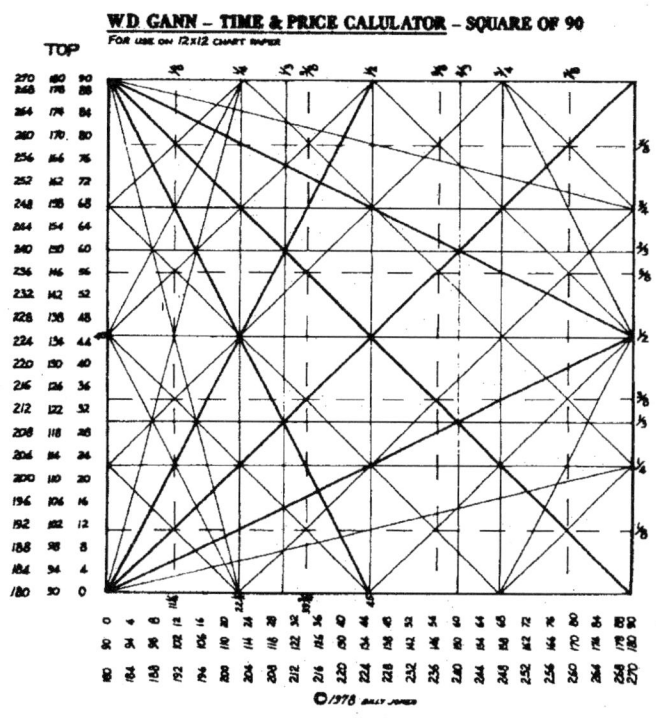

图 5-35 江恩时间与价格测算仪——边长为 90 的正方测算仪

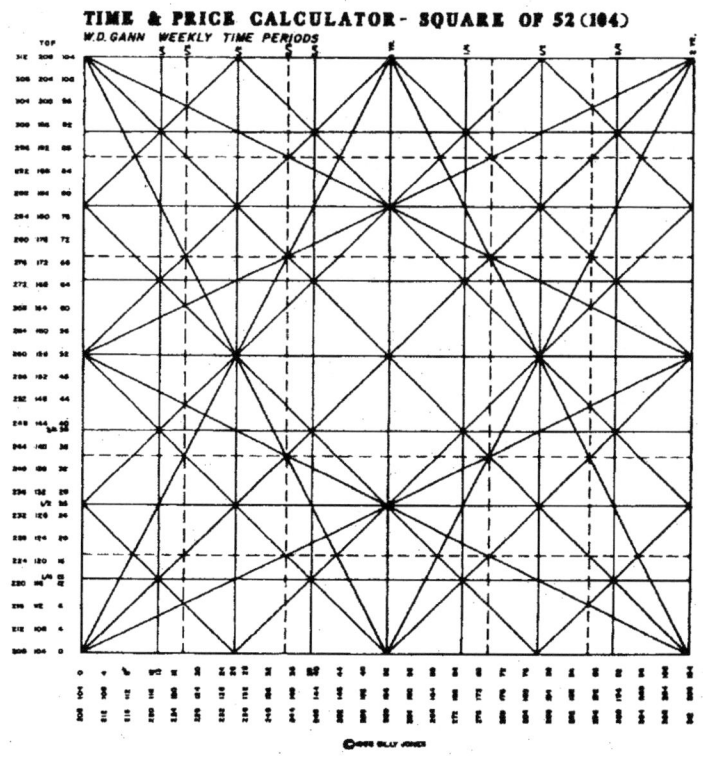

图 5-36 江恩时间与价格测算仪——边长为 52（104）的正方测算仪

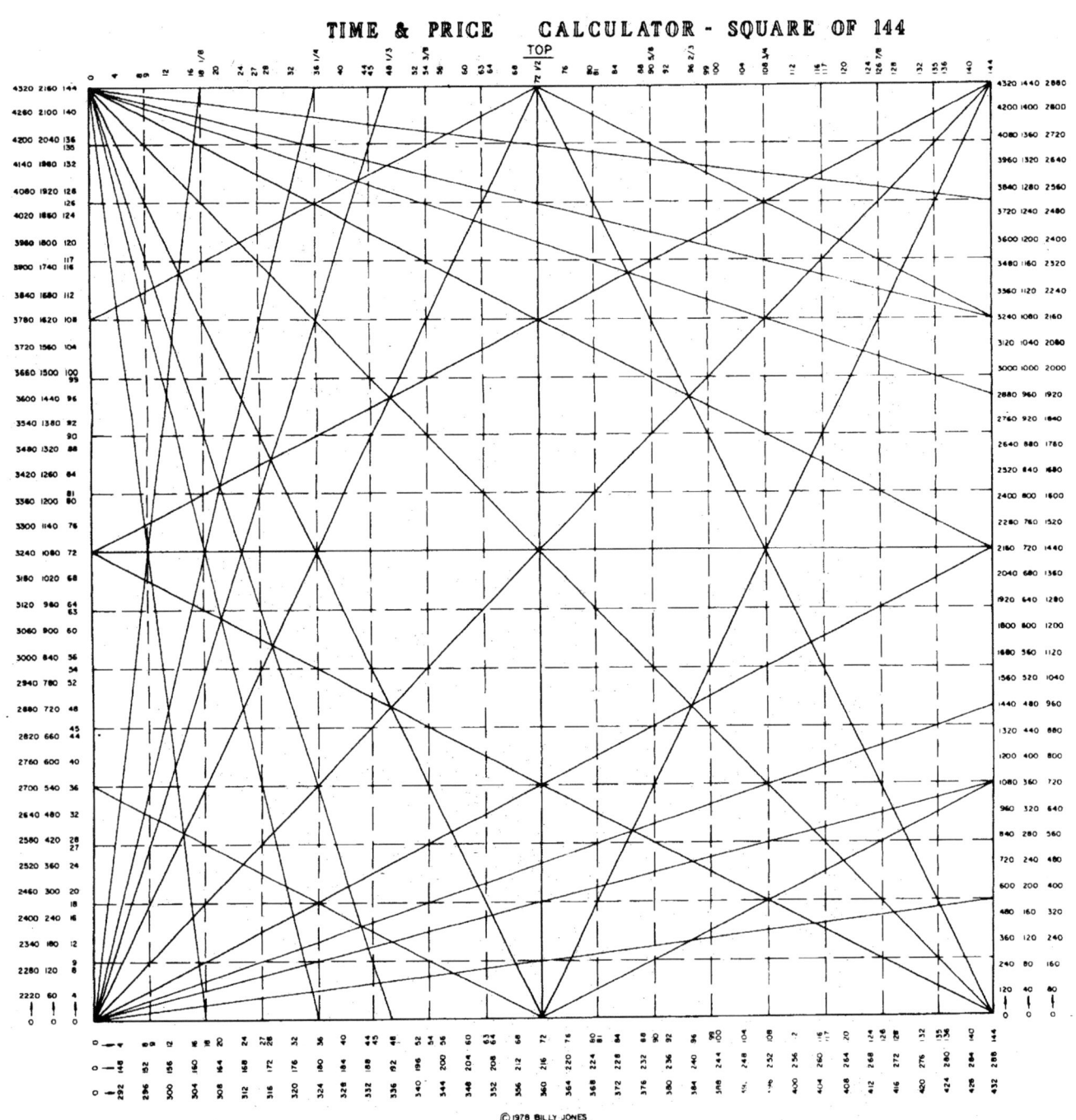

图 5-37　江恩时间与价格测算仪——边长为 144 的正方测算仪

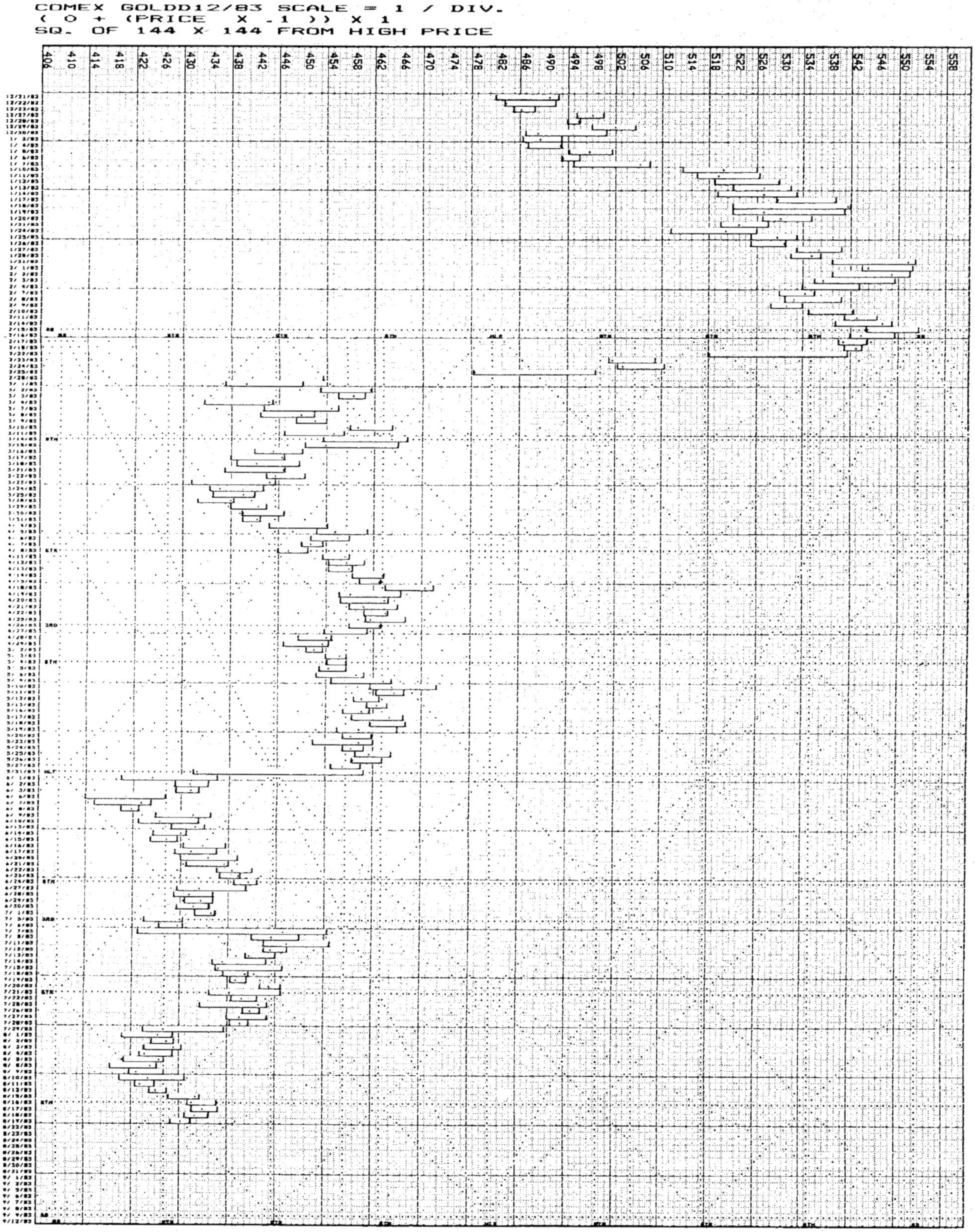

图 5-38 运用江恩交易者 I 软件绘制出的黄金走势图

江恩技术研究（精华本）

● **电脑的出现和在市场中的应用：江恩交易者软件（GANNTRADER）**

（选自 1983 年 5 月和 6 月刊）

电脑开始出现在期货和股票市场有好几年了，现在，大家开始享受这个新科技时代的便利。

电脑在采用了一些构思精巧的程序后，省去了在交易系统更新上的大量工作。

交易者可以照顾到更多的期货品种和更多只股票，交易也比以前更有效率了。

像 Compu-Trac、Quicktreve、Intra-Day Traders 和其他一些程序，都是专门为某种类型的交易者来编写的，这些程序是为大众交易者服务的，并且着眼于未来。

它们之所以成为质量很高的程序，因为它们在编写过程中倾听了用户的意见，并对程序做了相应的修改或更新。这些程序会与期货和股票市场共同成长，在将来很长时间内相互依存。

我个人一直觉得，应该根据江恩的技术分析方法来编写一个软件程序，我认为这样一个软件应该可以满足基本的需求，而它的能力与成效又是独树一帜的。

所以，大约在 10 个月前，我聘请了一位专业的编程师来开发一个交易软件，这位编程师同时也是个期货交易者，并且熟悉江恩的技术分析方法。

我们在软件开发上一起合作，我给他提供思路，他把我的思路变成一个可用的电脑系统。

江恩交易者 I（GANNTRADER I）软件会在 7 月底完成并准备上市，它的售价将在 300~400 美元之间，这个程序的功能之一就是它的绘图能力。

在此，我要展示一些根据江恩交易者软件绘制出来的期货和股指的走势图。

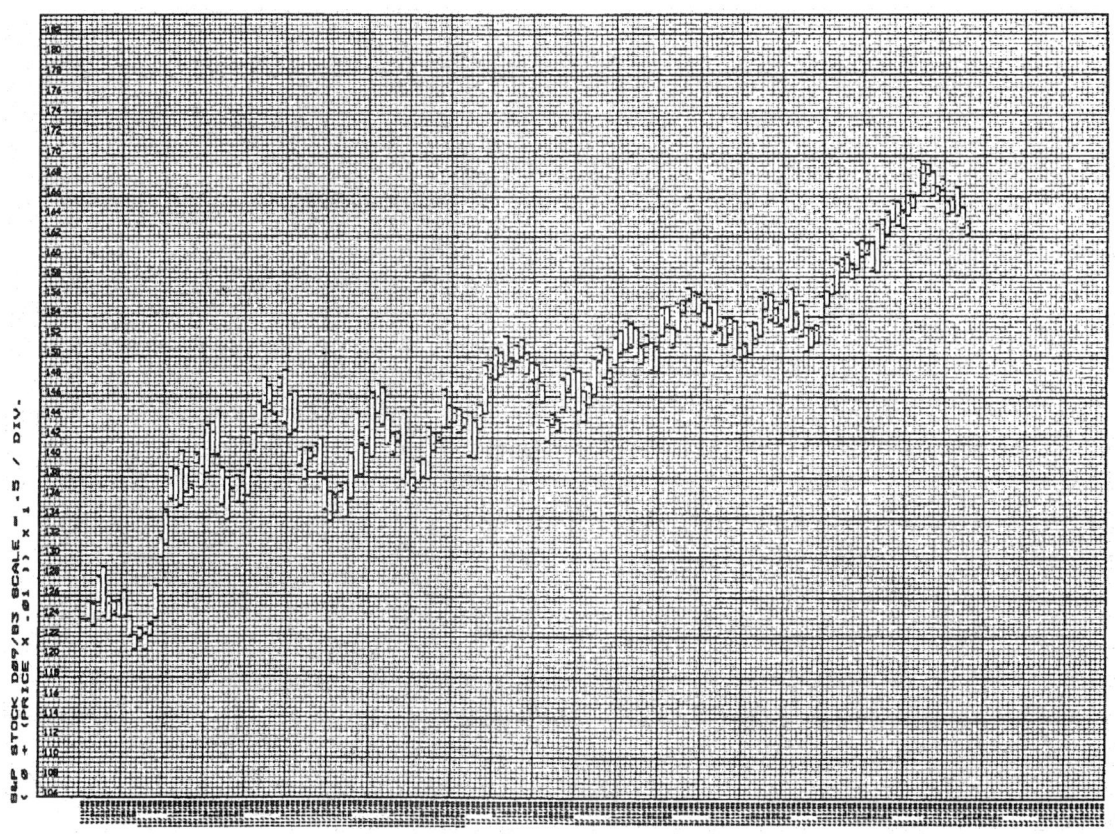

图 5-39 标普指数走势图

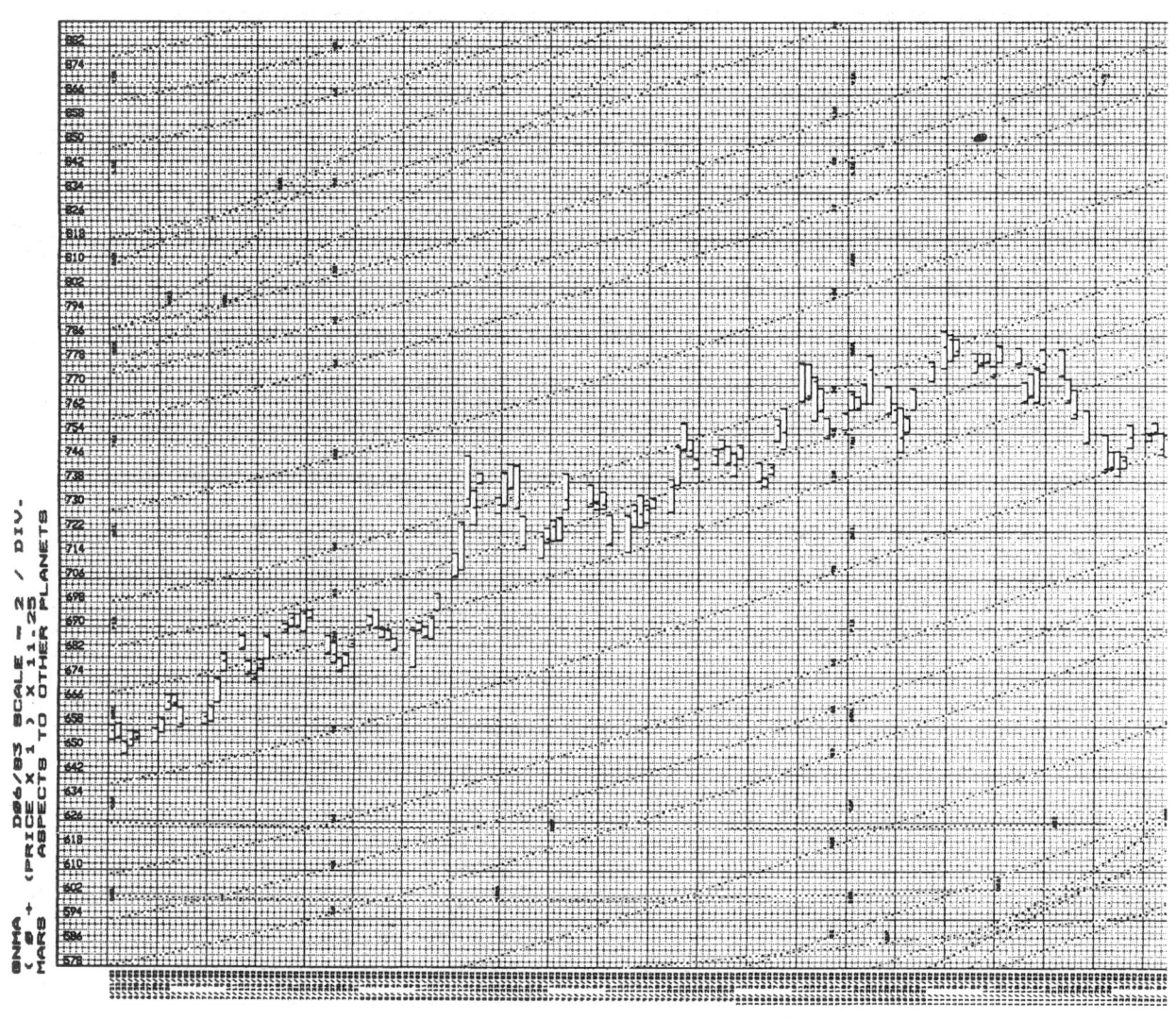

图 5-40 GNMA 走势图

第五章 如何综合运用江恩技术手段来进行交易

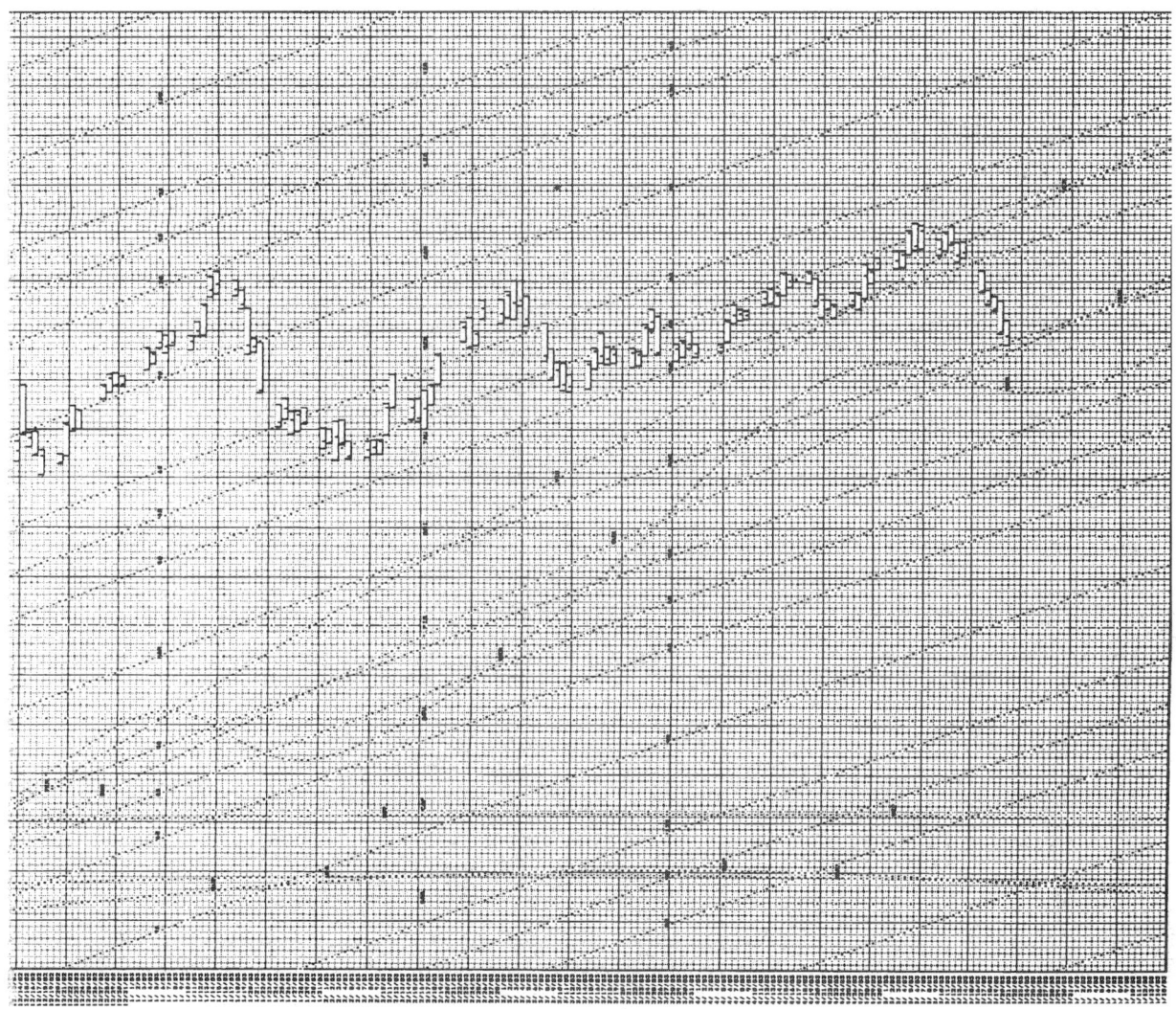

图 5-41 GNMA 走势图

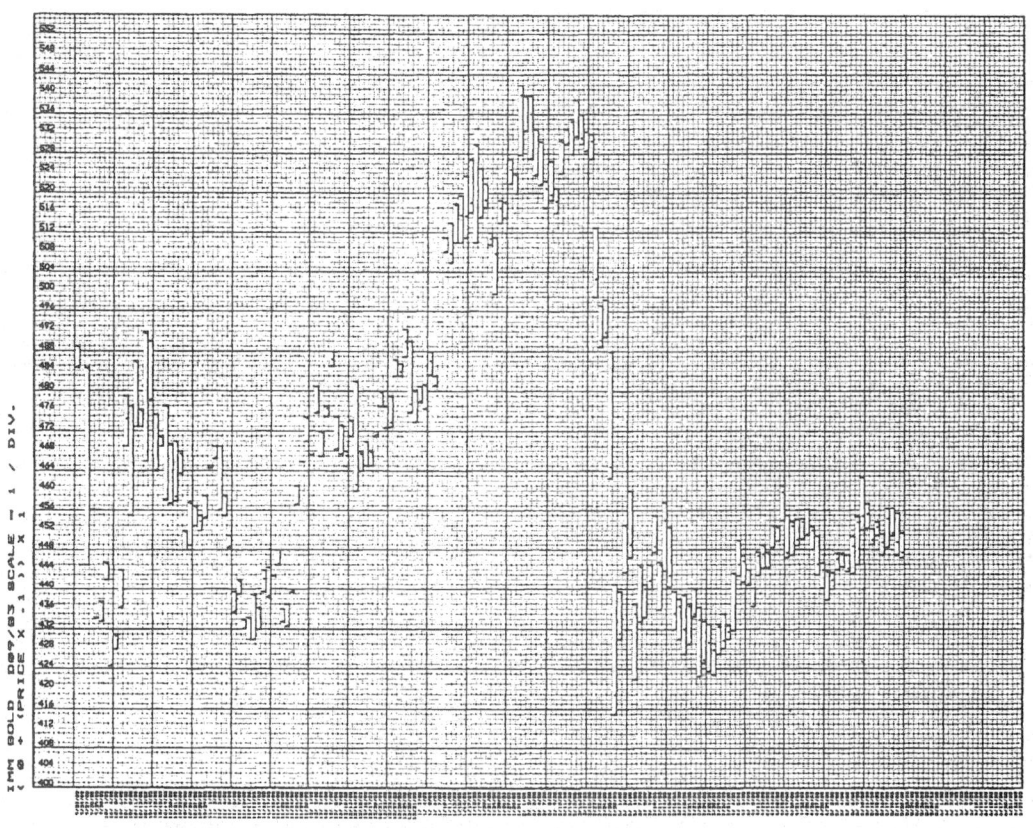

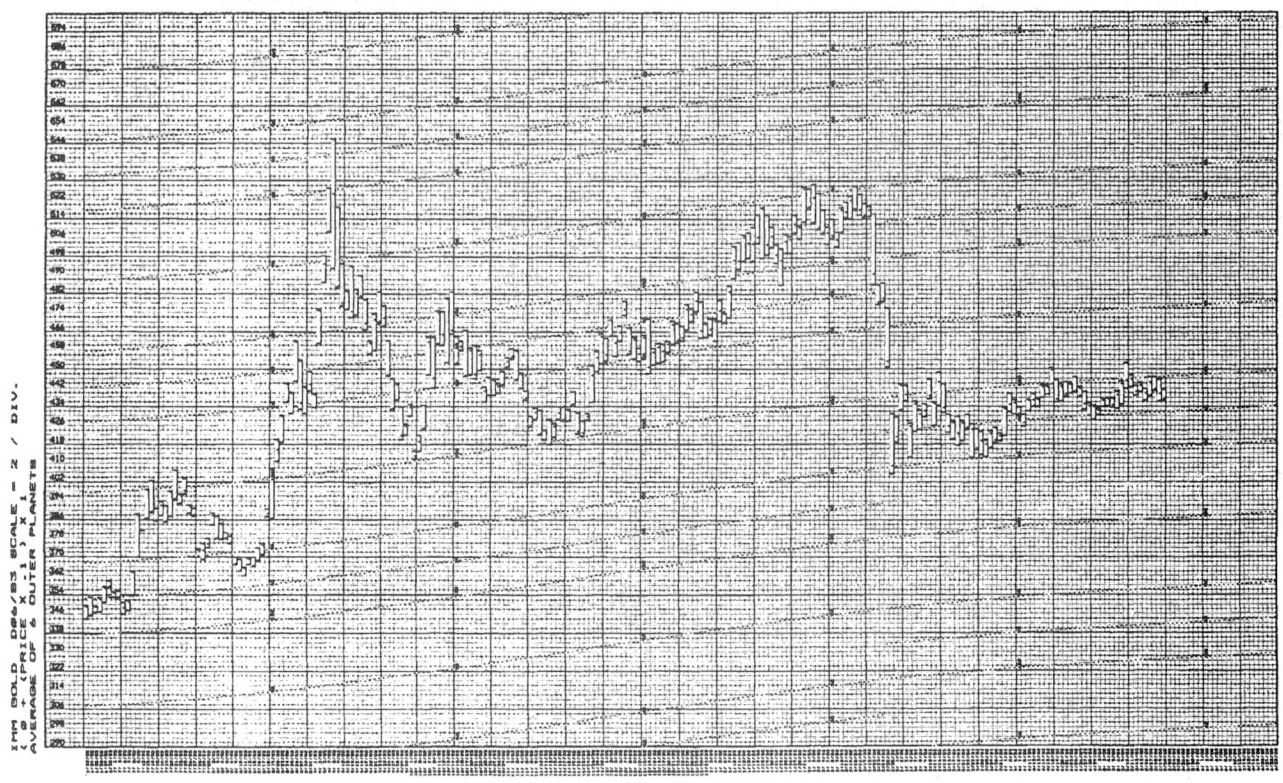

图 5-42 IMM 黄金走势图

第五章　如何综合运用江恩技术手段来进行交易

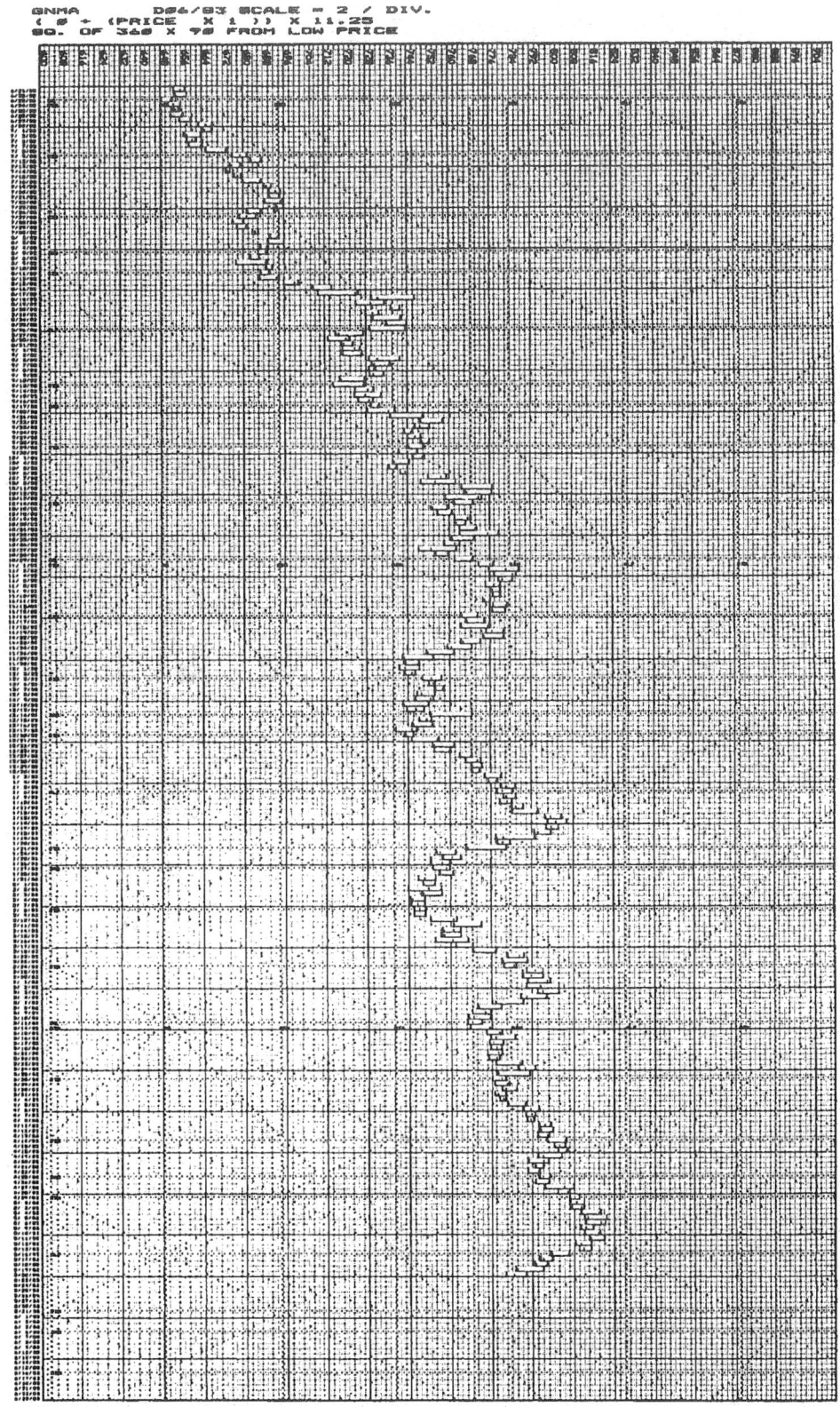

图 5-43　GNMA 走势图

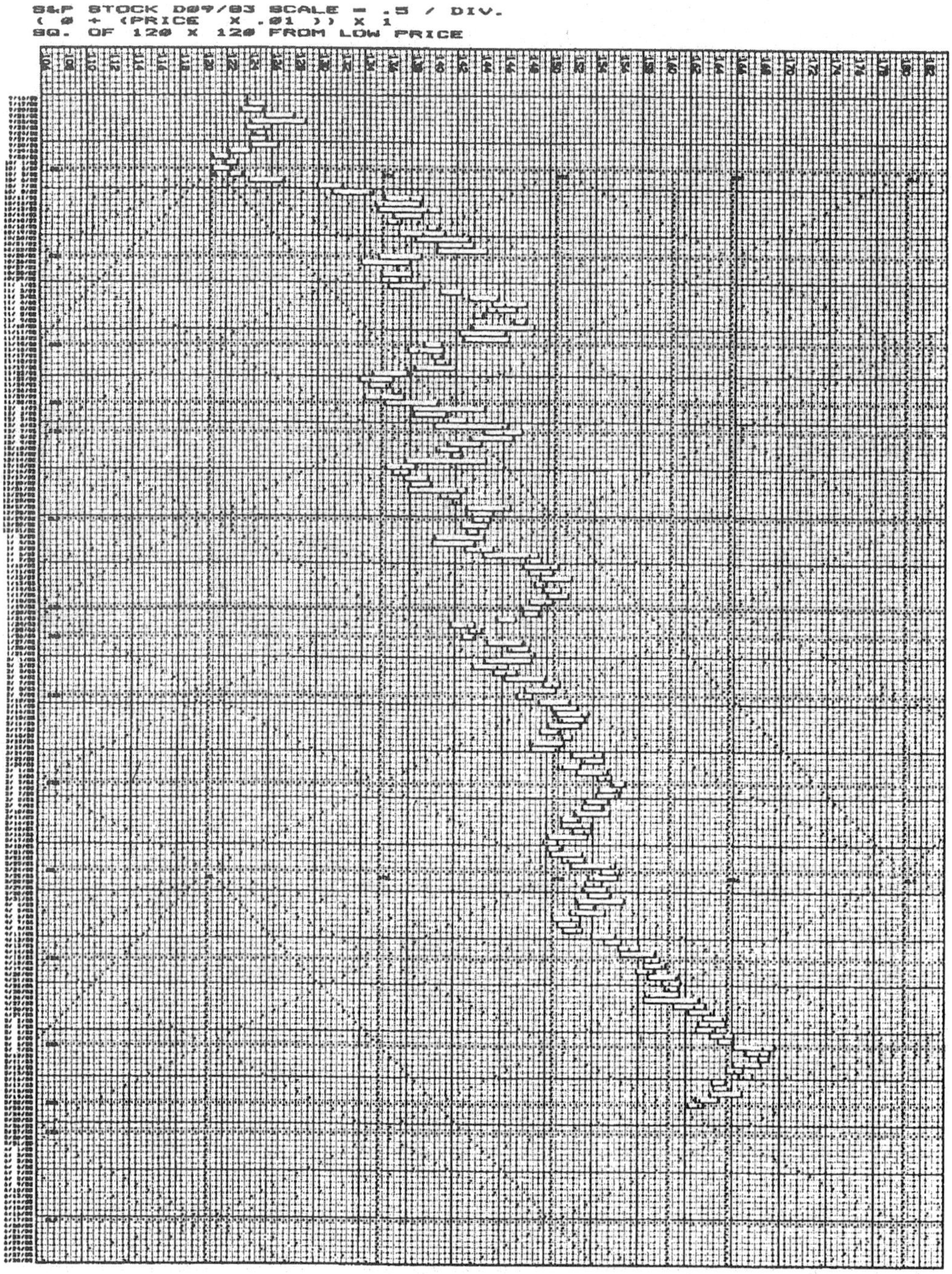

图 5-44 标普指数走势图

第五章 如何综合运用江恩技术手段来进行交易

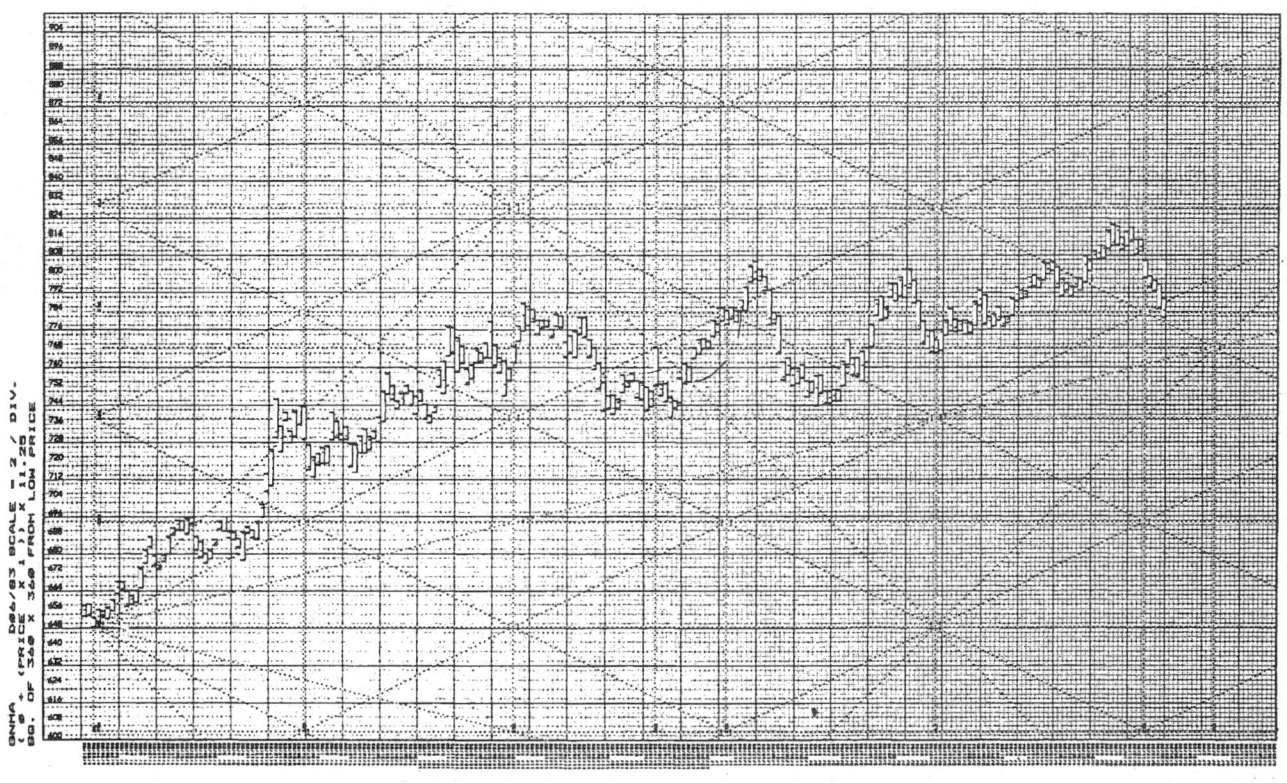

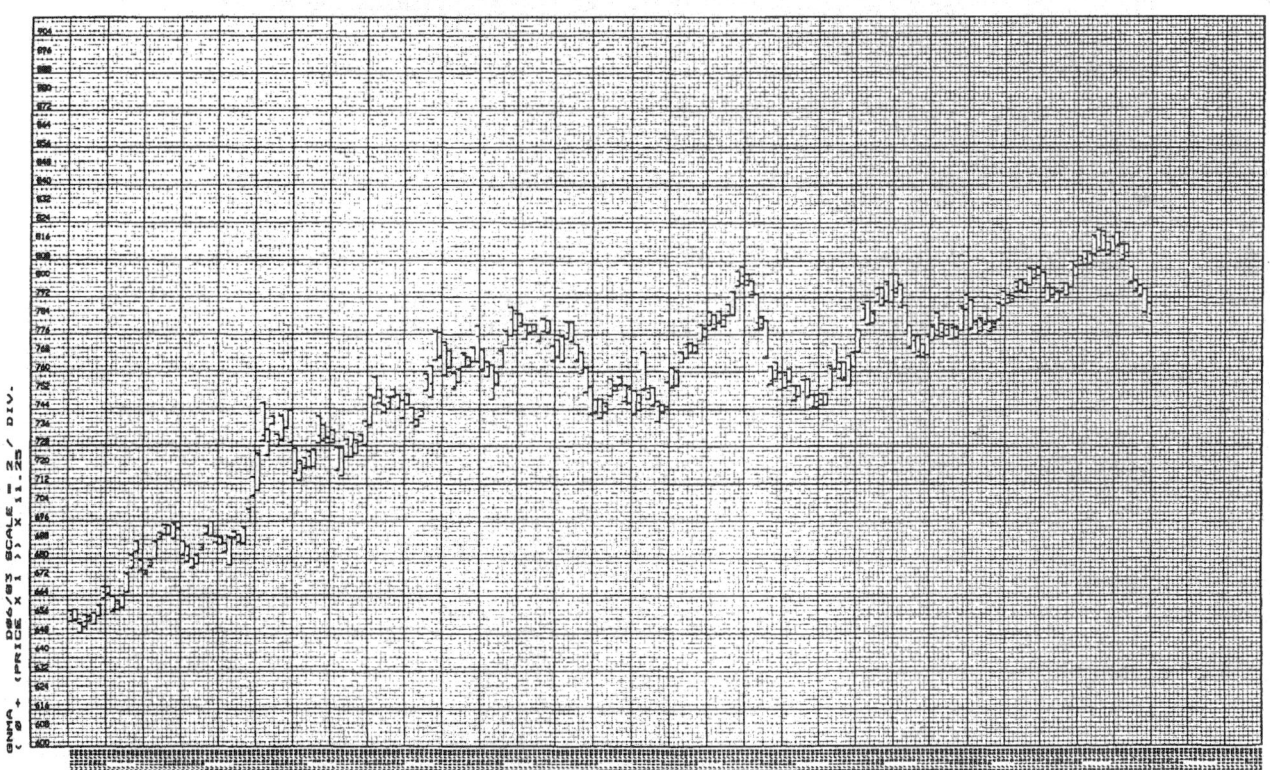

图 5-45 GNMA 走势图

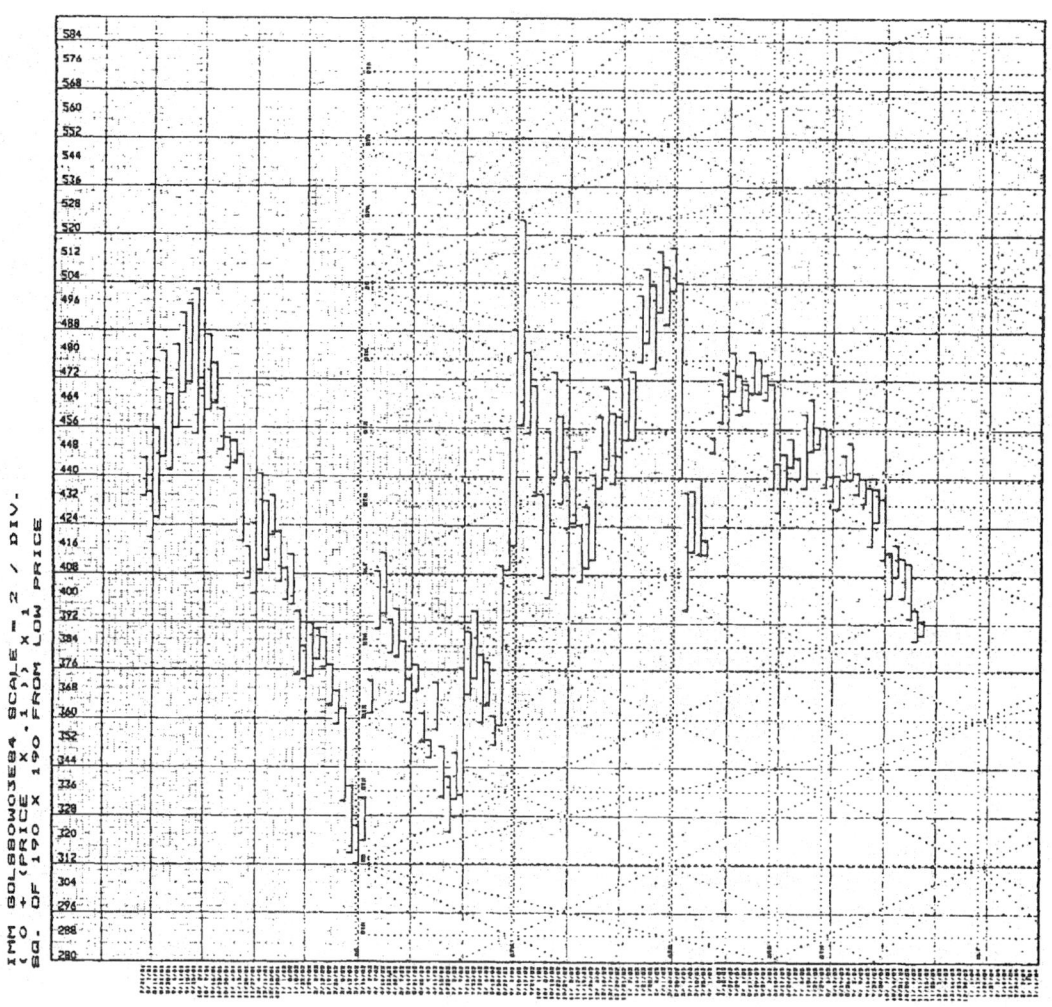

图 5-46 IMM 黄金走势图

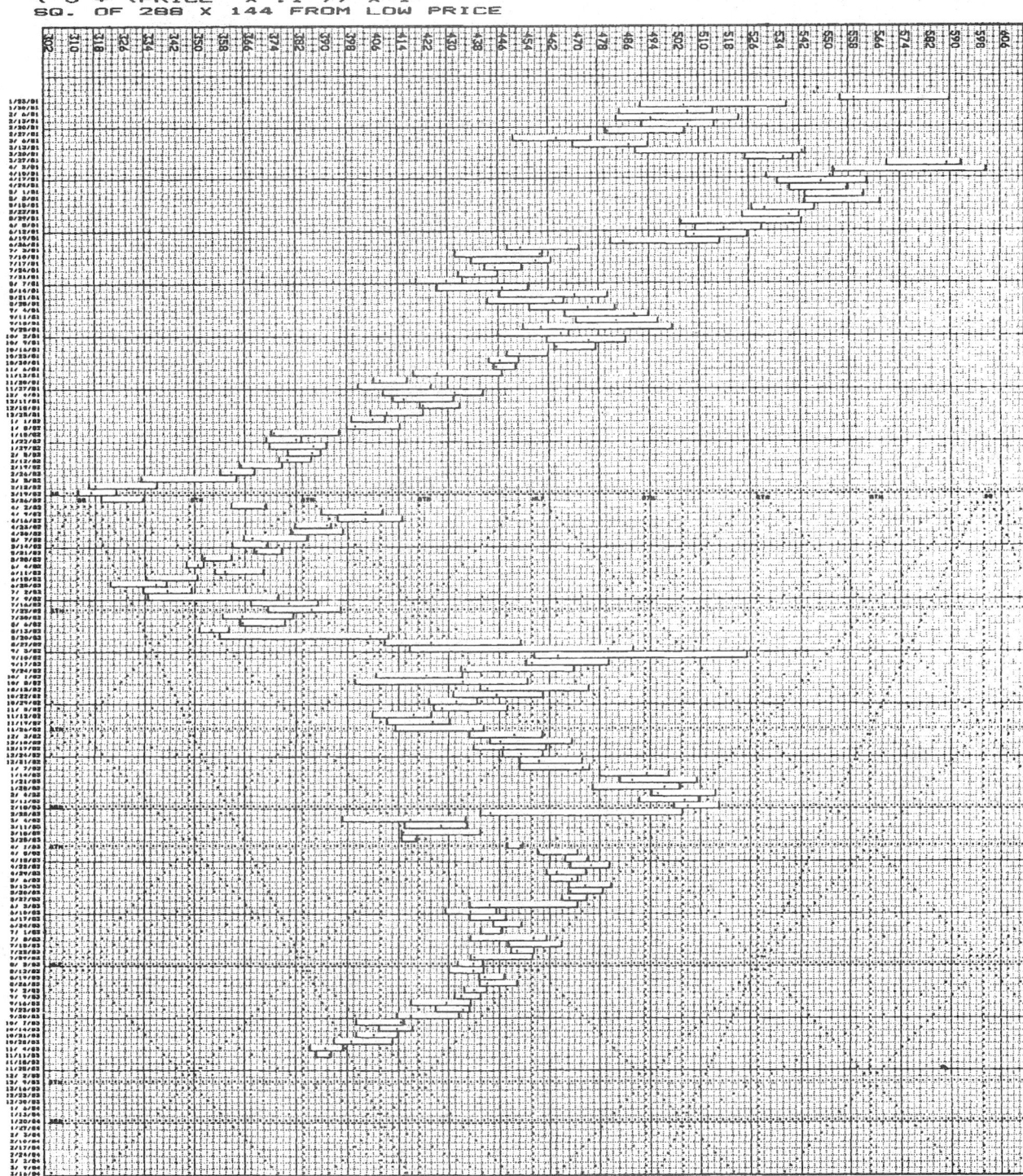

图 5-47 IMM 黄金走势图

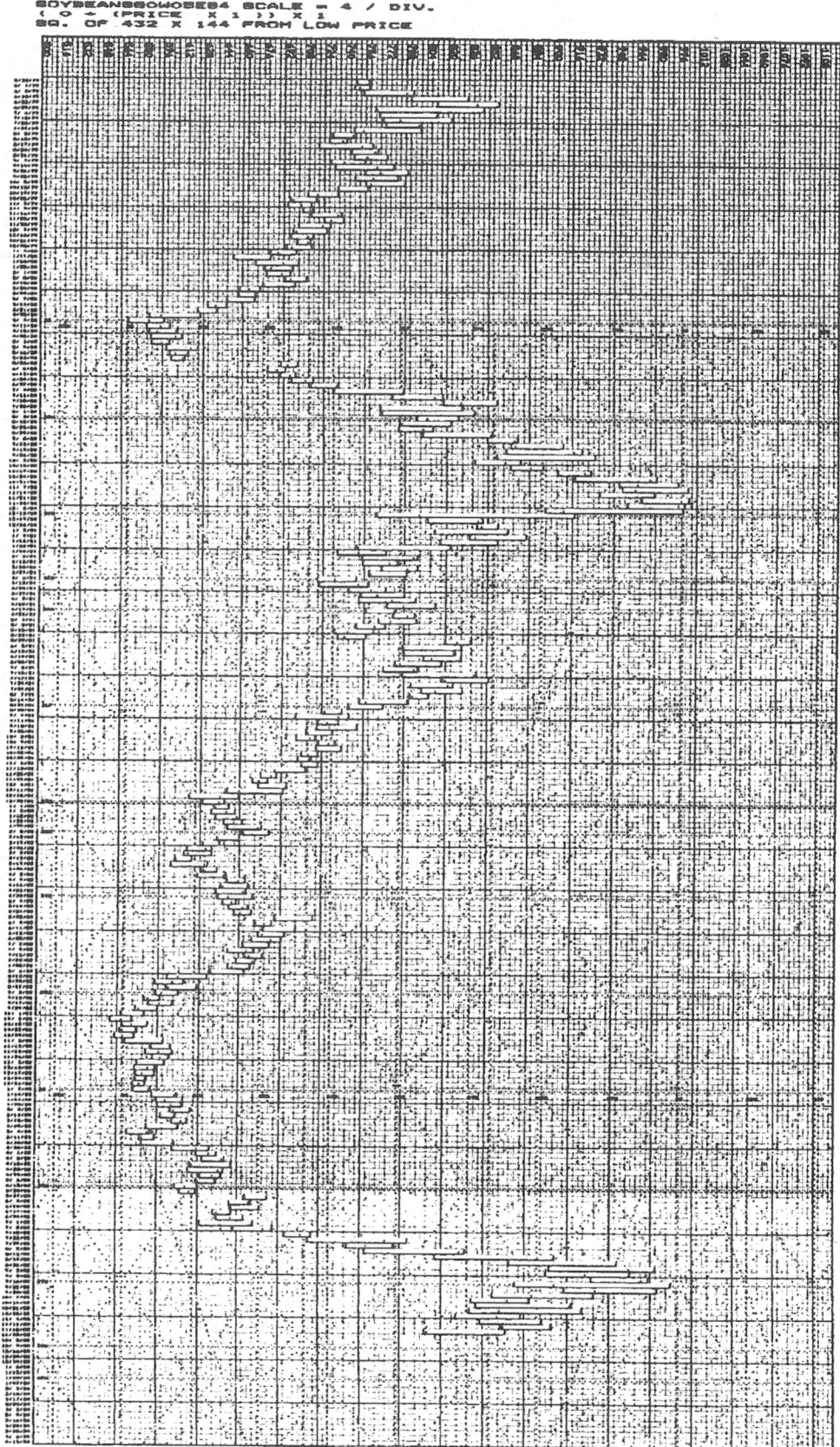

图 5-48 大豆走势图

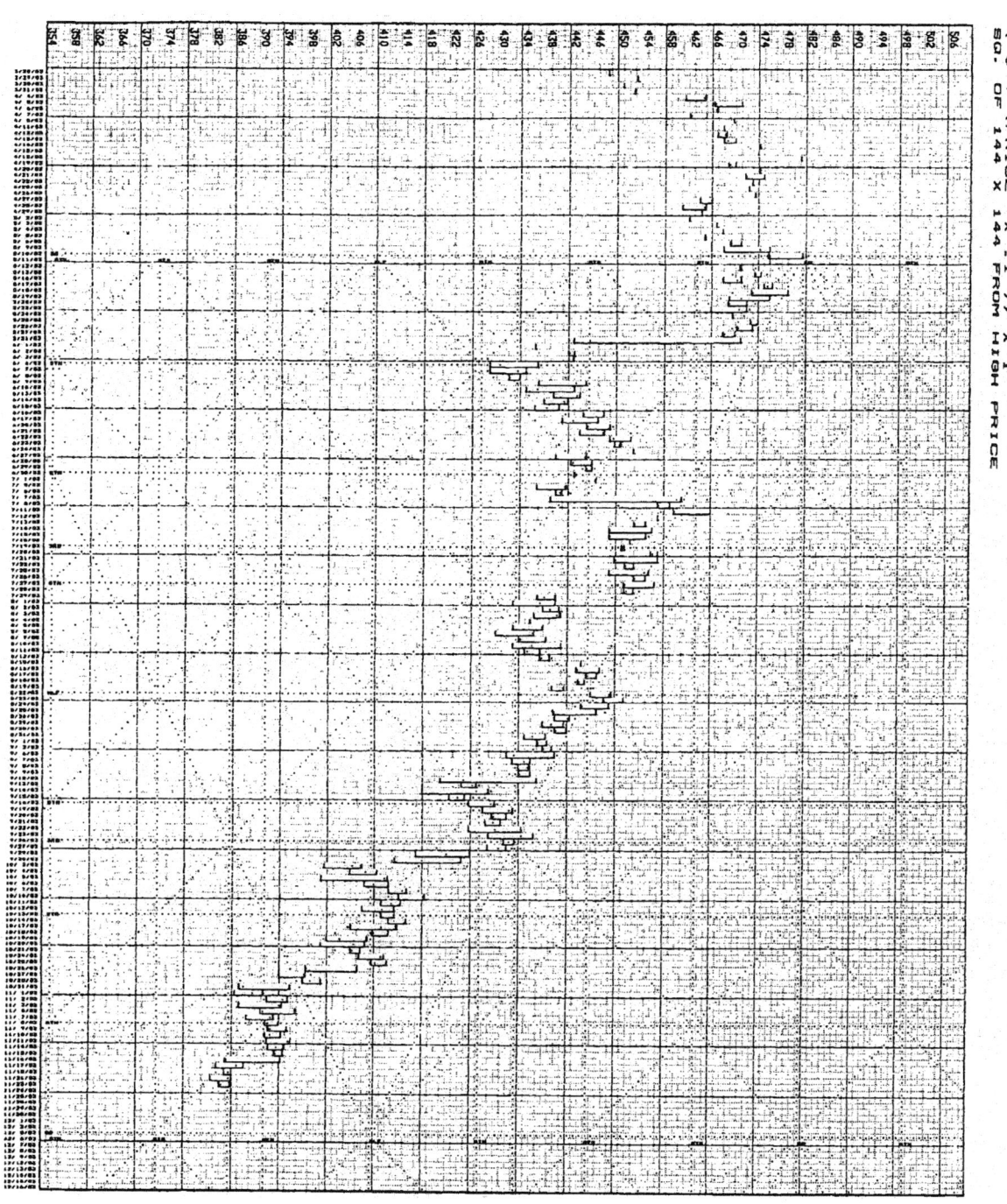

图 5-49 IMM 黄金走势图

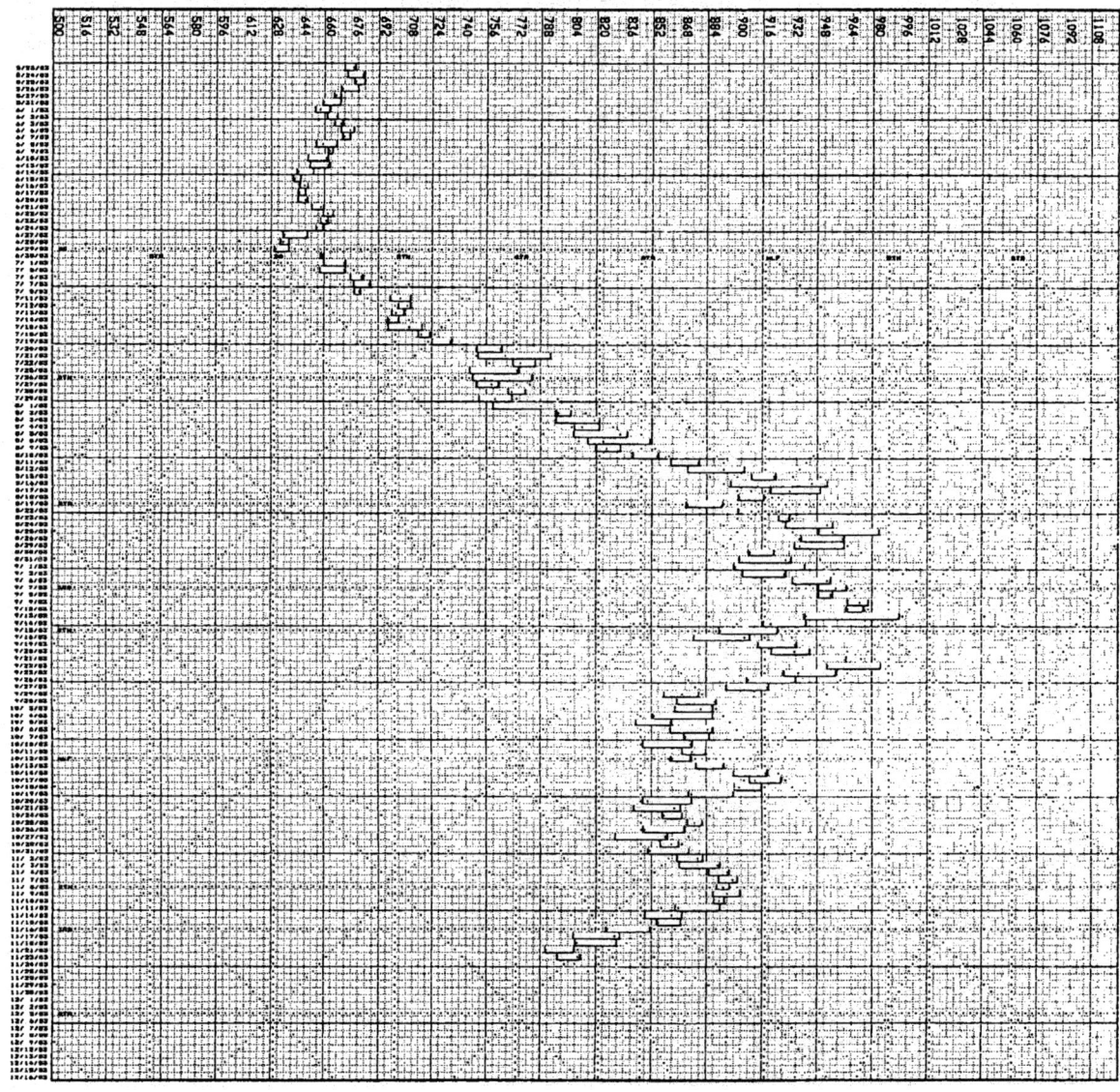

图 5-50 大豆走势图

第五章 如何综合运用江恩技术手段来进行交易

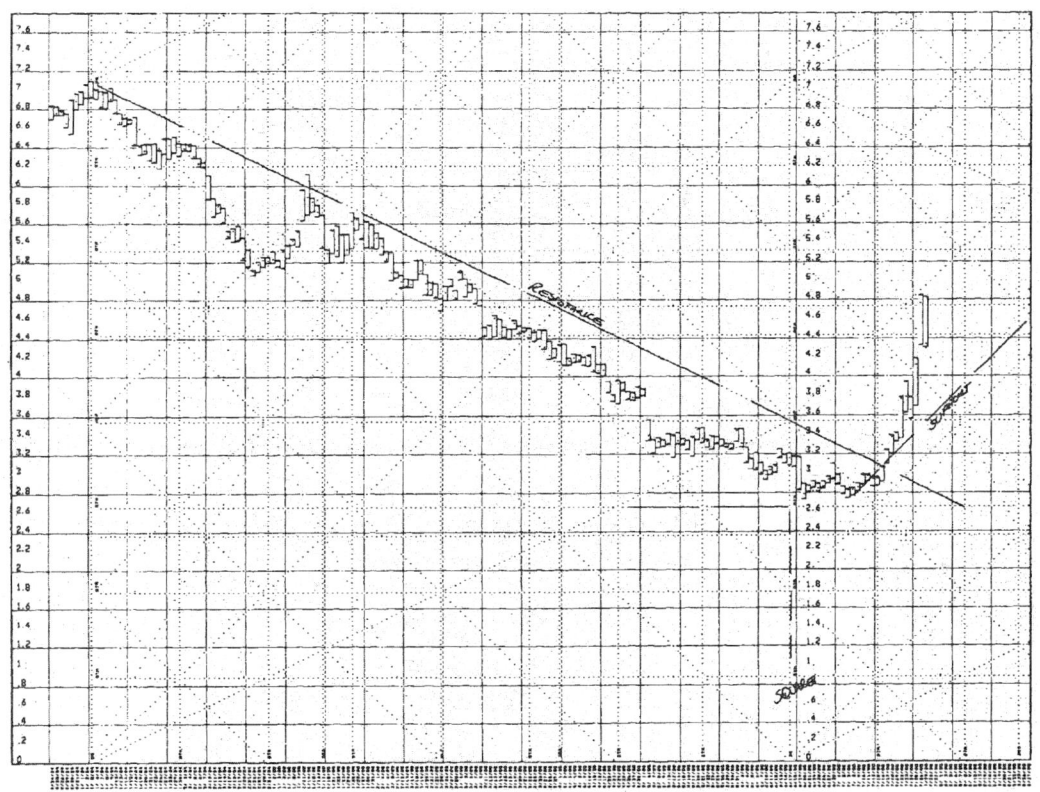

图 5-51 白糖走势图

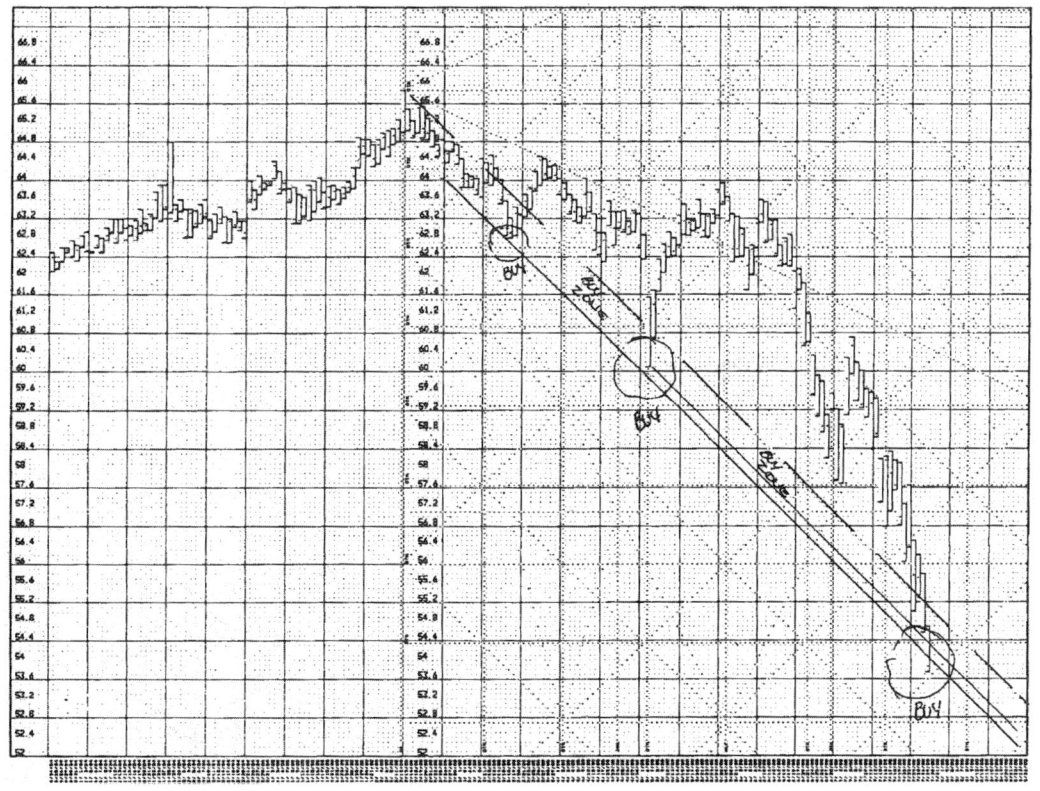

图 5-52 活牛走势图

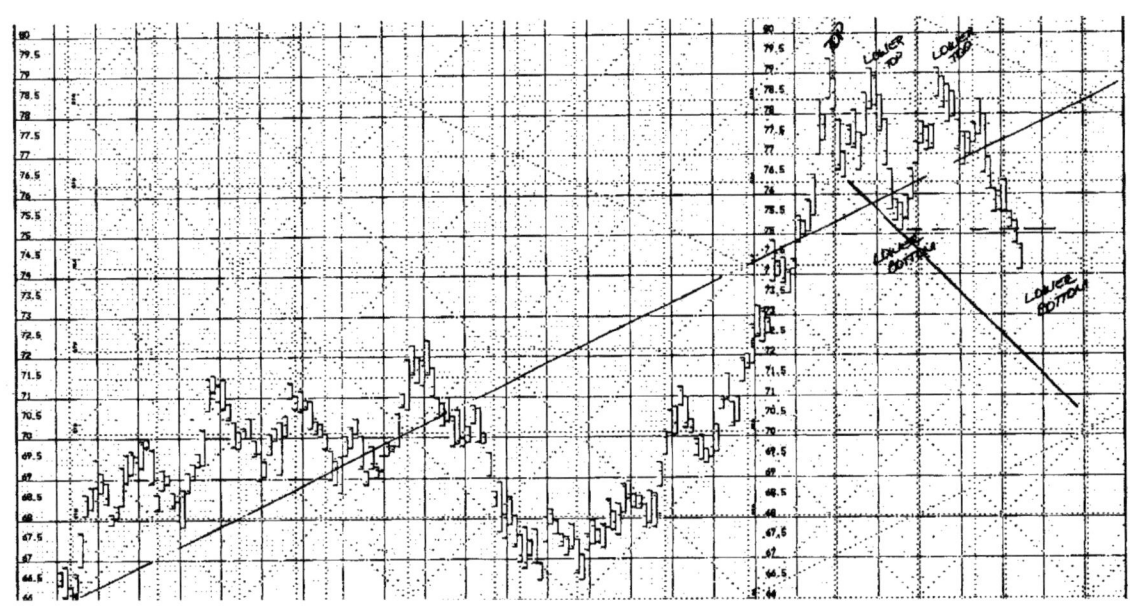

图 5-53 国债走势图

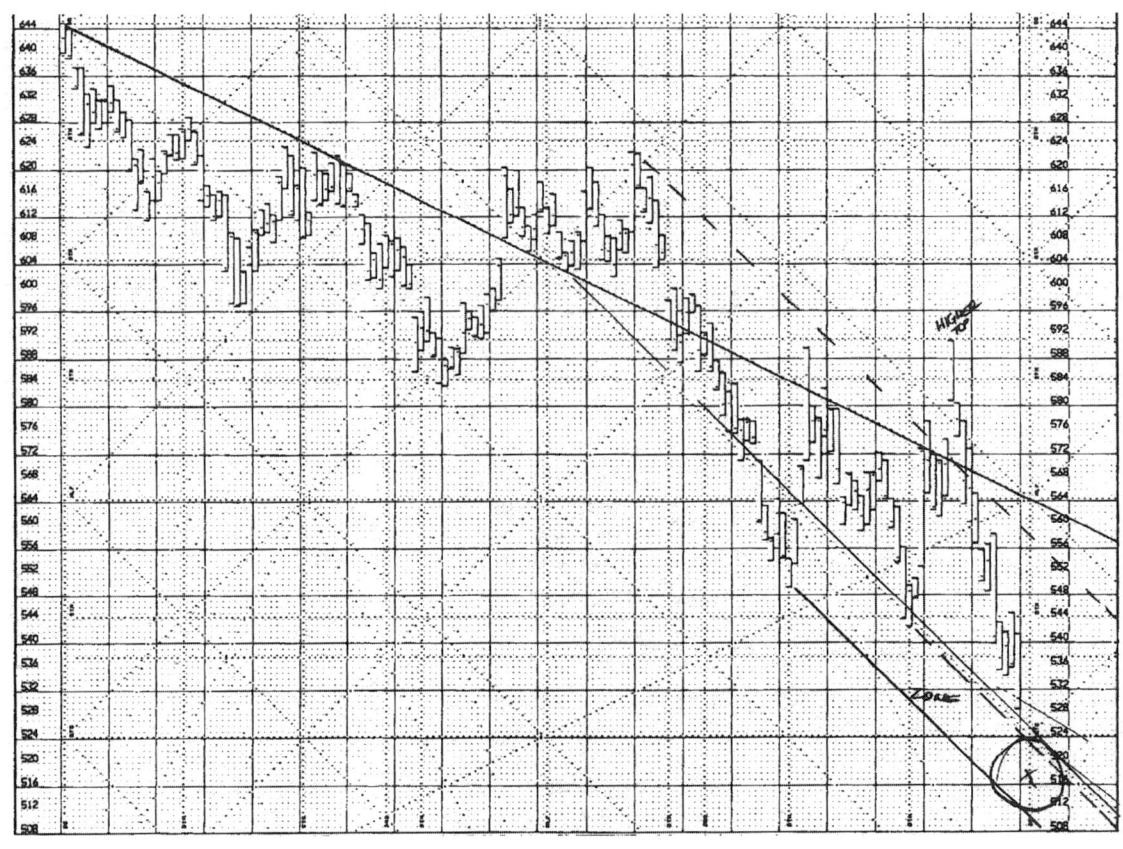

图 5-54 大豆走势图

第五章 如何综合运用江恩技术手段来进行交易

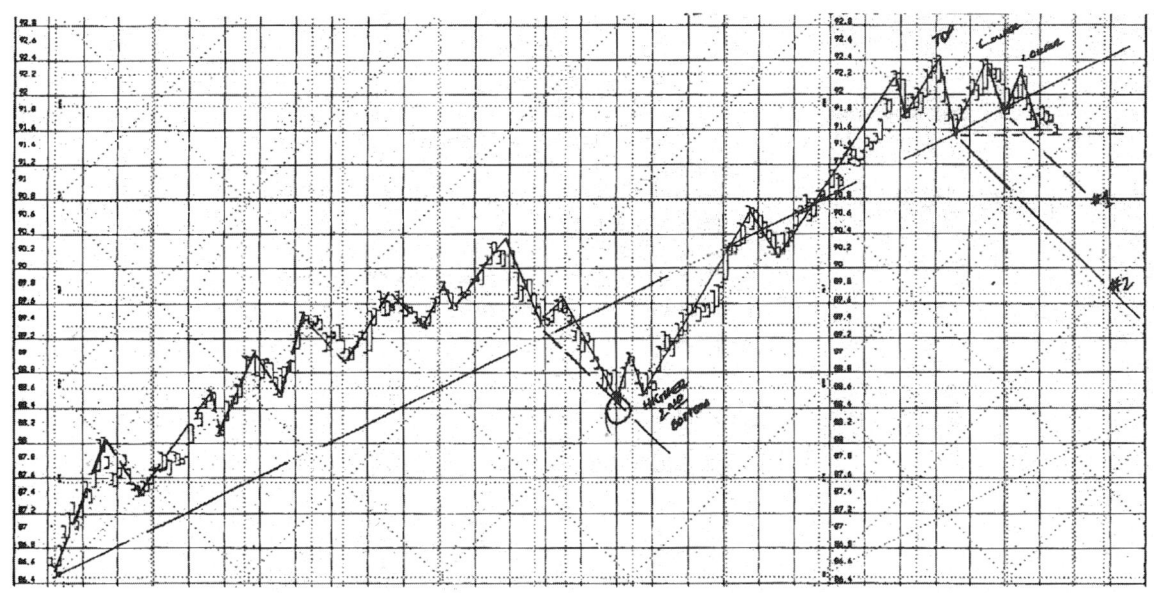

图 5-55 欧元走势图

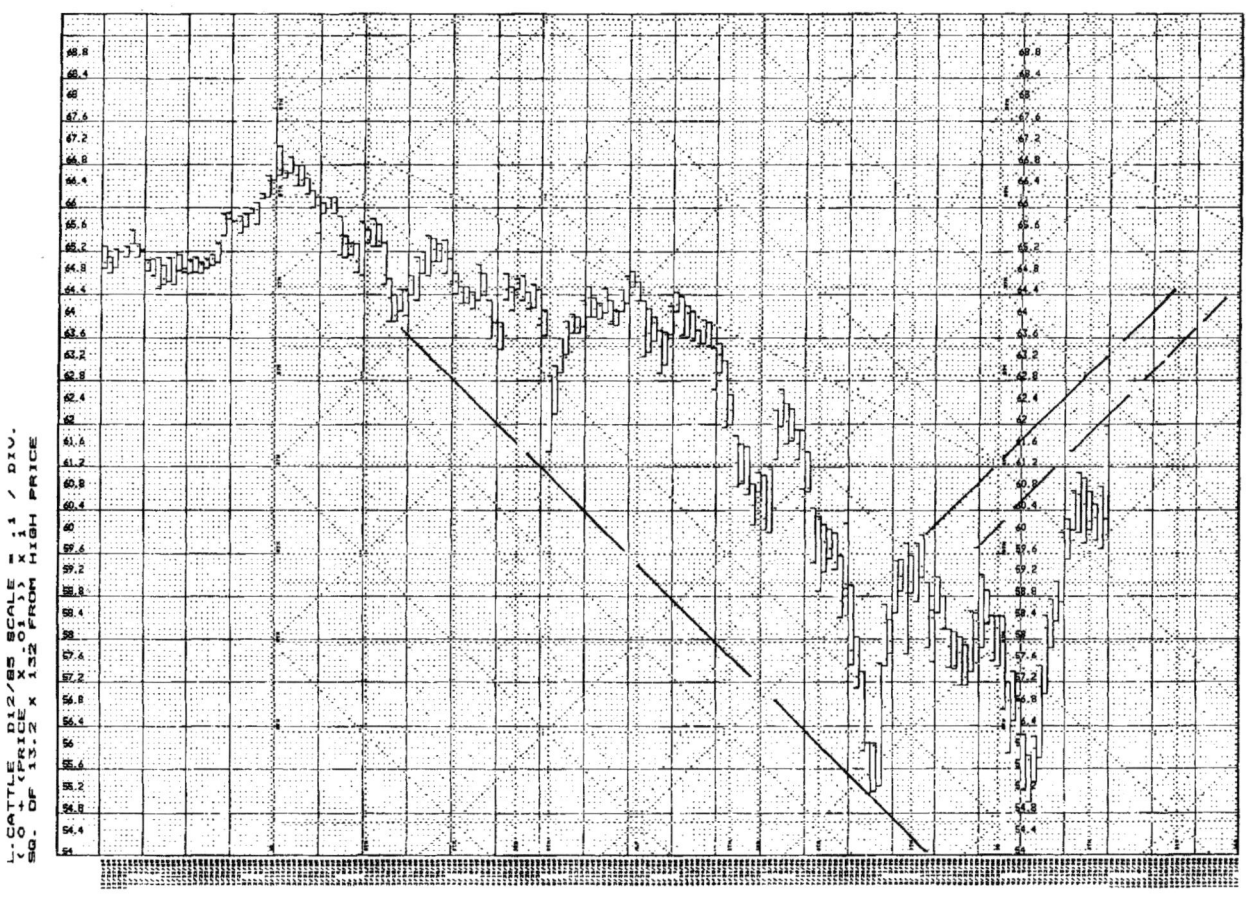

图 5-56 活牛走势图

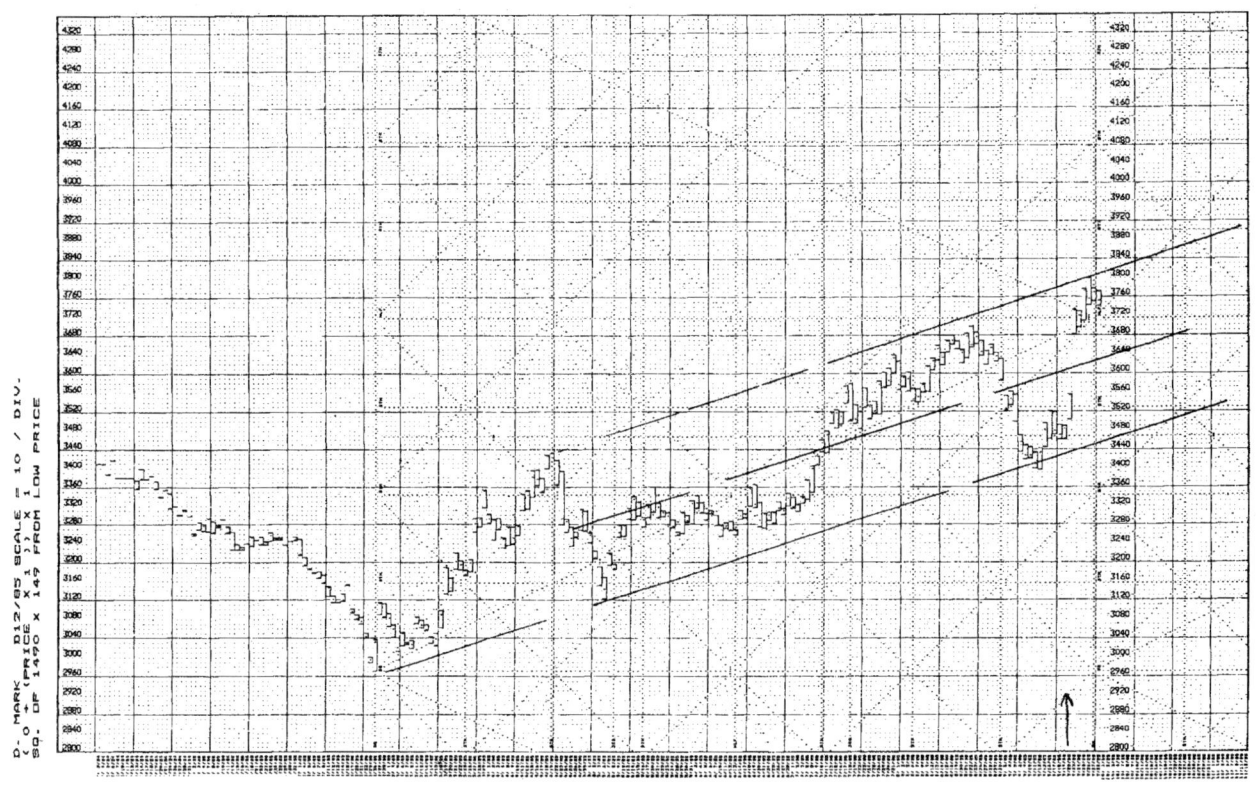

图 5-57 德国马克走势图

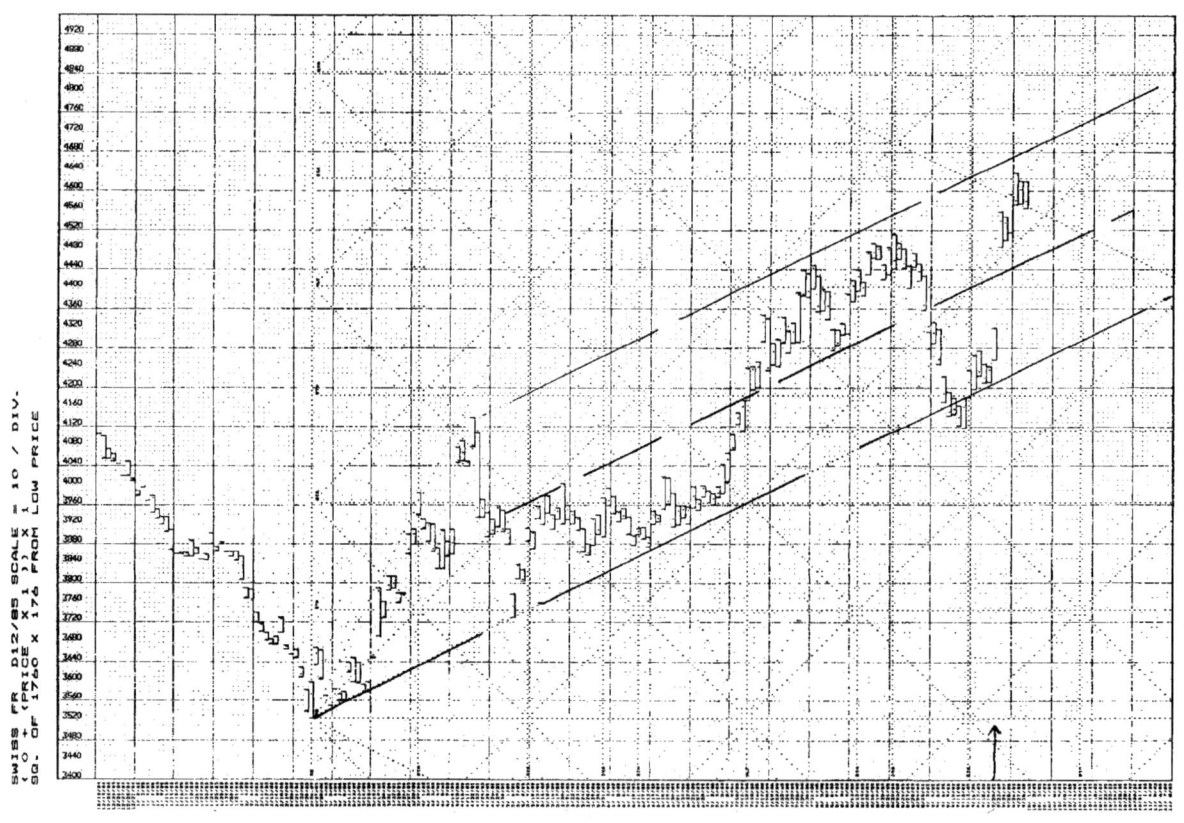

图 5-58 瑞士法郎走势图

第六章 江恩对战争的预测与在占星学上的研究

> **6.1** 在有些人眼里，这一章的内容与交易没有什么直接的关系，也许算是题外话，不过这些都是江恩很感兴趣的东西，在他眼里，这些与市场行情是有着某种联系的。江恩用过的10本星历表，上面有他的亲笔标注，现在的售价是1500多美金。反正要想把江恩理论研究透，你就要上知天文，下知地理呀！

● **江恩对战争的预言**

（选自1983年1月刊）

在研究江恩和学习的时候，有一个是很有意思的领域，那就是他对战争的兴趣。

当战争开始和结束的时候，期货和股票市场都会随之而出现涨跌，所以，这也就不奇怪，我们为什么会看到江恩对战争进行研究和预言了。

大家都知道，江恩预测出了第一次世界大战发生的时间，还预测出了它结束的时间。

在当年的报纸中，就有这样的报道："在1918年春天，江恩预测了这场战争的结束，他的预测在全国的报纸上都登了出来。1919年1月，因为江恩对战争结束和恺撒退位的准确预测，《纽约先驱报》（New York Herald）和其他报纸都对他赞誉有加。"

江恩技术研究（精华本）

1940年，江恩出了一本小册子，名为《美国，你要正视现实！放眼1950年！（Face Facts America! Looking ahead to 1950）》

下面的内容就从这个小册子里摘录的。

当前，世界历史上最大规模的战争的战火在四处蔓延，人们对待同类的不人道也达到了历史上我们所知的最残暴的程度，德国人在残忍地杀害着妇女和儿童，没有一丝悲悯之心，在这种情况下，保护美国在未来的利益，已经成为了每个人的责任，不管是用语言还是行动，为了帮助这个国家，你应该去做任何力所能及的事。我写这个小册子，也是希望我所讲述的真相可以帮上点忙，其他国家正是因为他们的民众之前一直停留在期盼和平的想法中，结果弄得国破家亡，如果这种情况在美国也继续下去的话，美国也会遭到毁灭性的打击。

1927年，当我写《穿越时空的隧道，在1940年回首过去（The Tunnel Thru the Air or Looking Back From 1940）》这本书中，用到了时间周期理论，这是我从研读《圣经》时获取的知识中发现的。我预言了以后会发生的一些事件，现在它们都成为了现实。各种武器造成了难以置信的伤亡，还有每小时飞五六百英里的飞机也在战争中被派上了用场，所有这些，我在1927年写的《穿越时空的隧道》中都有过预测。

我把它们写下来，就是想要帮助一些人，这些人是有能力去做些什么的，只要他们相信那样做是对的，他们就会去做。我并不是为了陈述真相而写，如果我能够唤醒一些人，让他们发现，他们必须要做些什么，去帮助拯救我们这个伟大国家中的自由和基督教教义，那么我就没有白写这些文章。我信上帝，相信会有报应。我建议每个人去读《启示录》（《Book of Revelation》），他们会看到对这次残酷的战争是有过预言的。大家应该更多地去读《圣经》，特别是智者的箴言，追随智慧的指引，试图获取真知。

引发世界上这些灾难的原因

我们必须要认清这些灾难的成因，而不是纠缠于它们带来的影响，因为正是由于我们纠结于这些影响，不去反思它们的成因，才把所有这些灾难带给了全世界，当然也带给了美国。将来也许还会出现更多和更大的灾难，除非全世界和美国都能正视现实，亡羊补牢。对于当前整个世界存在的灾难，有很多的成因，其中最根本的就是对权力和金钱的贪婪。《圣经》中曾说，对金钱的爱慕是万恶之源。在我看来，那些并不英明的领袖和粗鲁不堪的政客只会贪图权力，他们欺骗了人民，而这是世界上很多灾难的最重要的原因。

当世界大战在1918年结束的时候，我们被告知，那将是最后一场世界大战，那场战争是为拯救民主而战的。德国缴械投降了，同意关于战争赔偿的安排。德国没有履行这些协议，没有按照协议支付战争赔款，这就导致了今天这场战争和灾难，这个灾难不仅是德国的灾难，也是欧洲和全世界的灾难。德国可能已经花光了应该是世界大战赔款的每一分钱，因为德国为了准备这场战争，耗费了400多亿美元，这就是为什么它能把战争推进得如此顺利。1870年，德国（普鲁士）赢得了那场普法战争，它与法国达成协议，法国要赔偿10亿美元给德国，法国如数支付了这笔赔款，这件事的影响到今天还在。1870年的10亿美元，就相当于是1920年的100亿美元。德国利用了世界人民对它的同情，最后让胡佛总统宣布了延期支付战争赔款的备忘录，德国就停止了对战争赔款的支付。从那天开始，德国就开始拒绝偿清所有的债务，开始为准备另一场战争投钱，剥削它的人民，并实际上是在奴役他们。

英国和法国信任德国，相信它会信守合约，永远不再开战。这就是这两个国家犯错的地方，它们只是期盼和平，却没有正视现实，为最坏的情况做好准备。毫无疑问，同盟国期盼和平，想要和平，并为和平而努力。他们知道战争要付出的代价，也知道战争有多可怕，他们再也不想染指战争了。希特勒无疑相信，一旦他开始危言耸听地吓唬人，他就能得到他想要的一切，但同时，希特勒是正视现实的，他准备在必要的情况下，通过战争拿到他想要的东西。同盟国一味地在那里期盼和平，却没有对战争做任何准备，结果就是，他们不得不因为没能正视现实而遭受惩罚。

如果上一次世界战争结束后，德国能像它所承诺那样偿付债务，那么英国和法国也就可以把欠美国的钱还上了。不考虑同盟国以前都犯了什么错，归根结底，当前这场战争爆发的责任还在德国，所有这些灾难的始作俑者也是德国。

希特勒现在为什么会取胜

希特勒取胜的原因建立在两个词之上：希望和恐惧。希特勒知道，德国人经历了私有制，遭受了上次世界大战的苦难，他向德国人许诺了一些不可能实现的事情，提升了他们对未来的希望。用这种方法，他的权力持续不断地加大，地位不断攀升。接下来，他做的事情就是控制人民，奴役他们，夺走属于他们的所有的东西，他利用他们恐惧来做文章。历史上没有一个统治者，像希特勒那样残忍地对待他的人民。希特勒成为有史以来地位最高的独裁者，如果当时人们知道真相的话，他应该是德国大众最恨的人，但是德国人都怕他，无论他强加给他们什么样的要求，他们都会屈从。

江恩技术研究（精华本）

希特勒并不是为了一个正义的理由，或是为德国人民的利益而战，他开战是为了满足自我表现的需要，是想成为全世界的独裁者。他是那种报复心很强的人，他想要得到权力。一旦他心中有什么怨气，他就会不惜动用任何手段来完成他的报复行为。他仇恨英国，那么他就要攻占英国，接下来，也有可能会攻占全世界。当任何一个人是因为愤怒和仇恨而做一件事，他必定会失败。所有想要征服全世界，妄图成为世界霸权者的统治者，都会遭遇失败，沙皇亚历山大一世是个例外。如果世界当时给他的时间再长一些，那么他就会遇到像拿破仑和其他人一样的命运。

实际上，希特勒成功的另一个原因是，人性从未改变。每20年就会出现一代新的年轻人，他们是对未来充满希望的乐观主义者。他们有着崇拜英雄的情结，很容易被引导，希特勒掌权就是因为年轻一代人在拥护他。岁数大一些的人，从一开始就反对希特勒的想法。那些热血青年追随着希特勒，一直到他死。统治者和政客能够掌权的原因，就是他们吸引了年轻一代，他们正好符合年轻一代的幻想或期望。这些年轻人做事不经大脑，相信所有他们听到的东西，不去寻求知识，也不按照既定的法律或计划来做事。

德国为什么将会输掉这场战争

首先，对于德国为什么最后必然会失败，我要给出一个众所周知的经济上的原因。德国发动的这次战争是历史上推进速度最快的战争，所以，它消耗掉食物和所有物资的速度也会比以往都快。战争开始的时候，供给是有限的，他们以为供给会大幅度地增加。他们的一厢情愿到现在为止，并没有实现，我相信以后他们也不会如愿。德国在快速耗尽它的人力，还有它的各种物资、军需和食物供给。希特勒在每次闪电攻击时，都赌上了他的全部，如果攻击失败了，这场战争他也就输掉了。

如果德国侵略巴尔干半岛，我认为，俄国就会转过头去对付它了。当然，土耳其会站在同盟国的一方，罗马尼亚更有可能会这样做。最后分析起来，墨索里尼如果够聪明的话，可能会背弃他的盟友，而加入同盟国。因为如果德国赢了，而意大利帮了它，意大利将什么也捞不到。如果德国输了，而意大利是站在它的一方，那意大利也会遭受毁灭性的打击。

黎明来临之前，总是最黑暗的时候。当我1940年5月24日写这篇文章时，同盟国的形势看起来不妙。但是他们知道，他们现在打的是一场生死之仗，他们是在为独立与自由而战。一旦他们在战场上失利，就意味着将会被奴役，历史上最糟的情形都有可能会出现。希特勒是在拿破仑遭遇滑铁卢的那片土地上作战，我认为，希特勒将会被打败，而且战败的日子要比他自己的预期来得早。就像有罪就有罚，上帝所说的善恶有报一样，一个人违背了上帝和人类的信条，或者是一个国家违反了上帝和人类的所有信条，最终都会以失败告终，这次希特勒会被打败，德国会被打败。从来还没有过什么人如此理智，不被胜利冲昏了头脑，当他因为胜利而飘飘然的时候，他就会犯下一个致命的错误，从而导致他的垮台。英国和法国现在出了一些世界上有史以来最有智慧的人，在英国和法国，有头脑的人比德国要多，这些人正在白天和黑夜连轴转，想办法要赢得这场战争。

美国应该参战吗

美国此时参战，或者说帮助同盟国，理由与1917年相比，要充分得多。我们知道现在的形势，它比1917年要更明了，如果德国赢得了这场战争，世界上没有一个国家会是安全的，希特勒和德国将会试图奴役和统治这个世界，基督教义将会被废弃，自由也将离我们而去，独裁者的意愿会成为法律。如果德国在战争中取胜，只有上帝能拯救美国了。过去的历史让我们有理由相信，如果德国打赢了这场战争，陶醉在胜利之后，它是不会就此收手，安于做一个和平的国家的，他们当然会想要征服南美洲和北美洲。对于这一点，我们都不要再自欺欺人了。面对现实是划算的，单纯地期盼和平只会最终招来灾难的降临。这也是为什么这个世界陷入这场灾难的原因，因为太多国家的统治者总是在期盼和平，而不是面对现实，为最坏的情况做准备。不管是私人事情，还是国家事务，那些向前看，看到事情最黑暗的一面，并为之做好准备的人，一定是将来取得成功的人，一个国家如果可以为最坏的情况做好准备，就不一定真的会面对最坏的局面出现。

尽可能给予同盟国所有他们需要的帮助，这比如果德国战胜，所有枪口都对着我们，我们不得不单枪匹马地去对付德国时所花的代价要少得多。我们不必非得派部队，漂洋过海去到战争中厮杀，士兵帮不了什么忙，同盟国需要的是飞机、坦克和食物。我们可以供给他们这些东西，这也是我们应该做的。如果我们做了我们应该做的，同盟国会赢得这场战争，世界会被拯救，基督教教义也会被拯救，宗教将再一次成为自由人士的希望。我们盲从了那些错误的预言，听信了那些不明智的政客的话，他们说"战争不会发生在这片土地上"，他们用更多错误的承诺让我们相信，他们可以带我们走出这个最严重的灾难，我们听信了那些新政领导者和独裁者的承诺，结果我们现在才知道，我们已经处在困境之中了。我们是一个充满和平的国家，我们可能并不想去打仗，但是我们被迫卷入了这场战争，如果不对同盟国施以援手的话，我们就将不得不孤身作战了。很多人在说，同盟国也像其他国家一样，没有偿还他们的债务，但必须要认识到的是，这其中有部分原因是德国没有还钱给同盟国。对于德国没有支付战争赔款的事，我们必须要责备我们自己，美国自己宣布那些债务可以延期偿付，给了德国赖债的机会。

New Moon—May 11, 8h. 21m. 25s. p.m.

10					MAY, 1945					[RAPHAEL'S	
D M	Neptune. Lat.	Neptune. Dec.	Herschel. Lat.	Herschel. Dec.	Saturn. Lat.	Saturn. Dec.	Jupiter. Lat.	Jupiter. Dec.	Mars. Lat.	Mars. Declin.	Mars. Declin.
	° ′	° ′	° ′	° ′	° ′	° ′	° ′	° ′	° ′	° ′	° ′
1	1N29	0S18	0S 1	22N 8	0S28	22N49	1N27	6N10	1S17	1S35	1S17
3	1 29	0 17	0 1	22 9	0 27	22 49	1 27	6 11	1 17	0 59	0 40
5	1 29	0 16	0 1	22 10	0 27	22 49	1 26	6 12	1 17	0 22	0 4
7	1 29	0 15	0 1	22 10	0 27	22 48	1 26	6 13	1 17	0N15	0N33
9	1 28	0 14	0 1	22 11	0 26	22 48	1 25	6 13	1 17	0 51	1 10
11	1 28	0 13	0 1	22 12	0 26	22 47	1 25	6 14	1 16	1 28	1 46
13	1 28	0 13	0 1	22 13	0 26	22 47	1 24	6 13	1 16	2 4	2 23
15	1 28	0 12	0 1	22 14	0 26	22 46	1 24	6 13	1 16	2 41	2 59
17	1 28	0 11	0 1	22 15	0 26	22 46	1 24	6 12	1 16	3 17	3 35
19	1 28	0 11	0 1	22 16	0 25	22 45	1 23	6 11	1 15	3 53	4 11
21	1 28	0 10	0 1	22 17	0 25	22 45	1 23	6 10	1 15	4 28	4 46
23	1 28	0 10	0 1	22 18	0 25	22 44	1 22	6 9	1 14	5 4	5 21
25	1 28	0 9	0 1	22 19	0 25	22 43	1 22	6 7	1 14	5 39	5 56
27	1 28	0 9	0 1	22 20	0 25	22 43	1 21	6 5	1 13	6 14	6 31
29	1 28	0 8	0 1	22 21	0 24	22 42	1 21	6 3	1 13	6 48	7 6
31	1 28	0 8	0 1	22 21	0 24	22 41	1 20	6 0	1 12	7 23	

D M	D W	Sidereal Time.	☉ Long.	☉ Dec.	☽ Long.	☽ Lat.	☽ Dec.	MIDNIGHT ☽ Long.	MIDNIGHT ☽ Dec.
		H. M. S.	° ′ ″	° ′	° ′ ″	° ′	° ′	° ′ ″	° ′
1	Tu	2 36 12	10♉44 7	15N 3	26♐ 1 48	1N18	22S 5	2♑15 22	22S40
2	W	2 40 8	11 42 18	15 21	8♑32 9	0 12	22 58	14 52 36	22 59
3	Th	2 44 5	12 40 28	15 39	21 17 7	0S56	22 41	27 46 10	22 5
4	F	2 48 2	13 38 36	15 56	4♒20 8	2 3	21 10	10♒59 28	19 57
5	S	2 51 58	14 36 43	16 14	17 44 29	3 5	18 27	24 35 29	16 40
6	S	2 55 55	15 34 49	16 31	1♓32 39	3 58	14 38	8♓36 1	12 21
7	M	2 59 51	16 32 53	16 47	15 45 31	4 38	9 53	23 0 52	7 14
8	Tu	3 3 48	17 30 55	17 4	0♈21 37	5 1	4 28	7♈47 6	1 36
9	W	3 7 44	18 28 57	17 20	15 16 27	5 5	1N19	22 48 40	4N14
10	Th	3 11 41	19 26 57	17 36	0♉22 35	4 48	7 7	7♉56 57	9 53
11	F	3 15 37	20 24 55	17 51	15 30 27	4 11	12 29	23 1 50	14 54
12	S	3 19 34	21 22 52	18 7	0♊29 55	3 16	17 4	7♊53 36	18 56
13	S	3 23 30	22 20 47	18 22	15 12 0	2 10	20 28	22 24 23	21 40
14	M	3 27 27	23 18 41	18 36	29 30 15	0 56	22 30	6♋29 18	22 58
15	Tu	3 31 24	24 16 33	18 51	13♋21 22	0N18	23 4	20 6 31	22 50
16	W	3 35 20	25 14 24	19 5	26 44 57	1 29	22 16	3♌16 57	21 25
17	Th	3 39 17	26 12 13	19 19	9♌42 56	2 34	20 17	16 3 24	18 56
18	F	3 43 13	27 10 0	19 32	22 18 53	3 29	17 22	28 29 56	15 37
19	S	3 47 10	28 7 45	19 45	4♍37 9	4 13	13 44	10♍41 7	11 44
20	S	3 51 6	29 5 29	19 58	16 42 25	4 45	9 37	22 41 37	7 26
21	M	3 55 3	0♊ 3 11	20 10	28 39 15	5 4	5 11	4♎35 50	2 53
22	Tu	3 59 0	1 0 52	20 22	10♎31 50	5 10	0 35	16 27 41	1S44
23	W	4 2 56	1 58 31	20 34	22 23 47	5 2	4S 2	28 20 30	6 19
24	Th	4 6 53	2 56 8	20 45	4♏18 8	4 42	8 32	10♏16 59	10 41
25	F	4 10 49	3 53 45	20 56	16 17 17	4 9	12 44	22 19 16	14 41
26	S	4 14 46	4 51 20	31 7	28 23 7	3 25	16 29	4♐29 0	18 7
27	S	4 18 42	5 48 54	21 17	10♐37 4	2 30	19 34	16 47 30	20 48
28	M	4 22 39	6 46 26	21 27	23 0 25	1 28	21 48	29 15 58	22 32
29	Tu	4 26 35	7 43 58	21 36	5♑34 18	0 21	22 59	11♑55 37	13 9
30	W	4 30 32	8 41 29	21 45	18 20 3	0S49	23 0	24 47 48	22 33
31	Th	4 34 29	9 38 58	21 54	1♒19 5	1 57	21 47	7♒54 4	20 43

First Quarter—May 18, 10h. 12m. 1s. p.m.

图 6-1　星历表，1948 年 5 月 11 日——新月日

第六章　江恩对战争的预测与在占星学上的研究

我们必须要公平，要看到问题的两面，在这个关键的时刻，我们不能让偏见挡路。如果你有一个邻居，他曾经与你为敌，当他的房子着火的时候，你知道，除非火被熄灭，否则你的房子也肯定会着起火的，那么为了救你自己的房子，而去帮他扑灭毁坏他房子的大火，是不是也算一种明智之举呢？今日世界的情形也是一样的。如果我们不帮助同盟国去扑灭战火，那么下一个受害的就是我们。有一件事情是我们可以确定的，那就是英国和法国永远也不会与美国开战。他们还会是倡导和平的基督教国家，如果我们帮助它们赢得了战争，他们以后还是会尽全力帮助我们。我们必须要正视的另一个现实是，德国永远也不会改变。它从来就没有改变过。它总是拒绝偿清债务，它过去总是在违背它的每一条承诺，以后还会如此。所以，现在唯一的办法就是对付德国，做好准备打败它，永远也不让它有机会，再次成为世界的一个威胁。

● 黄　金

（选自 1982 年 12 月刊）

随着 1983 年的脚步越来越近，我们开始对新的一年里的交易进行展望，我们要考虑的是，市场中给我们孕育了什么样的机会。

在过去的一年中，《江恩技术研究》主要是运用研究江恩技术的成果，对市场和信息的技术层面进行了探讨。

我们的主要目标是要传播江恩的作品与信息，同时也要帮助交易者来学会，如何运用江恩理论来对市场做出技术分析。

我们认为，在今年的最后一期中，我们应该把目光投向新的一年。

在所有的期货交易品种中，黄金应该是 1983 年里潜力最大的品种之一。

通常来说，我们不对市场中的交易品种做推荐，不过现在看来，是到了比较适合对黄金做出预测的时候了，在接下来的几年中，黄金应该会超越它在 1980 年创下的历史新高。

黄金市场的行情遵循着一个单凭经验而得出的循环周期法则，那就是五年半到六年为一个周期。对于一个真正的研究循环周期的专家来说，他在研判这个周期时，会去掉一些在这个周期中代表趋势的东西，他会发现黄金的走势一直处在 3 个持续时间更短一些的周期当中，它们从 22 个月到两年不等。

黄金走势的具体表现为，在最初的 22 个月到两年之中，价格上涨的速度比较缓慢，在接下来的 22 个月到两年之中，价格上涨的速度要快得多，而在最后的 22 个月到两年之中，价格开始回落，出现了下跌。

我以前总是觉得，光靠周期去交易是非常困难的一件事，但是这个周期却不一样，按照它来进行交易是件很容易的事，当你在判定如何交易时，它还是靠谱的依据。

黄金从 1969 年 3 月的 45 美元，涨到了 1974 年 12 月的 197 美元，而从 1974 年 12 月的 197 美元起步，黄金在 1980 年 1 月上涨到了 850 美元。金价在 1982 年 6 月见底，按照上面的周期来看，金价应该在 1985 年到 1986 年见到高点。

从历史上来看，黄金一直是最重要的金属，关于它的记录可以追溯到公元前 3000 年，当时人们把黄金用作装饰品。它也一直被作为贸易兑换的媒介物，在亚洲，用黄金铸币的历史起始于公元前 700 年。

英国从 1066 年，也就是诺曼公爵征服英格兰的时候，就开始使用黄金了。

1700 年，黄金在美国的价格是每盎司 20 美元，国内战争曾经让黄金的价格涨到了 60 美元，不过金价维持在高位的时间非常短，在 1880 年之前，黄金的价格又回到了每盎司 22 美元。

1933 年，美国国民是禁止拥有黄金的。1971 年 12 月，黄金的价格被固定在每盎司 38 美元。1973 年，黄金的固定价提高到了每盎司 42 美元。

自此，黄金的价格开始向上攀升，1975 年 1 月，美国国民又重新被允许拥有黄金。期货交易所也增加了黄金期货这个交易品种，黄金从 1975 年 1 月 1 日开始上市交易，当时的金价为每盎司 200 美元。

当时大多数人都一致认为，黄金的价格会出现很大幅度的上涨，但事实上，金价从每盎司 200 美元快速下跌，到了 1976 年，金价在每盎司 100 美元见到了低点。

而从这个底部开始，金价就开始了它如同坐上了火箭一般的上涨行情，1980年1月，金价涨到了每盎司850美元，这样的上涨趋势应该会持续到1985年。

金价目前走出的形态，与它在1979年同期的形态是一模一样的。当时，金价处在45度角的趋势线、横轴与纵轴平行线所围成的一个巨大的三角形中，最后，金价突破了这条45度角的趋势线，走出了上涨的行情。

1979年，金价的上涨行情不断延续，直至在1980年见到了每盎司850美元的顶部。

我们目前正处在这个周期当中，它刚刚开始，而黄金之前的那个周期，几乎已经结束了。

我相信，其他期货品种也会有潜力的标的，但是黄金具备一些别人没有的东西，它交易起来更容易。与那些与之相关的金属（比如白银）相比，它的波动没有那么猛。黄金在日内的短期周期中，它的波动相对比较慢，形态也更完整。而白银的价格波动起来就很剧烈，并不像黄金那样有着平稳的趋势和表现。

当然，白银也会追随着黄金的上涨，在1983年非常可能走出大幅上涨的行情，只不过，它的前景没有黄金那么好罢了。

这次黄金与白银的价格比大约是41∶1。在1980年1月，当它们都达到了历史高点时，它们的价格比是16∶1。

当黄金的价格在每盎司35美元的时候，白银的价格平均是在每盎司1美元，它们的价格比就是35∶1，这个比例跟现在几乎是一样的。很明显，它们在牛市中的表现并不一致，而看上去，又没有什么特别的差异。

黄金现在是一个期货品种了，在过去的十年，很多情况都改变了。

有些曾经是经济学的基本法则的理论，现在已经不堪一击了，在今后的几年中，很多新的标准会发生改变。对于我们的生活，特别是我们的交易生涯来说，今后的几年将是最为至关重要的。

在研究江恩的过程中，我发现江恩最感兴趣的图表之一是与按年来计的时间周期有关的，而这

江恩技术研究（精华本）

些时间周期都一直追溯到了我们历史的源头，可以看出，江恩花了大量的时间在这些图表上。

这些图表上记录的是贯彻了我们历史的各次战争和经济危机。江恩在多个年份上都画上了圆圈，而这些年份刚好又都是一些大事发生的年份，比如1914年，那是第一次世界大战开始的年份。

其他被圈起来的年份还有1929年、1932年、1939年、1941年和1945年，与它们有联系的事件有股市暴跌，股价见底，德国攻入波兰，日本攻击珍珠港和第二次世界大战的结束等。

另外，下面这些年份也被圈了起来，它们是1950年、1953年和1957年。

这里耐人寻味的是，江恩在图上圈出的这些年份，有些是在1955年之后的，而大家都知道，江恩是在1955年去世的，而他在图上做过记号的这些年份，有的就是在他逝世之后的。

关于1950年，这可能指的是朝鲜战争的开始，这场战争是在1953年结束的。但是对于1957年，越南战争就是在这一年开始的，但这已经是江恩两年去世之后的事了。在这个图中，江恩还圈出了一些其他的年份，很明显，他也对这些年份做过研究，或者是预测到了些什么，这些年份分别是1975年、1983年和1985年。

1975年是越南战争结束的年份，1983年就是明年，而1985年还是个未知数。究竟在这些年份，会不会就像江恩预测的，会发生一场大战、局部战争或是经济危机，我也不知道。

我也计划把这张图缩小一下，登在以后的杂志中，我可以担保，这张图是很有意思的。

● **行星运行周期与市场波动情况**
（选自1982年4月刊）

江恩是一位不平凡的人，有着不平凡的人生。在他的一生中，他所涉足科学研究领域和研发出来的理论比大多数人都要多。

他的另一个很大的兴趣点就是行星运行周期与市场波动情况之间的关系。

江恩的这个兴趣从他早年开始就伴随着他，一直持续到他离世为止。

第六章　江恩对战争的预测与在占星学上的研究

我收到过一封先生的来信，他曾经为江恩工作过十年，他当时的职位是指导教程的销售经理。他在信中说，江恩的确是一位顶级的占星师。

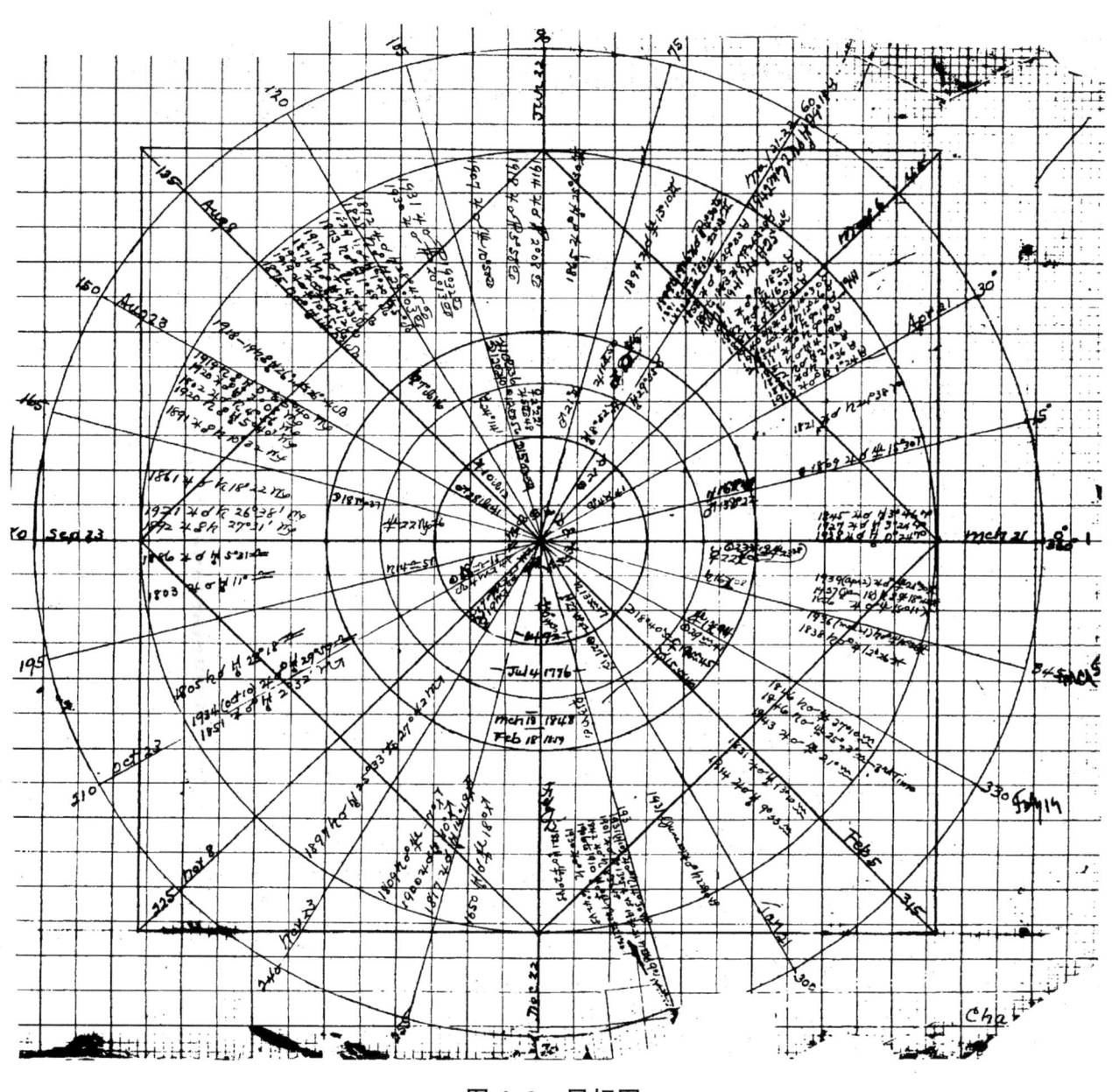

图 6-2　星相图

江恩把拉斐尔行星星历表（Raphael Planetary Ephemeris）作为他每天的日志，在这些星历表上，他坚持记录下了一些期货和股票的名字，并标注了对它们以后走势的预期。在这一本本的星历表中，他还写下了一些其他业务和私人方面的笔记。

有一些很有意思的笔记表明，江恩中过很多次彩票。他在整套的星历书和图册中，一直都记录着有关哈瓦那彩票的情况。在这期杂志登出的这张星历表的左半边，你能看到这样的标注："买21中了奖，买71和07中了奖"。

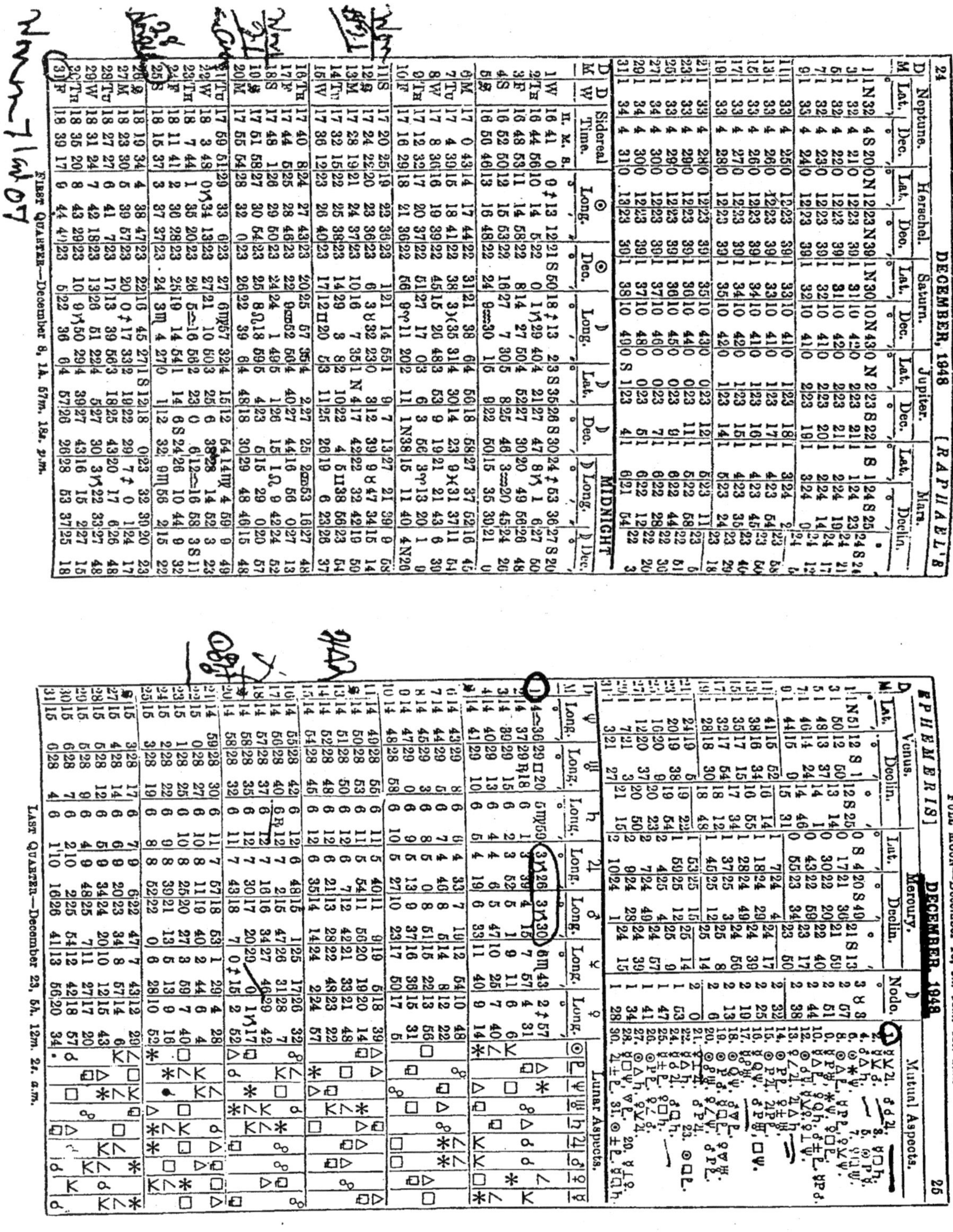

图 6-3 星历表，上：1948年12月——新月日，下1948年12月——满月日

第六章 江恩对战争的预测与在占星学上的研究

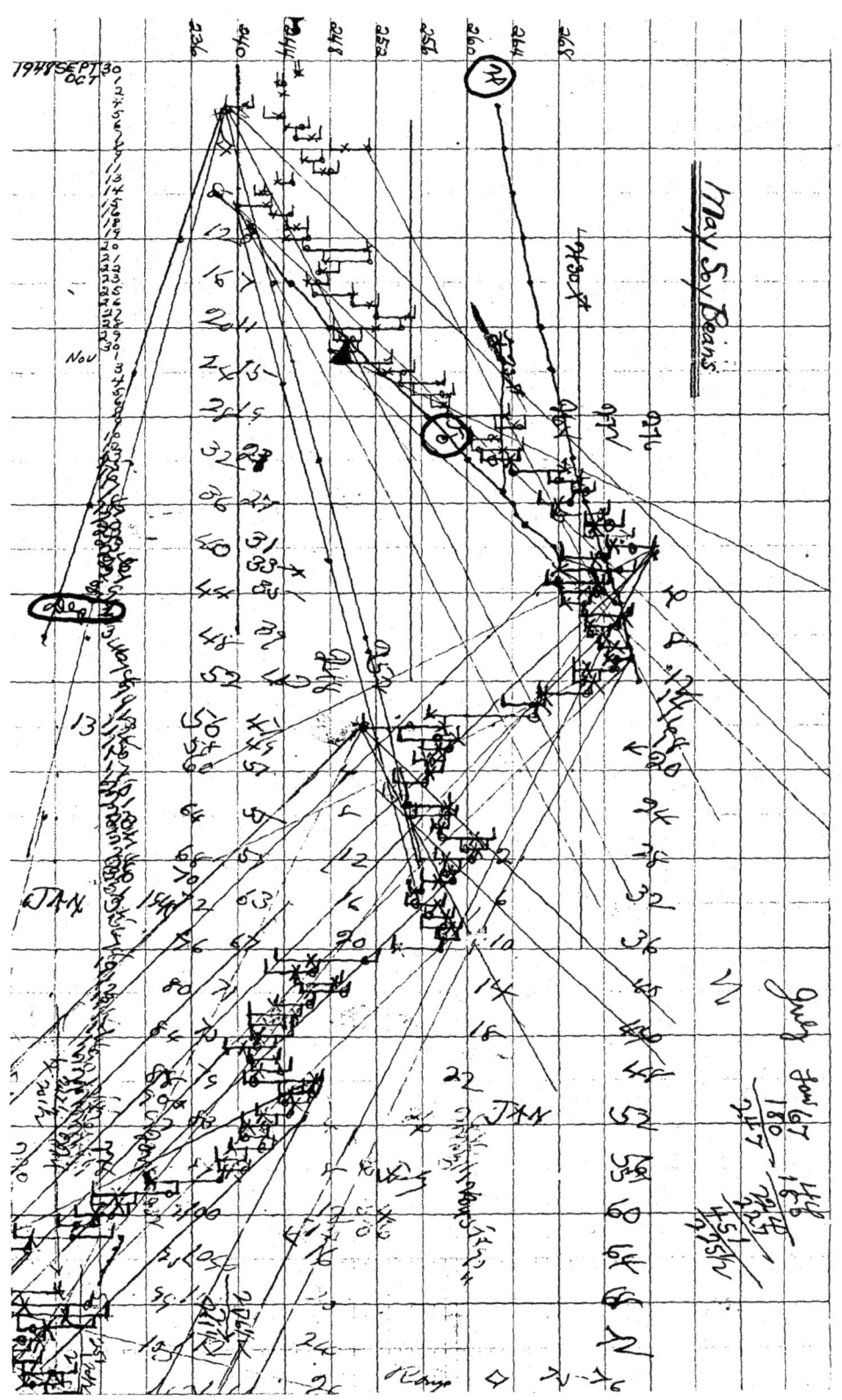

图 6-4 5 月大豆日线图，
时间从 1948 年 9 月 30 日起，被圈起来的日期是 12 月 1 日

在他用过的从1940年到1950年的星历表上，还有一些有趣的标注，比如"战争日"。在第二次世界大战开始后的每一页，他都会写上"战争日"。而在1945年4月，他写下了这样一行字："战争快要结束了。"

正如后来每个人都知道的那样，德国在1945年5月投降，日本则是在同年8月投降的。

在这一期，我们选的江恩原图是5月大豆的日线图，请注意江恩在图上所做的几个标注，你会看到图中有木星（Jupiter）和火星（Mars）的符号（我在图中把它们给圈出来了）。木星的符号是一个花体的"4"，而火星的符号，下面是一个小圆圈，圆圈的顶上带着一个向上的箭头。你可以看到，从木星和火星所在的位置分别有一条直线延伸出去，而这两条延伸线在1948年12月1日发生交叉。

我们在这一期的杂志上，还登出了江恩用过的1948年12月的几页星历表。在右半边的星历表中，江恩在1948年12月1日，把木星和火星的度数圈了起来，而在右上角的相互相位中，木星和火星在1948年12月1日出现了合相。

5月大豆在这个时点见到了最后的高点，然后就走出了长期的下跌趋势。

江恩知道市场中将要发生什么，有交易记录表明，他从1948年12月到1949年1月，一直在做空大豆。

江恩并没有宣扬他运用了占星术，在他的那个年代，大多数人很难把市场行情走向与占星学联系在一起，到了今天，情形也是一样，这可能是源于人们对未知事物的一种本能的恐惧。

第七章 江恩生平与那些曾经影响过江恩的书

7.1 江恩是双子座的，据说这已经成了如今招聘基金经理的首选星座。江恩的一生，可以说是行万里路、读万卷书的一生。这一节收录了两篇介绍江恩的文章，一篇取自于杂志的合订本，另外一篇是科迪·琼斯先生特意发过来的补充资料。它们会让你从更多不同侧面了解江恩，走近江恩的日常生活，其中也包括他的衣食住行中的一些细节。

● **江恩生平**

（选自 1982 年 8 月刊）

我收到从全国各地的交易者发来的信件和打来的电话，他们都想知道更多关于江恩生活中的更多情况。好像人们一旦开始理解江恩的交易方法和技术，就对这个人本身的兴趣大增。他们想更多地了解，江恩是如何在 52 年的交易生涯中，写出了这些伟大的著作，积累并创造出了令人称奇的交易记录。

尽管我并不认识江恩本人，但是通过我所拥有江恩的这些研究资料、他的原始图表和个人物品，还有与很多真正认识江恩的人的会面，我感觉与江恩很亲近。

1955 年 6 月 14 日，江恩在纽约布鲁克林的卫理会医院病逝，终年 77 岁，这标志着他多姿多彩而又盈利颇丰的、全身心地投入到资本市场中的一生的结束。

江恩技术研究（精华本）

1878年6月6日，W.D.江恩出生在得克萨斯州的卢浮金（Lufkin）镇，就那个时代的孩子来说，江恩的童年很平常。卢浮金镇是得克萨斯州的棉花产区，江恩十来岁的时候，就在棉花仓库里面干活儿。

江恩的一位亲戚告诉我，江恩在数字和数学方面，一直有很好的表现。

当在卢浮金镇和德克萨卡纳（Texarkana）的棉花仓库干活的时候，江恩被引入了期货交易的大门，1902年，他做了第一笔期货交易。在三年之内，他就成了那个地区很有名的经纪人，他对市场行情的看法很受人们重视，当地报纸都会刊登江恩写的有关分析棉花价格的文章。

后来，江恩成为俄克拉荷马市的一名经纪人，一直做到1908年他搬去纽约。在纽约，实现了他的第一次真正意义上的成功。有记录显示，1908年8月，江恩入市时的起步资金为450美元，而他在30天里，赚了37 000美元。他那时就知道了，在他的生命中接下来的岁月中，他想要做的是什么。

1909年，《股票行情收录机（TICKER）》登过一篇文章，讲述的是江恩在行情预测和交易记录方面令人惊叹的故事。这篇文章是由R.D.威科夫（R. D. Wyckoff）采写的，展现了江恩早期的操盘传奇。你可以在一本名为《经济预测者》的小册子里找到这篇文章，也可以向我社来电索取。

在他职业生涯的早期，江恩开发出了很多非比寻常的技术手段，这些都是属于他的创造发明。在自然法则的基础上，他搞明白了控制资本市场行情的基本原则。

有很多法则要是追根溯源的话，都与一些古老的国家有联系。江恩有过几次海外之旅，特别要提到的是，他去过埃及、印度和英国，目的就是要为自己的一些想法找到依据。

在他生活的年代，江恩可以说是在全世界都很知名的人士，我收到过从印度和英国寄来的信，信中都提到了寄信人对江恩和他的作品很了解。

我们收到购买江恩的书和教程的海外订单，几乎从世界上每一个国家来的都有。让我觉得很惊奇，在内罗毕（Nairobi）、加尔各答（Calcutta）和香港，也有人知道江恩，他们研究江恩的教程，为的就是提高他们的交易能力。

第七章　江恩生平与那些曾经影响过江恩的书

江恩是一位多产的作家。他的写作风格是非常独特的。很多第一次读他的书或者教程的人，会认为他不是一个好的作家，因为他用的英文词汇很有限。其实事情并非如此，对江恩的作品进行系统地研读之后，你最终会发现江恩在讲授时，有着他自己的方法。他会让读者去探究每样东西，从数字的起源到音阶和振荡，无所不包。

江恩最伟大的发现之一就是他的时间周期理论，在这个世上，没有其他人对时间周期做过像江恩那样的研究。从江恩原图可以看出，江恩研究的有些周期，一直追溯到我们历史的起源。江恩对时间周期的研究，与当今其他人对时间周期的研究相比起来，都不一样。

江恩原创的东西，被别人复制和模仿之后，摇身一变，成了别人"原创"的交易体系，这种情况发生的次数要比任何其他人都多。他的机械交易法、转向交易图、趋势线和时间与价格达成正方的技术手段，有的人在用过之后，把它们拆解成了以他们自己命名的交易方法，这种情况发生的次数也比任何其他人都多。

江恩在生活中还是比较简单的人。有人告诉我，江恩一辈子都穿同样风格的衣服，他的家里摆满了他到国外旅游收集回来的东西。他只开林肯汽车，按照他的同辈人所说，他过日子也都是量入为出的。

很多人都不晓得，江恩有一个儿子和三个女儿，他的儿子有一段时间跟着他一起干，随后就独自一人去做经纪人了。

江恩除了在资本市场上进行交易之外，还有几个其他的生意。在纽约，他曾提供一项每日市场服务，他会印发一些推荐股票和期货的简报，他还是一个出版商，主要是提供绘制技术图的服务，有几个人在为他做具体的绘图工作。

这些年以来，江恩有过几个生意上的合作伙伴，最后一个就是在 1948 年与他合作的兰伯特先生，那时，他们公司的名称是兰伯特 & 江恩出版公司。

直到江恩 1955 年去世，兰伯特与江恩一直保持着合作关系。在江恩过世之后，兰伯特先生继续经营着兰伯特 & 江恩出版公司，销售江恩的书和教程，还提供按照江恩的方法绘制出的技术图。

江恩的去世，并不意味着他的方法也随他去了，只要还有人想要在股票和期货市场中交易时，

江恩技术研究（精华本）

可以有一些方法来让他们成为交易中的赢家，这些交易方法就会一直存在下去。

只要我们还关注资本市场，那么一切都不会改变。只要投机性的市场存在，就会有牛市和熊市行情。

这里总是会有赢家和输家，而且输家总是比赢家多。只要有些人有要赢的欲望，并能够遵守这些交易法则，在各种各样的逆境中都能保持住坚韧的品格，涉险过关，他们就会有机会靠交易期货或者股票来谋生。

当然这并不是一件容易的事。

我发现，在今天的市场，你想要赚钱的话，就需要制订出一套交易计划来帮忙。对我来说，就是付出了好几年的辛苦努力，一路以来也犯了很多的错误，但是我要说的是，在过去的10年之中，我在交易中取得的每一次成功，老实讲，都要归功于我在研究江恩理论时所汲取的知识。

在接下来的几期杂志中，我会讲到很多江恩指导教程中的内容，希望这样做会帮助你在当今市场中进行交易时，胜算可以多一些。

● 江恩小传

近年来，江恩的期货和股票交易系统非常受人追捧（这不仅是在美国，而且在全世界范围内都是如此）。人们认为江恩的交易方法是非比寻常的，一旦你领会了江恩想要在他的教程中表达的东西，接下来又能在实战中证明，江恩的法则确实是行之有效的，你就会对江恩的市场分析手段入迷。

对于江恩本人的生平介绍，我们见到的并不太多。1878年6月6日，威廉.D.江恩在得克萨斯州的卢浮金镇出生，他的祖父是在1836年左右从田纳西州迁到这个镇的。江恩年轻的时候，对棉花市场产生了兴趣，在那个棉花为王的时代，他在安吉利那（Angelina）盖了一些棉花的仓库。在24岁时，他已经在这个有组织的市场里作成了第一笔生意。第一次从棉花期货上获得的不算多的盈利，标志着他在投机市场最辉煌和丰富多彩的职业生涯的开始。在接下来的半个多世纪，江恩从市场中赚到了五千多万美元，并且大部分都落袋为安了。

江恩是个天才的数学家，因为接受正规教育的时间不长，所以他就学习更加努力。江恩思想很开放，这让他学习了很多不同领域的知识，也最终成就他发现了那些很多有意义的东西，如果没有江恩，那些有价值的东西也许会被大家忽视掉。

早在1905年，江恩在西南地区各州已经是个响当当的人物了，得州报纸上刊登过江恩对棉花行情的预测。在俄克拉荷马市的时候，江恩为一家经纪公司工作过不长的时间，然后他开始自己来做交易了。1908年①，江恩离开了这里，搬到了纽约。到纽约之后，他几乎立刻就发挥出了巨大的影响力。他的办公地点开始是华尔街91号，之后是在华尔街78-88号。他既交易股票，也交易期货，还出版《供需简报（The Supply and Demand Letter）》，管理客户账户，提供绘制图表的服务，同时还研究各个市场，并且开始了他的写作生涯。

江恩写的东西比大多数人印象中的都要多。按年代来排序的话，他的作品有：1923年的《股票交易数据中的真谛（Truth of the Stock Tape）》、1927年的《时空隧道（Tunnel Thru the Air）》、1930年的《江恩华尔街选股术（Wall Street Stock Selector）》、1936年的《江恩股票走势探测（New Stock Trend Detector）》、1937年的《如何从看涨期权和看跌期权的交易中盈利（How to Make Profits in Puts and Calls）》、1941年的《如何从期货交易中盈利（How to Make Profits in Commodities）》、1949年的《华尔街45年（45 years in Wall Steet）》和1951年修订版的《如何从期货交易中盈利》。在1950年以前，他的股市教程和期货教程都是编纂在一起的，到了1950年，这两本教程分别能卖到2500美元和5000美元。这些教程现在还在卖，不过价格只是原来的零头了。

在这里还应该提到的就是，江恩是一位非常执著和敬业的技术分析师。今天每当翻看江恩的作品时，都会让人想到江恩当年持之以恒地更新所有的走势图，这个工作会让你觉得实在是太繁琐了。江恩各种股票和期货合约的图，一共有好几百张，有日线图、周线图、季线图和年线图。这些图中涉及的一些期货品种是现在我们都没听说过的，比如洋葱头、橡胶、丝绸、兽皮、猪油和羊毛。尽管江恩确实有一些帮手，但他的研究笔记和私人图表都是他自己来做的，江恩从1900年到1955年，都是亲自绘制这些图，他对此有着近乎虔诚的意志力。

1909年，《股票行情收录机（Ticker Magazine）》杂志的记者R. D. 威科夫（R. D. Wyckoff）对江恩进行了专访，登出了一篇题为"出色的预测与交易记录"的文章，这篇有名的报道至今仍为人津津乐道。在这篇文章里，江恩说过，他的预测方法和运算过程都是以自然法则为基础的。从那以后，江恩再也没有就这个问题发表过更真实的表述。

---

① 译者注：江恩的《华尔街45年》写于1949年，据此推算，江恩应该是1904年搬到纽约的，这里可能是笔误。

江恩技术研究（精华本）

实际上，江恩在他的职业生涯早期，花了大量时间去研究各种自然法则，不论是他以前知道的，还是他以前不知道的，他都拿来研究——这些法则其实从世界之初就有了。江恩去研究的那些东西，都是别人认为理所应当的东西。他对自然法则的研究，是与市场运行中的价格和时间的变量结合在一起的，这也成了他的嗜好。

江恩研究牛顿的万有引力理论和开普勒的行星运行定律，他还研究法拉第和安培所研究的电子现象，还有伽利略的钟摆原理。他看过一些很老的书，比如《圣经》和欧几里得《几何原本（Elements）》，还有关于希腊数学，巴比伦、埃及和卡尔迪亚的占星学的书。江恩研究经济繁荣与衰退、干旱、小麦、棉花和股票等的时间周期，其中最远的可以追溯到几百年前。对知识的渴求引导着江恩进入各种不同领域的古老的世界，江恩出国最经常爱去的地方好像就是埃及、印度和英国。每次出访回来，就会有很多新的想法经过深思熟虑后，慢慢冒出来。

在对其他不同领域进行了很多研究之后，有一件事对于江恩来说，变得很清晰了，那就是，不管是牛顿、伽利略、法拉第还是莱特兄弟，在这些人所有的发明创造和理论背后，存在着一个共通的东西。

江恩知道，是自然法则在背后操纵着价格的神秘变化，他也找出了市场与科学法则之间的很多关系。

江恩原图会让人有一种看全景的感觉。江恩只要看一眼走势图，就能看出其中的趋势，每个可能的支撑位、阻力位和时间周期（不论是以交易日，还是日历日来计的周期），一切都是手到擒来。

江恩的技术分析手段都是极好的，他先后开发出了主测仪，时间与价格主图、隔夜图和趋势线等技术手段。他在1951年停止了股票交易，从那以后，他把精力放在了研究、写作和期货交易上，这段时光可以看作是他一生中最美好的一段时光。

冬天的时候，江恩会搬到迈阿密居住，远离纽约的寒冷。1月的一天，他用电动割草机在草地上除草，不小心把外接的电线弄坏了。江恩在修理这些电动设备并不在行，这时，他的一个朋友来帮他解决了问题。江恩非常感谢这个人，于是告诉他："我知道你在做多大豆，你最好在今天收盘前把多头仓位都清空。"据这个人回忆，江恩那一整天都待在屋子里打电话，他猜江恩是在抛出他自己的多头仓位。那一天是1948年1月15日，大豆5月合约在436½美元见顶。正如江恩所预测的那样，大豆价格从那一天见顶后就一路走低，而这个436½美元的价格是之后25年的大顶！这就是江恩

STYLE！

　　江恩的理论在当年红极一时，同样，它们也适用于今天的市场。这是因为人性依然没有改变，而且永远也不会变。在几十年如一日的市场涨跌中，人们的反应总是一样的，而市场的周期性循环也会让我们看到历史在重演。而这些年来，江恩理论一直伴随在我们左右。若要成功，除了需要花时间进行研究，有决心和耐心之外，还要有其他不可或缺的东西。

　　江恩说过，要想在股市投资或期货投机中盈利，你必须要有一个非常明确的交易方案，你还必须要对交易法则谙熟于心，而重要的是，这些交易法则应该已接受住了 50 年或者更长时间的考验。

　　1955 年，江恩在纽约市布鲁克林的一家医院去世，享年 77 岁。他可以说是将研究与交易进行到底的人，江恩是股市与期货市场中真正的先驱者。如果在他的前方没有先人的足迹可循，他会披荆斩棘，自己开辟出一条路来。也正是因为有这样的信念和勇气，才让江恩能够与众不同，特立独行。

　　他无羁的好奇心也是大到不行，根据有关的记录，他不仅研发出了可以让人日进斗金的交易系统，还对彩票、战争和天气等有着浓厚的兴趣。

　　江恩是他那个时代的弄潮儿，他的很多东西都是很超前的，而他的传奇故事也会流芳百世。他留下的远远不只那些令人称奇的交易记录，他为后世的交易者留下了一个知识宝藏。

> **7.2** 江恩是个爱读书的人。比利从江恩的个人藏书中精选出了三本书，逐一做了介绍，并试图找出它们与江恩理论之间的关联。你不妨也来判断一下，江恩是否受到过它们的影响？另外，我也把比利在杂志中列出的这些江恩藏书汇总在一起，放在附录里，如果你有兴趣的话，就把这些书也找来看看吧。如果这些书你都能找到，一定要告诉我，因为我还大都没有找全。

● **江恩方法与技术的创立：是什么影响了江恩**

（选自1984年1月刊）

江恩成为传奇，是因为他开发出的各种技术手段和交易方法，但你是否想过，当初有哪些人的想法影响到了江恩呢？在每个人的早期职业生涯中，都会受到某些人或某些事的影响，江恩也不例外。

江恩不是生来就有了那些独树一帜的想法，他也是要经过学习多种技术手段、阅读各种书籍，才开发出了那么多东西。

正是考虑到了这一点，并且我们也收到了无数的电话和信件，询问我们江恩自己都有哪些藏书，我现在决定将可能是他最珍视或认为很重要的书籍或手稿的名字公布出来。在他的藏书中，有大量关于数学、自然、地理和天文学的书籍，还有当年一些重量级人士的手稿。

在江恩的职业生涯早期，"时间"对于市场形成顶部和底部来说，是最重要的因素，而并不是价格。他接下来证实了所有的顶部和底部都是在前期的市场高点和低点的基础上，时间与价格达成正方的结果，江恩把它称之为"在这个区间形成正方"或者是"价格与时间形成正方"。

很多想法被带到了江恩的脑子里，他研读了许多书和手稿，这些东西为江恩提供了信息，为他进行开发各种技术手段打下了基础。

我自己也做过这样一个研究，那就是把江恩曾经读过的书拿来读，想看看是否能解开江恩技术中的那些疑问中的任何一个。在过去的十年中，特别是从1976年以后，我已经读了其中很多本书，之前的很多疑问也找到了答案，不过又产生了更多的疑问。

第七章 江恩生平与那些曾经影响过江恩的书

在这些书中,最有意思的一个是 1921 年韦斯顿教授(Prof. Weston)写的一份标题为"预测"的手稿。这份手稿有 43 页,它可能是江恩很推崇的,因为我还发现一些这位教授写给江恩的信,信中探讨了如何互相去印证他们的想法。

这份题为"预测"的手稿,主要是研究谐动、数学和自然周期之间的关系,它的重点放在行星的影响力上。韦斯顿教授习惯把它称之为"几何周期系统"(Geometrical Cycle System),因为他说过,这里面最根本的核心就是周期本身具有一种谐动的规律性,在几何上表现为一种匀称性。

我相信,这份手稿能引起江恩的兴趣,是因为韦斯顿教授发现的是一种自然现象,而这种现象却能用数学的方法来解释。

在此,我把该手稿中的几幅图登出来,供你来对比和参考。

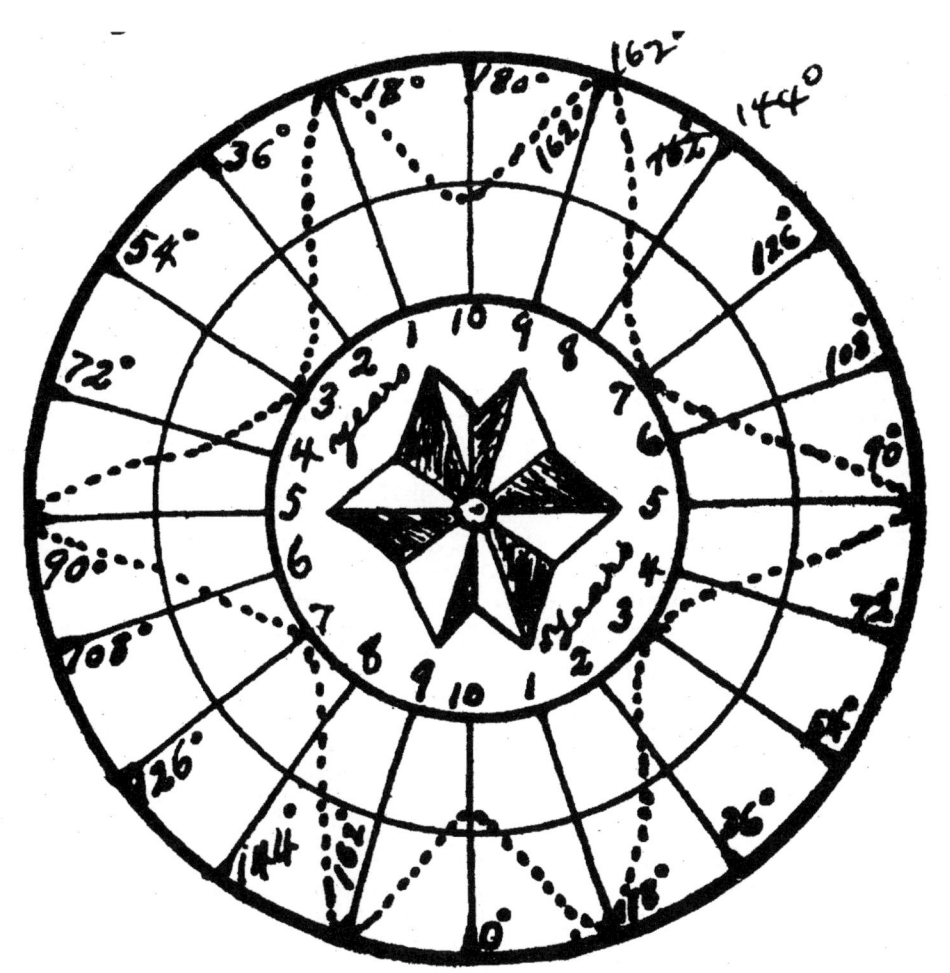

图 7-1 木星和土星的影响

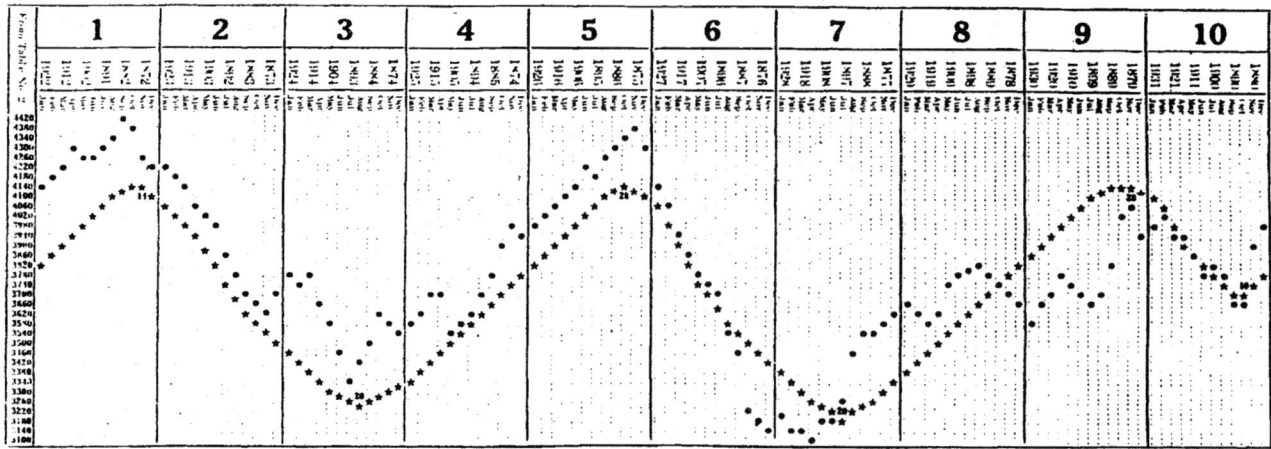

图 7-2 纽约证券市场的十年周期曲线图

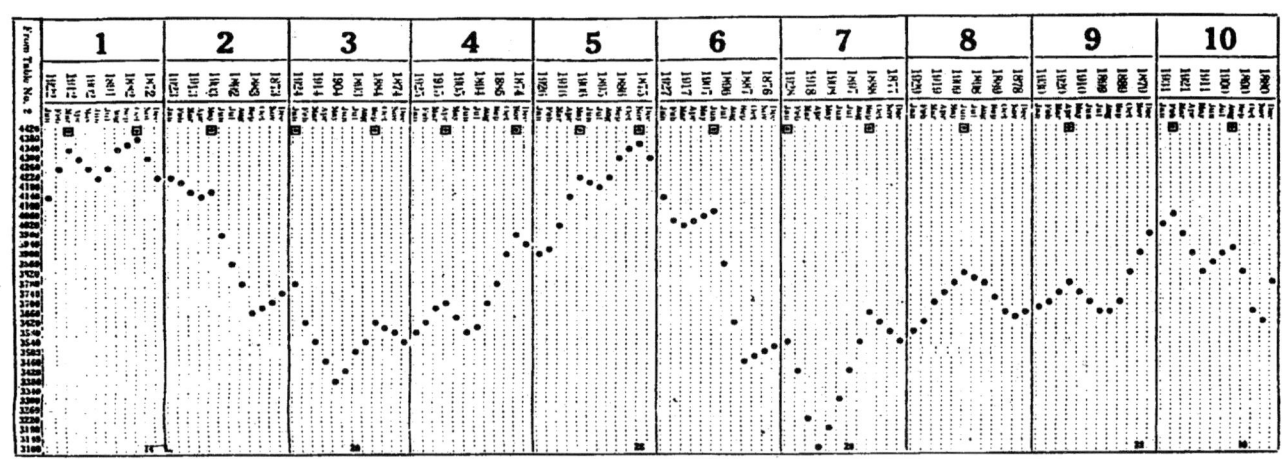

图 7-3 股市价格的平滑预测曲线

Table No. 2 — The Forecast Curve

Year	Jan	Feb	Mar	Apr	My	Jn	Jly	Aug	Sep	Oct	Nov	Dec
1	4136	4189	4195	4313	4311	4292	4316	4380	4413	4372	4252	4243
2	4240	4185	4125	4065	4023	3895	3867	3808	3691	3650	3640	3691
3	3764	3736	3743	3651	3531	3454	3359	3405	3487	3606	3600	3551
4	3569	3630	3678	3681	3544	3563	3582	3731	3785	3918	3874	3969
5	3978	4021	4052	4085	4105	4189	4289	4357	4373	4479	4305	
6	4184	4065	3934	3848	3787	3740	3677	3558	3433	3180	3112	3077
7	3141	3087	3088	3066	3184	3191	3273	3458	3528	3536	3560	3583
8	3603	3581	3562	3540	3738	3793	3799	3801	3786	3760	3735	3722
9	3634	3718	3767	3771	3765	3737	3710	3773	3870	4021	4046	3918
10	4611	4022	3990	3971	3895	3777	3790	3780	3711	3712	3908	3983

图 7-4 上图的平滑预测曲线中对应的价格

另外一本要说的江恩藏书，是威廉·摩尔（William Moore）写的《投机与投资的教程大全和安全指南法则（Complete Course of Instruction in Speculation and Investment and Rules for Safe Guidance Therein）》，他还给这本1920年的交易手册起了另外一个书名《揭开华尔街的神秘面纱：秘密大曝光（Wall Street Mysteries Revealed：Its Secrets Exposed）》。

这本书可能也给江恩带来了一些启发，摩尔的思维方式与江恩很接近，比如，摩尔在书中写到："根据我多年的经验和细致的观察，我已经发现了市场运行的法则。市场的运行方式没有改变，它们现在的运行方式与20年前，甚至更长时间以前相比，都没什么两样。所以，我可以很放心地说，'还是原来那个古老的游戏没变，那就还是按照原来的老办法来玩吧。'哄骗自然去泄露它的秘密，可不是一件简单的事情。"

关于制图，摩尔有一条法则是这样说的："对于所有那些如果你想要正确地完成它们，或者说干得很漂亮，都要求你具备一些技能才行的事，它们必定也是符合在自然法则之下，以相互和谐的方式来完成的。"

他提到的很多关于自然和自然法则的内容，也正是一些江恩很著名的言论。不过，江恩思考得要深入得多，而摩尔的方法投机性更强，他的交易记录证明了这一点。

我认为，在摩尔的方法中，有两个方法是很有趣的，也是与江恩有关的，这就要说到他的转向交易和转向法则了，他的转向法则是建立在钟摆理论的基础上的。这两张有些看不清的图，展示的就是他的转向交易法。

还有一本江恩的藏书是约翰·麦肯斯（John McKenzie）写的《华尔街的牛市和熊市（Bulls and Bears of Wall Street）》，江恩应该会觉得这本书很有趣。这本书是1899年出版的，它可能是最早的绘有如此严谨的技术图的书之一。

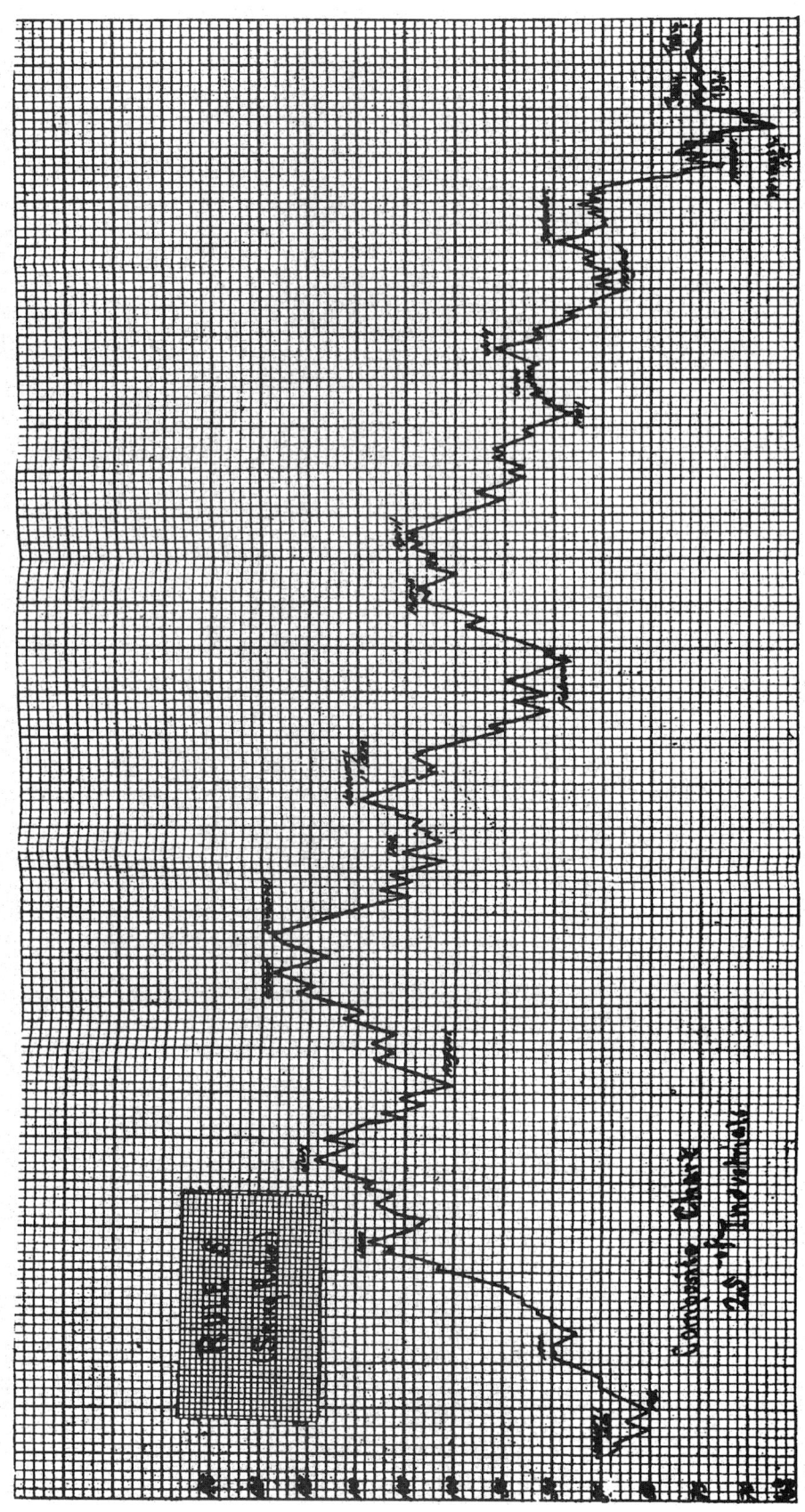

图 7-5 摩尔书中的技术图

第七章 江恩生平与那些曾经影响过江恩的书

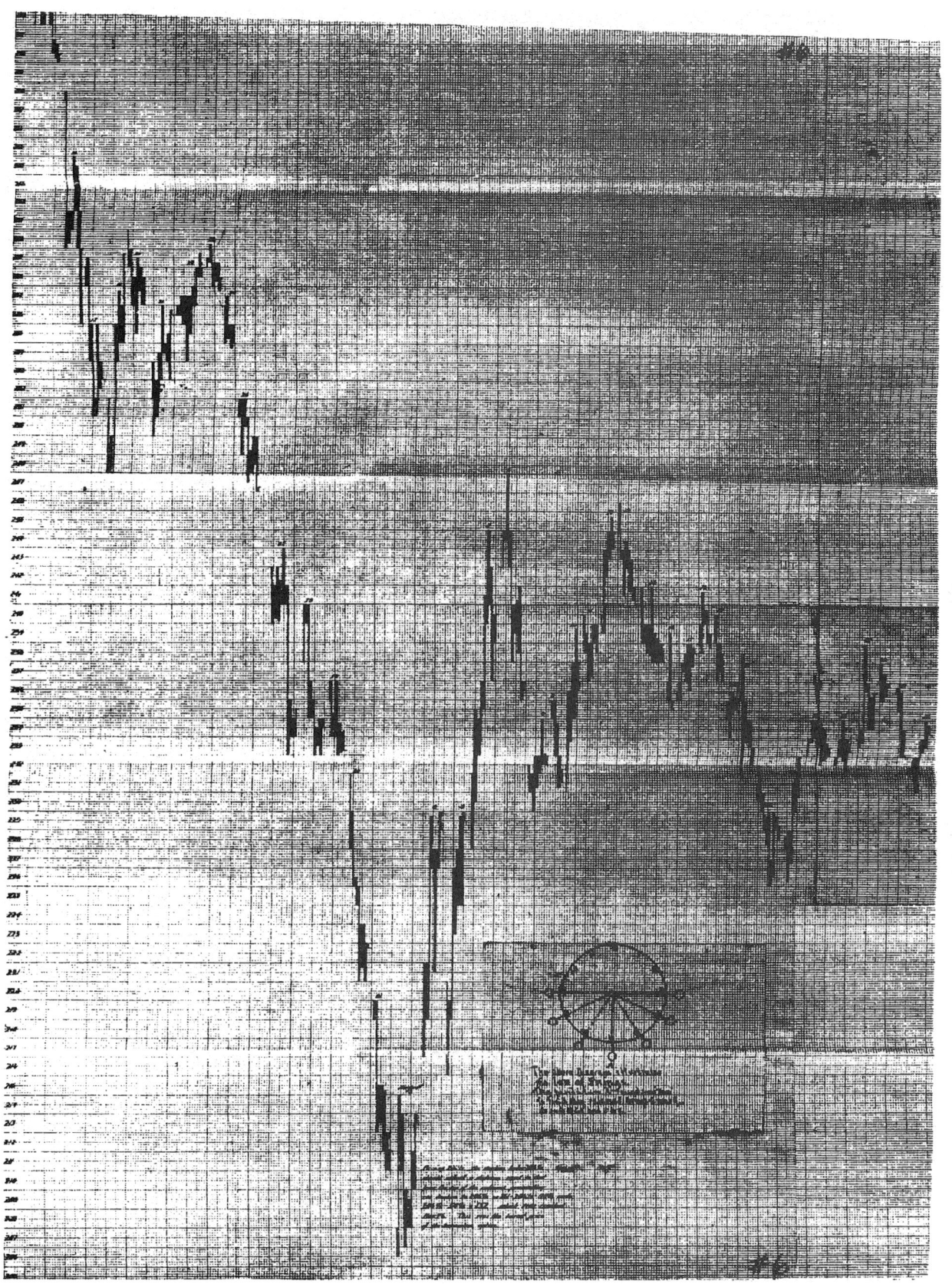

图 7-6 摩尔书中的技术图

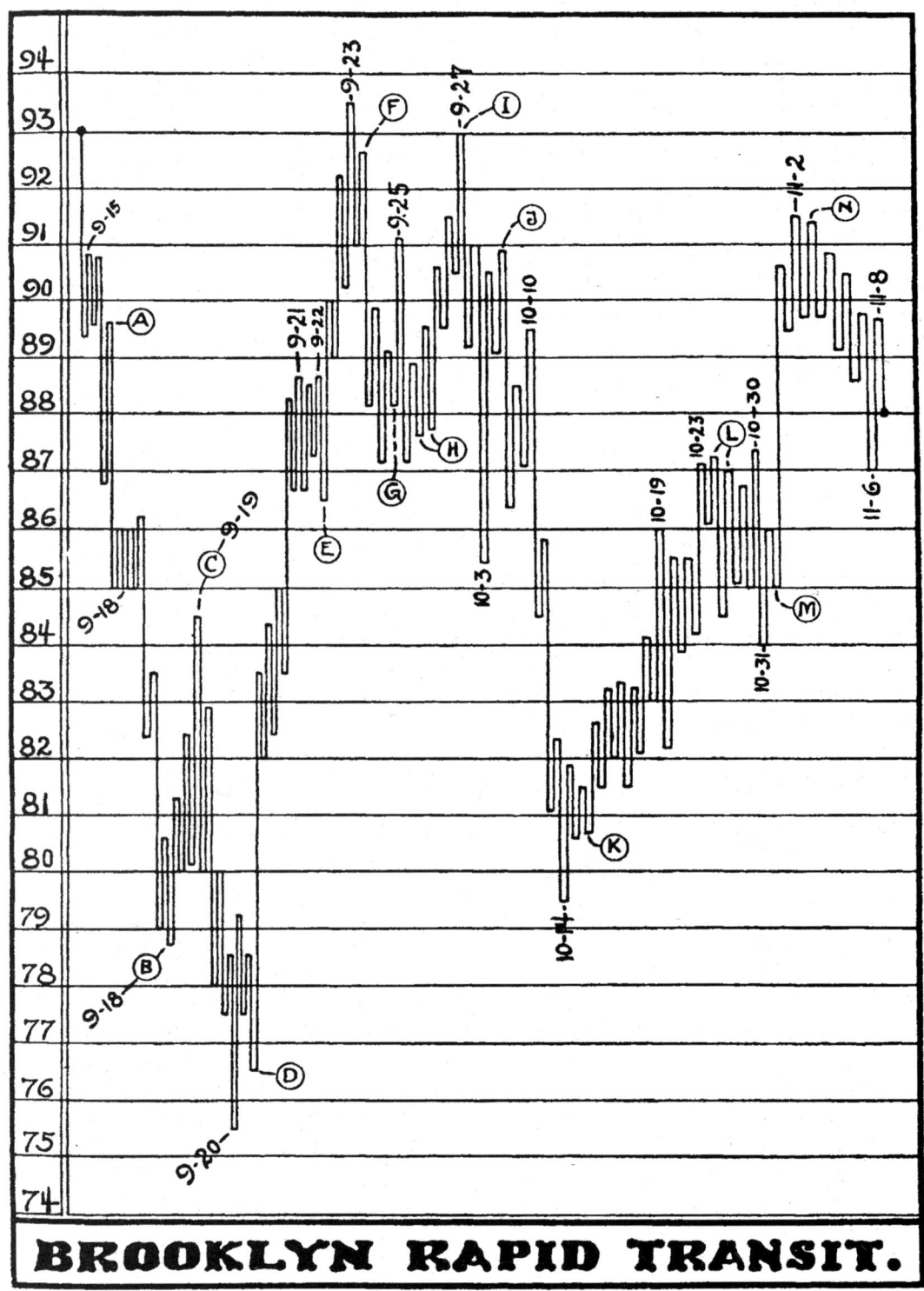

图 7-7 麦肯斯书中的技术图

第七章　江恩生平与那些曾经影响过江恩的书

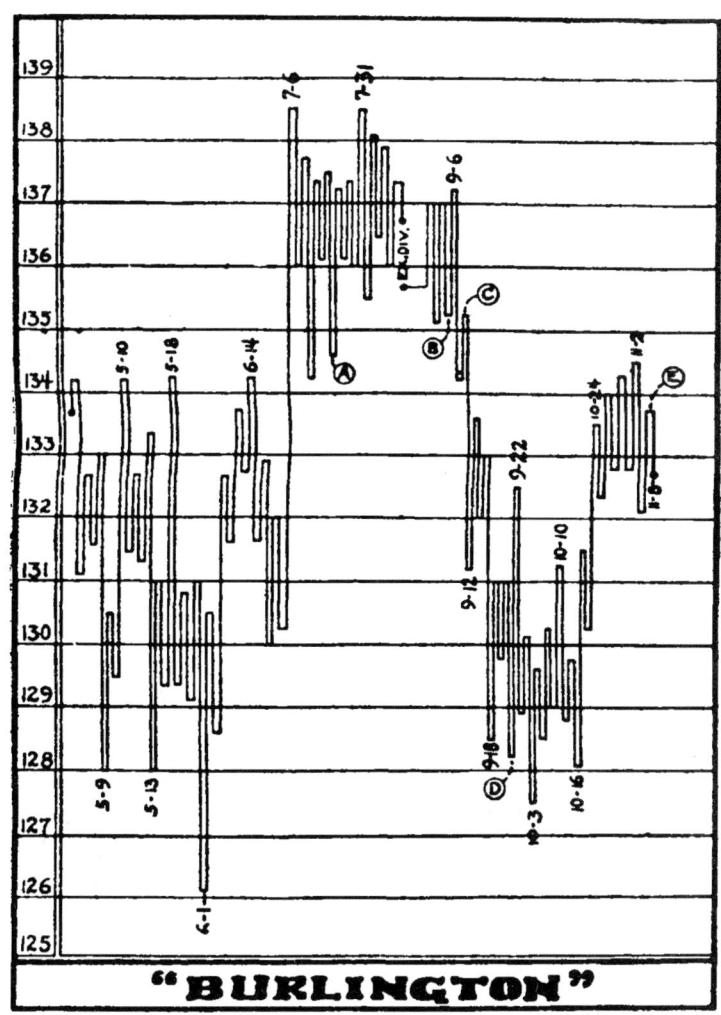

图 7-8　麦肯斯书中的技术图

书上那些早期的技术图，与江恩绘制出的很多转向图（Swing Charts）看上去有些类似。江恩在图上添加了"时间"之后，让我们可以更好地理解价格的运行情况。但是，江恩的有些想法可能是来自于这些早期的技术手册。

在《华尔街的牛市和熊市》一书中，麦肯斯写到："如果在图中出现了双顶，就表明市场要走弱，建议卖出。"从中可以看出，1899年的趋势改变信号，跟我们今天的没什么区别。

这三本书只是江恩众多藏书中的三本，江恩是否受到了这些书内容的影响，没有人确切地知道。但你不得不承认，这三本书中的东西与我们从江恩那里学到的东西，有一些相似之处。

第八章　江恩教程赏析

8.1 本章中这两篇江恩教程中的文章，可以说是江恩主图与他的时间周期理论相结合的进阶教程，重点是如何使用 360 度圆周图和 144×144 的正方图来预判行情的拐点，此外，还举出了几个江恩眼中的关键数字，如 3、5、7 和 9，它们的倍数往往都是时间周期中重要的变盘点。对于有的读者反映，江恩教程比较难懂，按比利的话说，你多读几遍，就懂了！

● 360 度圆周图

（选自 1985 年 5 月刊）

360 度圆周图对于寻找时间周期和价格上的阻力位来说，是最重要的手段。首先，我们将圆周 2 等分，得到的半圆为 180 度，而 180 无论是对于以天、以周，或以月来计的时间周期，还是对于价格，都是最重要的阻力位。我们若将圆周 3 等分，就得到 120、240 和 360 这三个点，连接这三个点，就形成了圆的内接三角形。我们也可将圆周进行 4 等分，得到了 90、180、270 和 360 这四个点，它们可以连成圆的内接正方形，它们也都是最重要的阻力位。

将圆周 8 等分，可以得到 8 段 45 度的圆弧，这些等分位包括 45、90、135、180、225、270、315 和 360 度。重要性仅次于 8 等分的是将圆周进行 16 等分，得到的每段圆弧为 22½ 度。我们将圆周进行 32 等分，得到 32 段圆弧，各个等分位分别是 11¼ 度和它的倍数。将圆周进行 64 等分，得到的等分位分别是 5⅝ 度和它的倍数。

在下表中，列出了一个圆周被 64 等分后的等分位，每一段圆弧都是 5⅝ 度，在第一列中，向下排到了 16，对应的是 90 度，相当于一个圆周的 1/4，而 16 也是 64 的 1/4。这种的排列，你要是横着看的话，右面那个数是左面那个数的倍数，而其中夹在加粗黑线之间的数字是最重要的。

圆周 64 等分的等分位列表

1. 5⅝	17. 95⅝	33. 185⅝	49. 275⅝
2. 11¼	18. 101¼	34. 191¼	50. 281¼
3. 16⅞	19. 106⅞	35. 196⅞	51. 286⅞
4. 22½	20. 112½	36. 202½	52. 292½
5. 28⅛	21. 118⅛	37. 208⅛	53. 298⅛
6. 33¾	22. 123¾	38. 213¾	54. 303¾
7. 39⅜	23. 129⅜	39. 219⅜	55. 309⅜
8. 45	24. 135	40. 225	56. 315
9. 50⅝	25. 140⅝	41. 230⅝	57. 320⅝
10. 56¼	26. 146¼	42. 236¼	58. 326¼
11. 61⅞	27. 151⅞	43. 241⅞	59. 331⅞
12. 67½	28. 157½	44. 247½	60. 337½
13. 73⅛	29. 163⅛	45. 253⅛	61. 343⅛
14. 78¾	30. 168¾	46. 258¾	62. 348¾
15. 84⅜	31. 174⅜	47. 264⅜	63. 354⅜
16. 90	32. 180	48. 270	64. 360

从 1 到 19 的平方是对于时间和价格的阻力位来说，是重要的关注点位，这是因为它们是圆周中重要的角度，这些分别是：1、4、9、16、25、36、49、64、81、100、121、144、169、196、225、256、289、324 和 361，361 是 19 的平方。

比利的加注：当你在看 19 的平方图时，就会看到从 1 到 19 的平方是一个什么概念，到了 361 处，你可以数得出来，它刚好走完了一个 19×19 的正方。江恩提到的从 1 到 19 的平方，每个数字都确定无疑是时间与价格上的阻力位。

将圆周 6 等分，我们会得到两个不包括在这个列表中的价格阻力位与时间周期，它们是 60 和 300。

因为一年有 12 个月，所以将圆周 12 等分也是非常重要的，它得出的时间周期也是很精确的。下列这几个圆周上的等分位是没有出现在上面列表中的：30 度、150 度、210 度和 330 度。

江恩技术研究（精华本）

将圆周 24 等分得出 15 度的经度线，在时间上相当于 15 天。因为一天有 24 个小时，地球绕轴自转一周是 24 个小时，所以这些时间周期就很重要。下列这些是没有列在其它表格中的度数：15 度、75 度、105 度、165 度、195 度、285 度和 345 度。

在上面的圆周 64 等分的等分位列表中，从左向右横着看，第 2 列总是与第 1 列之间相距 90 度。例如，第 1 个等分位是在 5⅝ 度和下一列中的第 17 个等分位是 95⅝ 度，或者说多出来 90 度。与之相对的第 33 个等分位是在 185⅝ 度，也就是 95⅝ 度加上 90，下一列中的第 49 个等分位是在 275⅝ 度，或者说是 185⅝ 度加上 90 度得到的。

夹在黑线中的第 1 列第 8 行的是 45 度，接下来分别是 135 度、225 度和 315 度，这四个等分位之间都间隔 90 度。

在第 1 列的底部，第 16 个等分位是 90 度，它的右边依次为 180 度、270 度和 360 度。这些数字与第 8 行的那组数字一一对应的话，分别是加上了 45 度，它们都是最重要的时间和价格上的阻力位。

要认识到在圆周图上这些角度的价值和重要性，你可以取一些高点和低点价位，以及一些时间周期。特别是按周来计和按月来计的时间周期，反复查看它们各自在圆周上所对应的角度，你会看到，这些见到高点和低点时的价位和时间周期的节点，与这些重要的角度有多吻合。

你还必须始终记住的是，要计算价格从极低点或者小级别低点，上涨了多少个点或者多少美分，或者从极高点或者小级别高点，下跌了多少个点或者多少美分。另外，你还要计算价格处在主要的中间点位，或者次要的中间点位，或者重心点位的上方或者下方多少美分。你会发现，这些重要的中间点位与圆周图上的自然角度非常接近。

例如：5 月大豆的极高点是 436¾ 美分，极低点在 67 美分，这个区间的中间点位是 251⅞ 美分。查看一下圆周 64 等分的等分位列表，你会发现，64 个等分位中的第 45 个等分位是在 253⅛ 度，它与大豆上述价格区间的中间点位非常接近。436¾ 美分的 1/2 是 218⅜ 美分，而 64 个等分位中的第 39 个等分位是在 219⅜ 度，这个中间价位与该自然阻力位角度是非常接近的。现货大豆的极低点是 44 美分，44 和 436¾ 之间的中间价位是在 240⅜。一个圆周的 2/3 是 240 度，这也是内接三角形与圆周的一个交点，而 64 个等分位中的第 43 个等分位是在 241⅞。44 美分这个极低点，只比 45 这个重要的阻力位低了 1 个点。5 月合约的最低价位是在 67 美分，只比 67½ 的少 1/2 点，而 67½ 是 64 个等分位中的第 12 个等分位，或者说是 90 的 3/4，67½ 也是 45 到 90 之间的中间点位，这就是为什么 5 月大豆有 5 年的低点都出现在 67 美分到 69 美分之间，它预示着后市会出现大幅上涨的行情，因为 5 月大豆在三个不同的年份中，底部都在 67 美分到 69 美分之间，就形成了三重底。

下一步要看一下时间周期，5 月大豆在 1932 年 12 月 28 日见到低点，从那个低点算起，1947 年 12 月 28 日是它的第 15 年，或者说是第 180 个月，而 360 度圆周的 1/2 是 180 度，这里就构成了一个非常重要的时间周期节点。1948 年 1 月 15 日，5 月大豆见到了它的极高点，这是在它走完整整 15 年的时间周期之后的第 18 天。你可以用同样的方法去查看所有其他的时间周期，就会发现，它们与 360 度圆周上的 64 个等分位都非常接近。

（1953 年 9 月 29 日）

比利的加注：大豆在 1948 年 1 月 15 日见到的高点，直到 1973 年才被突破，当时的价格达到了 1246 美分，而从时间上看，这时是从 1948 年 1 月 15 日算起的第 1246 个星期。

● 恩预测市场的主要数学手段：价格、时间和趋势的主测仪
（选自 1985 年 5 月刊）

我们之所以要把这张正方图绘制在透明塑料板上，就是当你把它们盖到日高低点图、周高低点图和月高低点图之上的时候，根据股价与不同角度的趋势线的会合情况，你对该股在时间和价格上的相对位置可以一目了然。这样的设计就是要让测算变得又快又准又容易，不但节约时间，也避免出错。

因为一年有 12 个月，所以，12 的平方在时间周期的测算上一直都很重要。以 144 格为边长的正方图是最重要的正方图（大正方：GREAT SQUARE），在测算时间和价格时，它比任何其他正方图都更有效，因为在这个图中，它包含了从 1 到 144 所有数字的平方。不管是测算时间还是价格，这个图都可以分成 9 等份。因为 9 是最大的个位数，在日高低点图中，9 个格可以相当于 9 天，当然它也可以是更长的时间周期，也就是 9 周或 9 个月，而从价格上来说，9 个格可以是谷物价格中的 9 美分，也可以是股价中的 9 个点，或者是棉花价格中的 90 个点。

在以 144 格为边长的正方图中，每一列都是 144 个格，它可以看作是谷物价格中的 144 美元，也可以是股价中的 144 个点，或者按照每个边长为 1/8 英寸的方格等同于 10 个点的比例尺来算的话，它就相当于棉花价格的 1440 个点。

江恩技术研究（精华本）

以 144 格为边长的正方图，它的尺寸为 324 平方英寸，每平方英寸包含 64 个格，这样可以得出，整个正方图总共有 20 736 个格。这个数字可以是 20 736 个星期，或者是 20 736 个月，这些都是大的循环周期，那么你可以按一定比例推算出一些小的时段，用来测算时间和价格的阻力位。

144×144 的正方图中的大循环周期

在这个正方图中，整个来看，对应的时间段是 20 736 天，也可以是 20 736 个星期，或是 20 736 个月。这个大循环周期的 1/2 是 10 368 天。它的 1/4 是 5184 天，它的 1/8 是 2592 天，它的 1/16 是 1296 天，它的 1/32 是 648 天，它的 1/256 是 81 天，或者说是 9 的平方。

以周来计的时间周期

如果按周来算的话，这个大循环周期有 2962 周零 2 天，它的 1/2 是 1481 周零 1 天。它的 1/4 是 740 周，它的 1/8 是 370 周零 2 天，它的 1/16 是 185 周零 1 天，它的 1/32 是 92 周零 4 天，而它的 1/64 是 46 周零 2 天。

以月来计的时间周期

如果按月来算的话，这个大循环周期为 681 个月零 23 天。它的 1/2 是 340 个月零 8 天，它的 1/4 是 170 个月零 23 天，它的 1/8 是 85 个月零 11 天，它的 1/16 是 43 个月零 5 天。当股票或指数从任何一个主要的高点或低点开始，走完了这些按周或按月来计的时间周期时，你就要加以关注它未来的趋势是否会发生变化。

关键数字

3、5、7、9 和 12 都是很关键的数字。数字 9 和它的倍数是最重要的，因为从 1 加到 9，这 9 个数字的和是 45。下一个也很重要的数字是 7，它在《圣经》中被提到的次数，比其他任何数字都要多。1 周有 7 天，也就是 7 个日历日，每周有 5 个交易日，而它们的倍数也应该在日高低点图、周高低点图和月高低点图上不断延伸下去。拿 7 来说，第 1 个 7×7 的正方图最后落在 49，这也是它的平方，这在时间周期上是一个非常重要的阻力位。这样依次下来，第 2 个 7×7 的正方图最后一个格是落在 98，第 3 个 7×7 的正方图最后落在 147，第 4 个 7×7 的正方图最后落在 196，而 196 同时也是 14

的平方。接下来，我们要说的关键数字是 5，它是 1 和 9 之间的起到平衡作用的数字。对于 5 来说，第一个 5×5 正方图的最后落点是 25，第 2 个 5×5 正方图的最后落点是 50，50 与 49 只差了 1 个格，而 49 又是 7 的第 1 个正方图的最后落点，这就让 49 到 50 成为趋势变化的关键时点。第 3 个 5×5 正方图的最后落点是 75，第 4 个 5×5 正方图的最后落点是 100，而 100 也是 10 的平方，这就让 100 也成为可能会发生趋势变化的重要时点。

数字 3 在《圣经》中被提及的次数仅次于 7，它也是个重要的数字，因为 3×3 等于 9，也就是 3 的平方，它是第一个平方数比它自己大得多的奇数。你能够以任何可能的方式来用 3，3×7 等于 21，3×5 等于 15，3×9 等于 27，3×12 等于 36，而 36 是 6 的平方，所以 36 就是一个非常重要的数字了。数字 12 也是《圣经》里多次谈到的数字，它也是很重要的数字，耶稣挑选了 12 个信徒。一年有 12 个月，黄道带上有 12 个星座。在 144×144 的正方图中，12 和它的倍数都很重要，它们是 12、24、36、48、60、72、84、96、108、120、132 和 144，它们对于判定以天、以周或以月来计的时间周期和价格阻力位都是至关重要的。

对于数字 9，7×9 等于 63，因为 8 的平方是 64，所以，63 也就变得重要起来，63 到 64 这个区间也成为关注趋势是否发生改变的非常重要的时段。7×12 等于 84，84 这个数字也非常重要，而接下来的就是 90，10×9 等于 90，而一个圆周的 1/4 是 90 度，90 对于时间周期和趋势变化来说，也是一个非常重要的数字。下一个重要的数字是 108，9×12 等于 108，它是 144 的 3/4。

360 度的圆周与 144 的正方图之间相互关联的重要性，是一定不能忽视的，因为圆周的不同等分比之后各段圆弧的度数，与等分 144 进行之后得到的数字是相互对应的。144 的 2½ 倍等于 360，144 的 1¼ 倍等于 180，即一个圆周的 1/2；144 的 5/8 等于 90。144 的 1/16 等于 9，144 的 1/8 等于 18，144 的 3/8 等于 27，144 的 1/4 等于 36，144 的 5/16 等于 45，它们始终都是非常重要的时间周期和价格阻力位。48 是 144 的 1/3，54 是 144 的 3/8，63 是 144 的 7/16，72 是 144 的 1/2，81 是 9 的平方，也是 144 的 9/16，90 是 144 的 5/8，99 是 144 的 11/16，108 是 144 的 3/4，117 是 144 的 13/16，126 是 144 的 7/8，而 135 是 144 的 15/16。这些在 12×12 的正方图中，都是最重要的点位，在主测仪上，当以天来计，以周来计，或者以月来计的时间周期走到这些点位的时候，都要密切关注趋势是否会发生改变。请记住，你始终都要关注在日高低点图上出现的第一个趋势变化的指标，而同时，你也要看指数或股价在周高低点图上的位置，以周来计的时间周期是第二重要的周期，而在月高低点图上的主趋势的改变，是最重要的时间周期的变化。

3 和 5 的重要性

无论是在日高低点图、周高低点图还是在月高低点图上，价格和时间的运行中都有 3 个要点，那就是价格、时间和成交量。而趋势线的斜率显现出的是时间以一个平缓的角度，还是一个很陡的角度，影响和驱动价格的上涨或者下跌。我们有时也说，有 4 个因素在影响着股市，即价格、时间、成交量和速度。时间是最重要的因素，当时间周期走完的时候，成交量开始放大，市场的运行速度就会加快，而趋势线就会随之更快地向上或向下运行。

在日高低点图、周高低点图和月高低点图上，还要考虑其他 3 个要点，那就是：最高价、最低价，和价格区间，或是最高价和最低价之间的中间位。

时间和价格的 5 个要素

这 5 个要素分别是高点、低点、高点与低点之间的 1/2 价位、开盘价和收盘价。收盘价对于趋势有很好的指示作用，特别是当市场交易非常活跃的时候。如果收盘价收在高点与低点之间的 1/2 价位之上，或者接近高点的价位，那么，市场的趋势就是向上的。如果收盘价收在高点与低点之间的 1/2 价位之下，或者接近低点的价位，卖盘就比买盘要大，那么趋势就是向下的，至少也会有暂时性的下跌。你在进行趋势的判定时，要结合时间和趋势主测仪，把与趋势线相关的所有法则都用上。

时间和价格的最强阻力位

在使用 144×144 正方图，也就是我们说的主测仪时，最强的阻力位分别是在 1/4、1/3、2/3、3/8、1/2、5/8、3/4、7/8 位和 1，也就是走完一个完整正方的时候。

大多数的趋势线互相交叉的那些点位，都是价格和时间的最强阻力位。

三角点位（TRIANGLE POINTS）

这些点位分别是 72、144、36、48、96 和 108。144 处在正方图的顶部，它是最重要的阻力位。在正方图底部和顶部的数字，也都很重要（译者注：这些点位都是正方图中发出趋势线的点位，它们发出的趋势线在正方图中形成了三角形）。

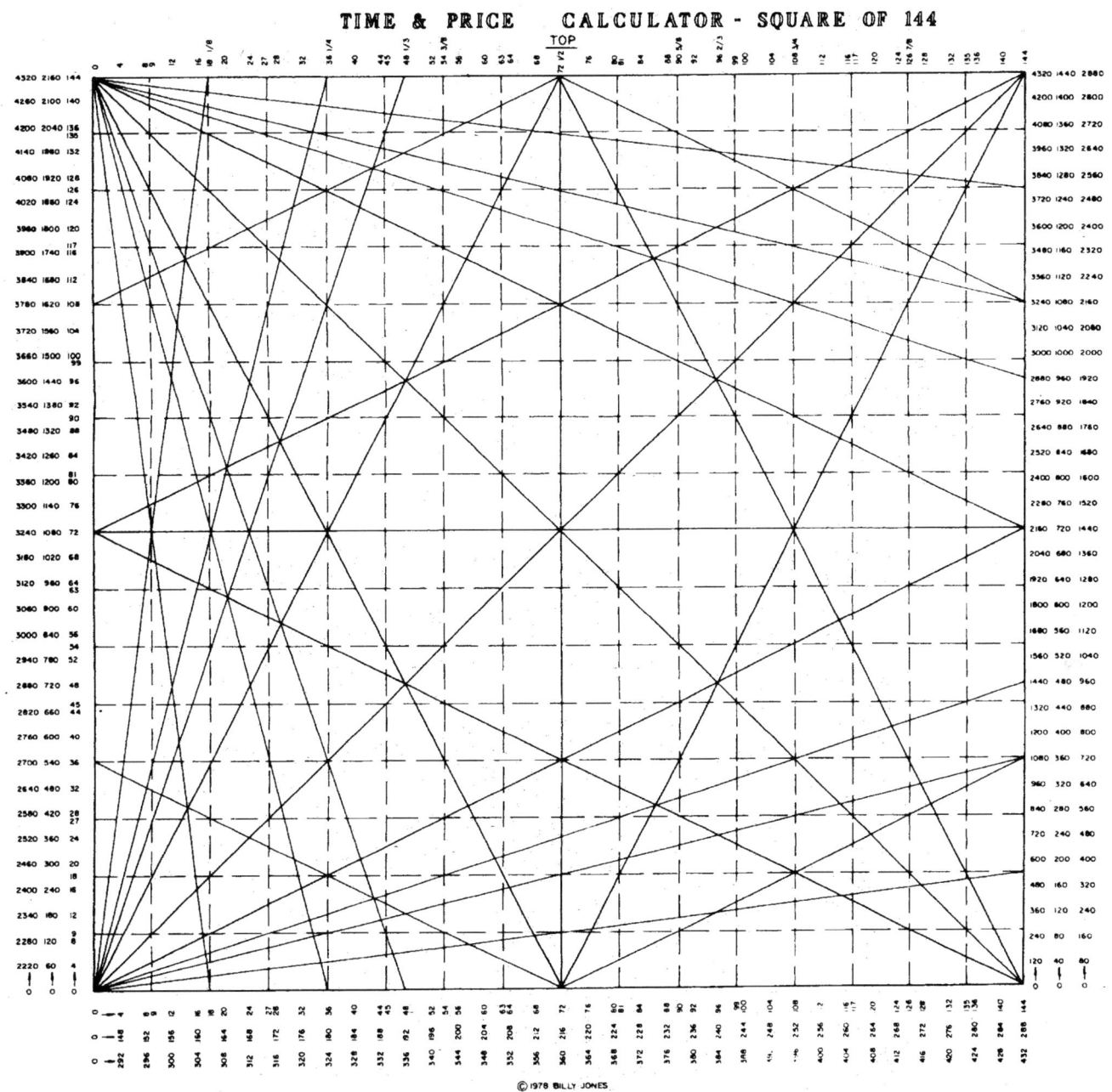

图 8-1　时间与价格主测仪：144×144 的正方图

144×144 的正方图中的正方形

对于时间和价格阻力位，这些由趋势线交叉点形成的正方形，有着重大的意义。这些点位有 36、45、54、63、72、90、108 和 144，144 是在正方图的顶部。当价格处在 36 这个点位，时间周期也处在第 36 天、第 36 周或第 36 个月时，时间和价格就形成了正方，此时要重点关注趋势是否会发生变化。有了 144 的正方图，你能可以得到从 1 到 144 的任何一个数字的正方。假设你想要的是 72 的正方，在时间轴上移到 72 的位置，如果价格也向上涨到了 72，那么，价格和时间就达成了平衡，或者说走出了正方，这个价位也是在 45 度角的趋势线上，在价格、时间和趋势主测仪上位于中间价位。

要关注的可能会发生趋势变化的点位

大多数的趋势变化，会在时间周期走到 144 正方图的中间点和某个正方形的尾声，或者运行到 144 正方图中 1/3、2/3、1/4 和 3/4 等阻力位时出现。你必须要始终关注见到最高点和次高点、次低点的时间，还有见到最低点和第二次、第三次见到更高的底部价位的时间，看价格何时与它们达成正方，你也要关注与某个价格区间达成正方所需要的时间，要关注那些在 144 正方图中，价格与时间达成正方的点位。

例如：小麦的历史最低价是 28 美分/蒲式耳，这是在 1852 年 3 月见到的，所以，从那以后，每 28 个月就可以与最低价达成正方。1917 年 5 月 11 日，小麦见到了它的历史最高价，即当时的 5 月期货合约是 325 美分，所以，要想与最高价达成正方，需要 325 个月。5 月合约的最低价曾经到过 44 美分，所以，与最低价达成正方，在时间上需要 44 个月。而 44 美分与 325 美分之间的价格区间为 281 美分，这样的话，要与这个区间达成正方，就需要 281 个月、281 周或者 281 天。当你在用主图时，会看到两个 144 的正方形可以达到 288，所以，你要关注在 281 和 288 之间，或者在第 2 个 144 的正方形快要走完的时候，是否会出现趋势的变化。极低点 44 的 7 倍等于 308，而 44 的 6½ 倍等于 286，这是第 2 个 144 正方形结束点位之内两个点的位置，所以就让 286 成为一个关系到趋势变化的重要关注时点。要与小麦 5 月合约的最高价 325 达成正方，需要在走完两个 144 的正方形之后，还要再走完 37 个方格，所以，当你在 144 的正方图中看到，时间周期到了 36 天、36 周或者 36 个月时，就会在此遇到阻力，因为当时间周期走到 36 的时候，你会看到从 72 发出的一条向下的 45 度的趋势线（内接正方形的一个边），与价格轴上从 36 向右画的一条横线在 36 形成交叉。用这样的方法，你就可以在这个主方图上看出那些与最高价、最低价和上涨或下跌的价格区间成正方相应的时间周期节点。对于任何期货品种、股票平均指数，或者是个股，都可以用同样的方式估算出与某个高点价位、低点价位或者一个价格区间达成平衡的其他所有时间周期。

你要反复去翻看这些走势图的历史行情，把主测仪放在这些图的上面，算出历史走势中的时间周期和阻力位，这样你才算是会正确使用时间、价格和趋势主测仪。通过这样的练习，你就会知道究竟如何去用它，也能证明给你自己看，这个主测仪的确有很大的价值。

按小时来计的时间周期

当市场交易非常活跃，股价的波动区间很大的时候，绘制小时高低点图就与绘制日高低点图同等重要，小时高低点图可以给出趋势变化的第一个信号。

因为一天有 24 小时，所以，要走完 144 个小时需要 6 天的时间，而要走完整个 144 的正方图，就要用 864 天。

现在，除了节假日之外，所有的交易所每周交易 5 天，大多数都是每天交易 5 个小时，这样一来，按每周 5 天和每天 5 小时来算，要走完 144 个小时就需要 28 天零 4 小时。

按年来计的大周期

要走完 144 的正方图，就相当于是要走完 20 736 天，它需要 56 年 9 个月零 23 天，这是一个非常重要的时间周期。重要性仅次于它的时间周期是这个时间周期的 1/2，即 28 年 5 个月零 8 天，还有这个时间周期的 1/4，即 14 年 2 个月零 19 天。14 年的时间周期总是很重要的，因为它是相当于是 2 个 7 年的时间周期。14 年相当于 168 个月，而 169 个月是 13 的平方，这让它成为重要的变盘点，也是时间上的重要阻力位。

大周期的 1/8 是 7 年 1 个月零 10 天，这个时间周期也很重要。它的 1/16 是 42 个月零 20 天，它的 1/32 是 21 个月零 10 天，它也是非常重要的，因为它与 22½ 个月接近，而 360 度圆周 1/16 是 22½ 度。

16 等分后 9×9 的正方

将这个图的边长都进行 16 等分后，得到的就是 256 个 9×9 的正方，这样一来，所有的 9×9 的正方，都成了价格与时间上的阻力位。比如前面提到的，在谷物的日线图上的 9 美分，在周线图和月线图上也是一样的道理。1 美分是与每个 1/8 英寸的小方格相对应的，而不同的期货品种，所用的比例尺也是不同的。如果是 20 个点对应一个 1/8 英寸的小方格，那么每个 9×9 的正方所对应的就是 180 个点。

江恩技术研究（精华本）

2×1 的趋势线

这些 2×1 的趋势线，每 1 个时间周期内会运行 2 个小方格，或者 2 个点。在 45 度角的趋势线下方，有一条 1×2 的趋势线，每 2 个时间周期内会向上运行 1 个小方格，对谷物来说，是每天、每周、每个月上涨 1 美分/蒲式耳。那些从顶部发出的趋势线，或以每个时间周期下降 2 个小方格，或者 2 个点的速度向下运行，或以每 1/2 个时间周期的下降 1 个小方格、1 个点或者 1/2 美分的速度向下运行。这些 45 度角的趋势线之间的距离，可以用来判断价格还能上涨到多高的点位，或者下跌到多低的点位。

当价格进入到内接正方形里面，它对于趋势的变化来说是很重要的，从时间周期上的阻力位与它进入正方形时所处的位置，可以看出股价是要上涨还是要下跌。当价格跌破了正方形内部的 45 度角的趋势线，就表明它已处在弱势之中，这与它从高点或低点算起的时间周期也是成比例的。

何时开启一个新的正方图

在日高低点图、周高低点图，或者月高低点图的时间周期已经运行到 144 时，你就可以开启一个新的正方图。但是为了得到下一个正方形所到的位置，你只要把主测仪移到 144 点上去，把它放在走势图上，就可以知道它下一个正方会走到哪里。

最强和最弱的点位

在 144×144 正方图中，最多的趋势线的交叉点，或者说趋势线形成十字交叉的位置，就是阻力最大的点位，例如，45 度角的趋势线与 2×1 的趋势线交叉的位置。

研究行情过去的走势，并反复演练，你很快就能学会如何用主测仪来迅速判定趋势。

如何使用 144×144 的正方主测仪

要把在本预测教程中给出的所有关于趋势线的法则都用上。

在日高低点图、周高低点图，或者月高低点图上，将这个主测仪放在底部或者"0"点上；或者把主测仪的底部放在走势图的高点价位上，或者是低点价位上，或者是某个波动区间上，这样就可以看出，时间与价格在什么位置达到平衡。

当你在计算极高点的中间点位，或者某个区间的中间点位的时候，把主测仪的顶部或者底部放在这个中间点位上，就能得到下一次时间与价格达成正方的正确位置，和它的趋势走向。不过，如果你把主测仪放在中心点，或者价格的中间价位 72 上，就会得到下一次达成正方时，在时间上的正确位置，你会看到价格与时间在 144×144 正方主测仪和从中间点位 72 开始的内接正方形时，是如何达成平衡的。

日历日和交易日

对于任何一种走势图，我们每移动一个格子，就代表着走过了一个时间单位，所以，要走完 144 的正方图，就需要 144 个交易日，或者 144 个日历日才能完成。当价格走完了一个正方形，进入到另一个正方形时，趋势通常都会发生改变，在这张主图上的时间周期和趋势线会告诉你，趋势将会朝着哪个方向变化。

闰　年

在计算时间周期时，为了得到确切的天数和周数，闰年的因素必须要考虑进去，每逢闰年都要再额外加上一天。从 1864 年开始，闰年的年份具体如下：1868 年、1872 年、1876 年、1880 年、1884 年、1888 年、1892 年、1896 年、1904 年、1908 年、1912 年、1916 年、1920 年、1924 年、1928 年、1932 年、1936 年、1940 年、1944 年、1948 年和 1952 年。

如何得到 144×144 的正方主测仪中各阻力位的正确位置

为了得到 144×144 的正方主测仪中各阻力位的正确位置，把主测仪放在日高低点图、周高低点图，或者月高低点图的极低点价位、极高点价位、0 点或者是某个区间的 1/2 点位，或者是高点价位的 1/2 点位。你也可以把主测仪的顶部放在走势图的高点价位上，这样的话，那些正确的时间上的阻力位和股价与趋势线的相对位置，都可以一目了然。

把主测仪放在 1 月上，你就能知道 12 年内时间周期的情况，要想知道每个月内时间周期的情况，可以把主测仪放在周高低点图上。

江恩技术研究（精华本）

你应该掌握从重要的高点和低点算出来的所有按天来计、按周来计和按月来计的时间周期的数据，以便你在主测仪上很快就能查到它们。

有了用这种方法得到的截至目前的所有的时间周期，你就是不看日高低点图、周高低点图，或者月高低点图，也能知道它们在主测仪上的位置，辨别出趋势变化的信号，你还要掌握从每个重要顶部与底部算起的按月来计的时间周期。

有了144×144的正方主测仪，你的工作量会减轻，但是你必须要不断练习，学会如何得出主测仪上的所有的时间周期，并不断研究主测仪，学会如何用它来得出准确的顶部和底部的价位，努力工作和练习将会带给你预测上的精确度和利润。我已经做了我的那部分工作，现在就要靠你自己去努力工作了，如果你能做到，你的成功就是十拿九稳的了。

如何把144×144的正方主测仪叠放在走势图上

为了能在日高低点图、周高低点图，或者月高低点图等走势图上得到你想要的正确的价位，就必须要摆对主测仪在走势图上的位置。主测仪的顶部有"江恩价格与时间图"的字样，一定要把这个主测仪放在走势图的底部，除非你是把主测仪放在72，或者被标记为底部"0"点的位置，然后将它上移到更高的价位上。

将主测仪叠放在你的任何其他走势图上的"0"点，或者低点上，日期要与见到任何一个高点或低点的日期对齐。还可以把主测仪放在72，即144的1/2点位上，或者是放在任何一个价格区间的1/2点位或者高点价位的1/2点位上。

始终都应把主测仪放在所有前期高点和低点价位上，这样就可以预测趋势在哪里会发生变化，也能得到价格上的阻力位。永远也不要忽视极高点和极低点价位，还有任何期货和股票的极高点到极低点的1/2点位和历史最高价位的1/2点位也都是非常重要的。

（1953年9月）

附录：

1. 杂志中列出的比利对期货和股票市场变盘时间的预测记录

比利从1983年12月开始，在每期的杂志中增添了一个小版块，将其命名为IT'S ABOUT TIME（关于时间），他把这个月一些期货和指数或股票可能出现变盘的日期都预测了出来，做成列表，供杂志的订阅者参考。其中，自然角度对应的日期和一些期货品种的"生日"，都是他做行情预测时重要的依据。

● 关于时间

（选自1984年2月刊）

趋势发生改变的具体日期预测如下：
大豆：2月22日、3月2日、3月11日、3月20日、3月23日和3月29日。
小麦：2月22日、2月26日（2月27日，周一）、3月1日、3月7日、3月19日和3月28日。
黄金：2月22日、3月2日、3月11日和3月20日。
标普：2月29日、3月9日和3月27日。
国债：2月29日、3月6日、3月15日和3月24日。

有位杂志的订户最近给我写信，他问我是如何得出这些变盘日期的。答案就是要先看它交易的价格区间，然后找到时间与该价格区间达成正方的时点。比如，从高点到低点是150个点的区间，那么就要数出150天，得到可能会变盘的日子。如果是在周线图上，这个时间段就变成了150个星期。要关注走势图上的高点和低点，是否不断走高，或者不断走低。另外，也要考虑自然月度对应的日期，看一下那些高点或低点是否出现在它们对应的日期附近。

● 自然角度与其对应的日期

（选自1984年8月刊）

在一年之中，3月21日、6月21日、9月22日和12月21日是最重要的可能出现变盘的时点。

一个圆周是360度，每15度一个分割点，它所对应的日期为趋势变盘点。

译者注：在第一章的偶数平方图上，可以见到这样的圆周分割点和对应的日期。

0度：3月21日
15度：4月6日
30度：4月20日
45度：5月6日
60度：5月21日
75度：6月6日
90度：6月21日
105度：7月7日
120度：7月23日
135度：8月8日
150度：8月23日
165度：9月8日
180度：9月22日
195度：10月8日
210度：10月23日
225度：11月7日
240度：11月22日
255度：12月7日
270度：12月21日
285度：1月6日

300 度：1 月 20 日

315 度：2 月 4 日

330 度：2 月 19 日

345 度：3 月 6 日

360 度：3 月 21 日

一个圆周是 360 度，每 22½ 度一个分割点，它所对应的日期也可能会成为趋势变盘点。

译者注：在第一章的奇数平方图上，可以见到这样的圆周分割点和对应的日期。

0 度：3 月 21 日

22½ 度：4 月 12 日

45 度：5 月 5 日

67½ 度：5 月 27 日

90 度：6 月 21 日

112½ 度：7 月 14 日

135 度：8 月 7 日

157½ 度：8 月 31 日

180 度：9 月 22 日

202½ 度：10 月 16 日

225 度：11 月 7 日

247½ 度：11 月 30 日

270 度：12 月 21 日

292½ 度：1 月 13 日

315 度：2 月 4 日

337½ 度：2 月 28 日

360 度：3 月 21 日

● **期货品种的"生日"，即它们开始交易的日期**

(选自 1984 年 8 月刊)

列在这里的这些期货品种的"生日"，是江恩技术分析中非常重要的部分，供你在预测趋势变化时参考。

☆ 芝加哥期货交易所（Chicago Board of Trade）：

玉米：1877 年

小麦：1877 年

燕麦：1877 年

大豆：1936 年 10 月 5 日

大豆油：1950 年 7 月 17 日

大豆粉：1951 年 8 月 19 日

冻鸡肉：1968 年 8 月 1 日

胶合板：1969 年 12 月 1 日

白银：1969 年 11 月 3 日

政府抵押协会债券（GNMA）：1975 年 10 月 20 日

国债：1977 年 8 月 22 日

☆ 芝加哥商业交易所（Chicago Mercantile Exchange）：

鲜鸡蛋：1919 年 12 月 1 日

猪五花肉：1961 年 9 月 18 日

猪：1966 年 2 月 28 日

牛：1964 年 11 月 30 日

爱达荷州土豆：1931 年 1 月 12 日

木材：1969 年 10 月 1 日

黄金：1974 年 12 月 31 日

英镑：1972 年 5 月 16 日

加拿大元：1972 年 5 月 16 日

德国马克：1972 年 5 月 16 日

日元：1972 年 5 月 16 日

瑞士法郎：1972 年 5 月 16 日

墨西哥比索：1972 年 5 月 16 日

美国国债：1976 年 1 月 6 日

☆ 商品交易公司（Commodity Exchange Inc.）

铜：1933 年 7 月 5 日

白银：1931 年 6 月 15 日

黄金：1974 年 12 月 31 日

☆ 堪萨斯城期货交易所（KANSAS CITY BOARD OF TRADE）

小麦：1876 年

☆ 中美洲商品交易所（Mid-America Commodity Exchange）

小麦：1877 年

生猪：1974 年 6 月 3 日

玉米：1877 年

燕麦：1877 年

大豆：1877 年

黄金：1974 年 12 月 31 日

白银：1968 年 10 月 14 日

☆ 明尼阿波利斯谷物交易所（Minneapolis Grain Exchange）

小麦：1886 年

☆ 纽约可可交易所（New York Cocoa Exchange）

可可：1925 年 10 月 1 日

☆ 纽约咖啡和糖交易所（New York Coffe & Sugar Exchange）

咖啡：1882 年 3 月 7 日

糖（世界糖）：1914 年 12 月 16 日

☆ 纽约棉花交易所（New York Cotton Exchange）

棉花：1870 年 9 月 10 日

橙汁：1966 年 10 月 26 日

☆ 纽约商业交易所（New York Mercantile Exchange）

缅因州土豆：1941 年 12 月 31 日

白金：1956 年 12 月 3 日

美国银币：1970 年 4 月 1 日

☆ 温尼伯期货交易所（Winnipeg Commodity Exchange）

黑麦：1917 年

燕麦：1904 年

大麦：1913 年

亚麻籽：1904 年

油菜籽：1963 年

黄金：1972 年

● 关于时间

(选自 1984 年 10 月/11 月刊)

	1984 年 11 月	1984 年 12 月
小麦	5、22—23、30	3、13—14、21
大豆	5、23、30	3、14、24、31
玉米	5—6、22—23	7、21
活牛	2、23、30	6—7、21、31
猪五花肉	2—4、22、30	4、14、24
猪	2—4、23	4、17、31
棉花	9、15—16	3、18、27
黄金	2、19、23、30	7、14、24
白银	5、19、22—23、19、30	7、17、24、31
债券	9、16、22—23	3、14
瑞士法郎	16、23	6、13
标普指数	8—9、16、23—26	10、14、21、31
道琼斯工业指数	9、21—23	7、14、21
IBM 公司	8、23、30	6、21

- **2月和3月之中趋势的变盘可能出现在……**

  (选自1985年2月和3月刊)

	1985年2月	1985年3月
小麦	4、14、28	1、22、28
大豆	1—15、28	1—4、22、29
玉米	4、22、28	22、29
活牛	1、14、28	8、21—22
猪五花肉	8、14、28	1、8、21
猪	6、18、28	8、22
棉花	7、15、27	1、4、14、22
黄金	15—18、28	1、6、21
白银	4、21、27	7、21—22
债券	1—4、14、28	1、11、21、29
瑞士法郎	14、27	8、21、29
标普指数	1、14、27—28	1、15、21
道琼斯工业指数	5、8、27	19、22、25
IBM公司	5、13、27—28	8、14
ASA公司	14—15、27—28	4、22、29
道琼斯期货指数	1、8、27	8、21
HOMESTAKE矿业公司	15、28	8、21、28
OEX指数	1、8、27	8、21、26

- **4月和5月之中趋势的变盘可能出现在……**

  (选自1985年4月和5月刊)

	1985年4月	1985年5月
小麦	4、19、29—30	1、6、20、31
大豆	4、12、22、30	1—3、20、31
玉米	4、19	1、20
活牛	1、12、26	3、17—20
猪五花肉	5、15、30	1、17—20

江恩技术研究（精华本）

猪	4—6、19	3、20、30
棉花	4、19—22	1—3、20、21
黄金	4、19—22、30	2、6、20、21、30
白银	4—8、22	2、6、20、21、31
债券	8、19、29—30	1、10、24
瑞士法郎	8、19、30	2、10、20、31
标普指数	4、19、29	1、10、20、21
道琼斯工业指数	1、12、26	1、6、17—20
IBM 公司	16、26	1、6、20、31
ASA 公司	4、22、29	2、6、20、21、31
道琼斯期货指数	4—5、19	1、6、20、21、30
HOMESTAKE 矿业公司	4—8、19	2、6、20、30、31
OEX 指数	4、18—19、30	1、10、20、31

● **趋势的变盘可能出现在……**

(选自1985年7月和8月刊)

对于刚开始订阅《江恩技术研究》的新订户，我要说的是，这些日期都是我在每个月提前逐一算出的时间与价格达成正方的时点，它们预示着趋势会在这个日期附近发生变化。当你注意到其中的一个日期就要到了，你最应该做的事情就是看一看市场行情的走向，然后，当这个日子到了的时候，短期趋势发生反转的时点就在它附近了。根据以前订户的反应，这个变盘时间预测列表是非常有用的。

	1985年7月	1985年8月
小麦	1、19、22	1、19、30
大豆	1、12、19	1、2、19、23
玉米	5、19	2、16、30
活牛	1、10、19、31	2、12、21
猪五花肉	5、8、22、30	8、16、29
猪	1、5、12、22	5、16、23
棉花	4、5、18、19	1、23、30
黄金	5、22、29	1、2、9、23
白银	5、22、30	2、9、22

债券	1、5、26	1、21、30
瑞士法郎	3、19、22、31	2、8、22
标普指数	1、5、26	5、16、22
道琼斯工业指数	1、5、22、26	2、16、23
IBM 公司	2、12、26	8、16、23
ASA 公司	5、23、29	2、9、23
道琼斯期货指数	5、19、31	9、16、23
HOMESTAKE 矿业公司	5、22、26	9、23、30
OEX 指数	1、5、19、26	2、16、26

● 趋势的变盘可能出现在……

(选自1985年9月刊)

	1985年9月	1985年10月
小麦	13、20、23	1、11、21、30
大豆	2、13、23	4、11、21、31
玉米	5、20、23	4、21、30
活牛	2、16、23	3、14、21
猪五花肉	6、13、20、30	1、4、21、31
猪	5—6、20、23	1、4、21、30
棉花	2、24、30	3、7、18、30
黄金	2、12、17、23	1、4、21、31
白银	3、12、20、24	2、4、18、21、31
债券	2、22、30	1、4、18、30
瑞士法郎	3、22、30	1、8、21、28
标普指数	2、20、23、30	2、14、28
道琼斯工业指数	4、6、20、23	1、14、21、29
IBM 公司	2、20、23	2、14、28
ASA 公司	3、12、18、23	1、3、21、31
道琼斯期货指数	3、20、30	1、21、31
HOMESTAKE 矿业公司	3、20、23	4、21、30
OEX 指数	6、20、23、27	3、21、29

● 趋势的变盘可能出现在……

	1985 年 11 月	1985 年 12 月
小麦	1、22、29	6、13、23
大豆	15、22、26	6、16、20
玉米	8、14、20	6、12、20
活牛	1、7、21、28	9、13、20、30
猪五花肉	4、15、22	9、12、18、27
猪	8、15、28	3、16、27、30
棉花	7、14、29	6、13、18、27
黄金	4、20、29	12、13、20、30
白银	4、21、29	2、6、19、20
债券	8、15、27	4、13、23、30
瑞士法郎	4、14、21、29	3、13、20、27
标普指数	8、15、20	4、11、18
道琼斯工业指数	8、14、21、29	4、12、20
IBM 公司	8、15、22	4、6、18、30
ASA 公司	6、14、21	4、11、20、30
道琼斯期货指数	7、15、22、29	3、13、20、27
HOMESTAKE 矿业公司	4、20、21、29	4、12、18
OEX 指数	7、8、15、27	4、12、18、30

● 趋势的变盘可能出现在……

	1986 年 1 月	1986 年 2 月
小麦	3、20、21、29	7、13、21
大豆	10、17、21	7、10、21
玉米	2、10、21	3、7、21
牛	3、20、24、30	13、21、27
猪五花肉	3、17、21	7、13、27
猪	6、10、21	7、13、21、27
棉花	10、20、29	6、13、25

债券	6、10、21、30	10、21、27
黄金	2、10、20、30	3、13、21、27
白银	3、21、30	7、11、21、27
德国马克	2、16、21、30	10、21、27、28
日元	2、16、21、30	10、13、21、27
瑞士法郎	6、17、21	12、20、27
ASA 公司	3、10、31	3、13、21
道琼斯期货指数	3、17、21、30	7、21、27
道琼斯工业指数	3、21、30	3、7、21
HOMESTAKE 矿业公司	3、20	13、21、26
IBM 公司	3、17、21	3、7、21
OEX 指数	17、21、30	5、7、21
标普指数	3、17、20、21、30	3、7、21、27

● **趋势的变盘日**

(选自 1986 年 1 月/2 月刊)

	1986 年 3 月	1986 年 4 月
小麦	6、14、21	4、14、25
大豆	7、14、21	4、18、21
玉米	3、5、21、27	21、30
牛	3、7、14、21	14、22、29
猪五花肉	3、6、14、21	1、8、18
猪	4、11、21	8、18、21
棉花	6、14、27	4、14、18
债券	5、7、14、31	1、20、21
黄金	6、14、21	7、18、21、30
白银	6、14、21、24	7、21、30
德国马克	7、21、27、31	4、14、18、21
日元	7、21、31	4、14、21
瑞士法郎	7、21、31	4、18、21
ASA 公司	4、14、21、31	7、14、21

江恩技术研究（精华本）

道琼斯期货指数	11、21、31	4、14、21、30
道琼斯工业指数	7、11、14、31	7、14、30
HOMESTAKE 矿业公司	6、14、21、27	1、4、14、30
IBM 公司	7、14、31	1、7、21、30
OEX 指数	7、11、14	1、7、30
标普指数	5、14、20	1、7、14、30

● **趋势的变盘日**

(选自 1986 年 4 月刊)

	1986 年 5 月	1986 年 6 月
小麦	2、6、21	6、20、27
大豆	2、21、30	2、20、27
玉米	2、9、22、29	6、19、27
牛	1、6、16、21	2、6、20
猪五花肉	2、6、16、30	4、6、20
猪	2、12、21、30	6、20、27
棉花	2、12、21、30	4、19、26
债券	6、7、14、30	2、6、20、27
黄金	2、9、20、30	2、6、25
白银	9、21、30	6、20、27
德国马克	2、16、21、30	2、13、20、27
日元	2、16、21、30	2、12、20、27
瑞士法郎	2、15、16、21	12、20、27
ASA 公司	2、8、20、30	9、17、20
道琼斯期货指数	2、8、16、20	3、10、20、27
道琼斯工业指数	5、16、30	2、20、27
HOMESTAKE 矿业公司	2、15、21、30	2、6、27
IBM 公司	2、15、21、30	2、6、20、27
OEX 指数	1、5、21	2、6、20、27
标普指数	1、5、16、21、30	2、6、20、27

2. 江恩私人藏书的书目（比利推荐阅读）

- 盖伊·莫尔西（Guy Murcie）《行星的乐章（Music of the Spheres）》
- 拉尼尔·格雷厄姆（F. Lanier Graham）《彩虹书（The Rainbow Book）》
- 斯坦利·布朗（Stanley Brown）《科学的王国（Realm of Science）》
- 傅里叶（Fourier）《振荡 — 谐波 — 韵律（Vibration-Harmony-Rhythm）》
- 傅里叶（J. B. Fourier）《调和分析（Harmonic Analysis）》
- 哈罗德·戴维斯（Harold T. Davis）《经济时间序列分析（The Anaysis of Economic Time Series）》
- 詹森（L. J. Jensen）《对1982年谷物市场和股市的预测（Grain Market and Stock Market Trend Forecasts for 1982》
- 吉欧吉·道克斯（Gyorgy Doczi）《极限的力量（The Power of Limits）》
- 西奥多·库克（Theodore Cook）《生命的曲线（The Curve of Life）》
- 奥斯潘斯基（P. D. Ouspensky）《宇宙的新模式（A New Model of The Universe）》
- 约翰·格瑞宾（John Gribbin）《对时间的曲解（Time Warps）》
- 詹姆斯·霍瑞根（James E. Horigan）《机会还是设计？（Chance or Design?）》
- 爱德华·杜威（Edward Dewey）《周期——驱动事件的神秘力量（Cycles - The Mysterious Forces That Triger Events）》
- 路易斯·威尔逊（Louise Wilson）《周期的分类——经济学（Catalog of Cycles - Economics）》
- 德威和达金（Deweay and Dakin）《周期——预言的科学（Cycles - The Science of Prediction）》
- 韦斯顿（Weston）《预测（FORECASTING）》
- 威廉·摩尔（William Moores）《揭开华尔街的神秘面纱：秘密大曝光（Wall Street Mysteries Revealed: Its Secrets Exposed）》
- 约翰·麦肯斯（John McKenzie）《华尔街的牛市和熊市（Bulls and Bears of Wall Street）》
- 奈杰尔·卡尔德（Nigel Calder）《时标——第四维的阿特拉斯（Timescale - An Atlas of The Fourth Dimension）》
- 杰·吉姆派尔（Jean Gimpel）《教堂的建设者（Cathederal Builders）》
- 詹森（L. J. Jensen）行星运行周期与投机性市场（Astro-Cycles and Speculative Markets）》
- 唐纳德·布莱德雷（Donald Bradley）《股市预言（Stock Market Prediction）》
- 戴维森和奥尔德史密斯（D. Davidson and H. Aldersmith）《大金字塔传递出的神的旨意（The

江恩技术研究（精华本）

Great Pyramid – Its Divine Message）》
- ☆ 罗斯（J. Roth）《宇宙的钥匙（The Universal Key）》
- ☆ 查普曼（Chapman）《地球的磁力（The Earth's Magnetism）》
- ☆ 弗雷德·霍伊尔（Fred Hoyle）《宇宙的本质（The Nature of the Universe）》
- ☆ 布拉格（Bragg）《我们的电子化宇宙（Our Electrical Universe）》
- ☆ 科林斯（Collins）《人和宇宙（Man and the Universe）》
- ☆ 温克莱斯和勃朗宁（Winkless and Browning）《气候与人类的事件（Climate and the Affairs of Men）》
- ☆ 鲍勃·塔玛奇（Bob Tamarkin）《新盖斯比（The New Gatsbys）》

注：以上这些书的译名仅作参考，因为其中很多书我都没看过。

3. 比利在 1984 年 3 月举办的江恩技术培训所用图表的说明

比利在 1984 年 1 月的杂志中，就提到了他在筹划这次 1984 年 3 月 24 日—25 日在达拉斯（Dallas）举办的培训。他说过，这次培训的内容会涵盖江恩期货和股票教程的各个章节，同时会加入对江恩研究的最新成果。另外，江恩交易者软件的设计者皮特·匹驰（Pete Pich）也会到场回答大家关于这款软件的问题。而在这次培训之后，比利在 1984 年的 5 月/6 月刊上，专门针对在培训中发现的一些学员普遍存在的问题，写下了第二章中的《对江恩理论的回顾与江恩均衡指标》一文。

- ☆ A4 大小的图（9 张）：
  - ■ 图 1：1981 年 5 月小麦的奇数平方图。
  - ■ 图 2：价格与时间的比值。
  - ■ 图 3：1981 年 5 月小麦走势图。

  以上这三张图在本书中出现过，请详见第四章的《主方图》一文（选自 1982 年 9 月刊）。
  - ■ 图 4：这张 5 月小麦日线图在第四章中的《江恩研究》一文中出现过（选自 1983 年 3 月刊），讲的是江恩的 7 倍法则。
  - ■ 图 5 和图 6：这张小麦日线图在第三章中的《振荡法则》一文中出现过（选自 1982 年 11 月刊）。

- 图 7：这样 5 月小麦日线图在第四章的《交易地带》一文中出现过（选自 1982 年 5 月刊）。
- 图 8：元素周期表与乐谱中八度的对应。
- 图 9：这张人体比例图在第五章的《江恩主测仪》一文中出现过（选自 1983 年 8 月刊）。

☆ A3 大小的图（18 张）：

- 图 10：道琼斯工业指数：1932 年在 41 点见底。
- 图 11：3 月小麦：低点 43 美分，高点 6.45 美元。
- 图 12：5 月大豆：低点 67 美分。

这三张图都可以看作其他江恩平方图，请参考第一章中的《江恩恒定图》一文（选自 1985 年 4 月刊）。

- 图 13：钢琴键盘，重点讲的是振荡法则的普适性。
- 图 14：谐波。
- 图 15：这张图在第三章的《振荡法则》一文中出现过（选自 1982 年 11 月刊）。
- 图 16：这张图在第三章的《周期》一文中出现过（选自 1982 年 10 月刊）。

注：图 14 至图 16 的用纸都是江恩绘图时使用的方格纸。

- 图 17—图 21：这几张都是与周期有关的图，请参考第三章的《周期——宇宙之钟》一文（选自 1984 年 3 月和 4 月刊）。
- 图 22：5 月小麦日线图：重点放在一般性反转与关键性反转的判断上，请参考第五章的《交易方案与趋势变化的指标》一文（选自 1985 年 7 月刊）。
- 图 23—图 27：这些应该都是江恩交易者软件打出的走势图，亦可以用来练习判断趋势的反转是关键性反转还是一般性反转。